# 伝えたい

## ときめきを共有する教育

沢井鈴一 著

ARM
あるむ

# はじめに

教科書の内容を、予定通りに教えていく。これだけで、よいだろうか、教壇の上で、いつも疑問を感じていた。四十代の大半は、進路指導主任として、生徒を希望する大学に合格させるために、毎日進学補習を行ってきた。生徒に、進学に必要な事項を毎日毎日詰め込ませてきた。そういう進学の指導方法に何か物足りなさを心の底にいつも感じていた。進学に必要な事項をきちんと覚えこまなければ、合格はおぼつかない。しかし、教えるとは、教科書の内容だけではないはずだ。進学に必要な事項だけではないはずだ。そんな思いを抱えて、五十代に入った。校務分掌が学年主任に代わった時、進路主任の時とは異なった方法で生徒に接したいと考えた。「これだけを覚えなさい」という指導方法から「こんな勉強方法で、自分の進路を切り開いた人がいる」とさまざまな例をあげながら、生徒に考えさせる指導方法があるはずだと思った。

その具体的な指導法の一つとして、学年通信を毎日発行した。学年通信を通して、自分の思いを素直に生徒に投げかけた。

毎日、原稿用紙六枚にさまざまな分野の問題を書き綴った。それをワープロに打ち込み、毎朝生徒に配布した。

朝の十分間をかけて学年通信を読みながら生徒の反応をうかがった。ふだんは落ち着きのない生徒も静かに聞いている。通信は家庭に持ち帰られ、父母にも読まれた。学年通信が食卓の話題になることもあったという。通信を毎日、大切に綴じて保存してくれる生徒もいた。

通信の内容は、自分の見てきたもの、感じたこと、読んだものを雑然と書き綴ったものだ。心に響いたものを素直に生徒に投げかけるという姿勢で書いた。

通信を発行していくうちに、生徒も一緒に考え、行動をしてくれるようになった。

環境問題では、愛知万博、御嵩町の産業廃棄物処理場、藤前干潟等を学年通信で取り扱った。生徒たちと現地に行き、問題点をさまざまに考えた。

堀川の浄化問題は、学校に大きなうねりを巻き起こした。堀川の大掃除を行う、納屋橋の川畔にチューリップの球根を植えるという運動につながった。

平和問題では学校の敷地に建てられていた陸軍の要塞である兵器補給廠、学校に隣接する千種公園、東市民病院の敷地に建てられていた陸軍造兵廠を調査した。生徒たちは、かつて兵器補給廠や造兵廠に勤めていらっしゃった方をたずねて聞き書きを始めた。

生存者の方をたずねていくうちに、兵器の保存状況等を書き記した秘密文書の綴りを多治見市で発見することもできた。

愛知県の原爆被害者、八百余名の方にアンケートを送付し、その報告を学年通信で行った。

シベリアの地から命がけで絵画を持ち帰られた方をたずねて、その報告も行った。絵画を学校にお預かりして、文化祭には、その展示を行った。

文化的な観点からもさまざまな問題を取り扱った。演劇、古典芸能、美術等、自分の見てきたものを感じたままに書き綴り、生徒の感性に訴えた。旅で感じたこと、読んだ本の感想等も学年通信に多く書いた。

しかし、もっとも多く取り扱った内容は、学校の中で起ったさまざまな問題だ。一人ひとりの生徒は、つつましやかに懸命に毎日の生活を送っている。そのささやかな人生の中にもさまざまなドラマが隠されている。それらの生徒に視点をあて、生徒と同じ次元にたって、喜び、悲しみを共有したいと考えた。

学年通信の題材は、いたるところにあった。毎日の思いを六年間書き綴ったものを選択し、学校の問題を扱った内容を「翔ける」、人生の問題を扱ったものを「生きる」、文化的な提材を扱ったものを「響く」、環境問題にふれたものを「考える」、平和問題を扱った内容を「伝える」と五項目に分類した。

疲れた身体で帰宅し、寝床の中で横たわったまま十分な推敲もなしに書き綴ったものだ。文脈も乱れ、内容も取りとめのないものばかりだ。しかし、一人ひとりの生徒に対する愛着から生まれたものだ。今も、卒業した生徒の顔が懐かしく浮かんでくる。

二〇〇〇年十月

沢井　鈴一

伝えたい――目次

## ◉翔《か》ける

## ◉生きる

## ◉響く

## ◉考える



## ◉伝える

# 翔《か》ける

# 母の日に

五月の第二日曜日は母の日である。一九一〇年ごろアメリカのウェスト・バージニア州ウェブスターという町に住んでいたアンナ・ジャービスという信仰心の強い婦人が亡き母をしのぶ記念の会を催し、霊前に白いカーネーションをたむけたのが母の日の始まりだという。彼女はさらに母の日を定める運動を始め、一九一四年にウイルソン大統領によって五月の第二日曜日が母の日と制定された。母のいる人は赤いカーネーションを贈り、いない人は白のカーネーションを霊前などに供えることが行われるようになった。

母の日が近づくと一つの詩を思い出す。高田敏子の「新緑」という詩だ。

「あなたが小さかったとき……」と
長女の話をすると
「僕の小さかったときは？」
息子がきく
息子の話にうつると
次女が待っている

みんなかわいい赤んぼだった
みんなかわいい子どもだった
いたずらしたり　おしゃまだったり
熱をだしたり　小さなケガをしたり
笑って　心配して　月日はすぎた

緑葉のむこうの隣の家
そのむこうに立ちならぶ家々でも
母と子が話し合っているだろう
さやさやそよぐ緑葉のように
優しい会話を
くりかえしているだろう

この日　母の日

この詩の情景のような思い出をぼくも持っている。もう何年前になるであろうか。ぼくは、そのとき高二の担任をしていた。

一人の生徒が九月になると登校しなくなってしまった。最初は、熱があり登校できないという電話があった。三日経っても、四日経っても登校しない。電話で母親とやりとりをしていると夏休みに男友だちと話し込んでいて帰宅時間が遅れ、父親にひどく叱られた。少し反抗したら父親に殴られ、青痣ができて恥ずかしくて登校できないということであった。痣はいつ消えるかわからない。そんなことでは困ると思って中村区にある彼女の家を訪問した。あの日以来、彼女はかたくなに心を閉ざし、一言も口を聞かない。食事も二階の自分の部屋に運ばせ、一人で食べているという。よほど、ひどく殴られたのであろう。かすかに青い痣が頬に残っている。痣と同じように、彼女の受けた心の傷も深いものであったろうと思った。とにかく学校には行きたくないの一点張りで、説得を聞き入れてくれない。二、三日、日をおいて、また彼女の家を訪ねた。更に感情はエスカレートして、家を出て働きたいと言い出した。大人の理論を持ちだし、いろいろと宥め、すかしたが頑として聞き入れない。父親の殴ったことが彼女に絶好の口実を与えたようだ。

その後も何度か、彼女の家を訪れた。家を出たい。学校には行きたくないという主張を彼女は、繰り返すばかりであった。

十月になって、ある日彼女の家を訪れた。彼女はいなくて母親だけがみえた。居間に通された。母親は内職をしてみえて、ミシンのまわりには布地が散乱している。壁に目をやると一枚の画用紙にクレヨンで描いた絵が飾ってある。「お母さん、ありがとう」と赤い、大きな字で書いてあって、母親の顔が描いてある。ビニールで作った小さな鯉のぼりも添えられてある。もう、すっかり色あせ、画用紙は茶色に変色している。

これは何ですか、と聞いてみると「あの娘が、小学校五年生の母の日に贈ってくれたものです」という話であった。

クレヨンの絵は稚拙だ。しかし、母を慕う心が、のびのびとした大きな筆致によく込められている。その当時の彼女の母親に対する甘え、慕う気持ちがにじみ出ているように思った。彼女に対する母親の気持ちも、小学校五年生の時の絵を七年間も壁に飾り、毎日、毎日ながめながら、内職のミシンを踏むということだけで十分わかる。父親も、娘が心配で心配でたまらない。そこへ遅れて帰ってきたので、思わず手をあげたのであろう。娘は両親を慕い、両親は娘を過剰なまでに愛している。こういう家族で、なぜこんな問題が起こるのか。もちろん男友達の存在が大きなウェイトを占めている。しかし、その問題も両方の親同士でよく話し合っているはずだ。

しばらくの間、クレヨンの絵を見ていた。

その後、彼女は学校をやめて、家の近くのアパートを借り働き始めた。

年を越して、一月になってからである。寒い日、父親が突然学校にやってみえた。なんの用事であろう。いぶかしく思いながら応接室で話していた。お世話になったとおっしゃるばかりで、後はとりとめのない話ばかりだ。帰り際に言いにくそうに「娘のいた教室を見せていただけませんか」と言われた。

教室に行って、しばらく、じっと机を見ておられた。教室に、二、三人まだ生徒が残っていた。その生徒に対して「うちの娘は、学校を辞めましたが、あなたたちは頑張ってください」とおっしゃった。父親の眼から白いひとしずくがたれていた。

もう十何年前のことだ。彼女もきっと母親になっているだろう。そして、彼女の母親は、娘の描いた母の日のクレヨンの画の前で孫を抱いているかもしれない。

（一九九五・五・八）

## 父の日に

六月の第三日曜日は父の日である。母の日のカーネーションに対し、父の日にはバラの花を贈ることが習慣となっている。

アメリカのワシントン州のジョン・ブルース・ダッド夫人が男女同権の立場から母の日に対し、父に感謝する気持ちから、この日、父の墓に白いバラの花をささげたことが父の日の始まりであるとされている。

父　吉野　弘

何故　生まれねばならなかったか。
子供が　それを父に問うこともせず
ひとり耐えつづけている間
父は　きびしく無視されるだろう
そうして　父は
耐えねばならないだろう

子供が彼の生を引き受けようと
決意するときも　なお
父は　やさしく避けられているだろう
父は　そうして
やさしさにも耐えねばならないだろう

父親の置かれている立場を、これほど端的に、明晰に歌った詩はないであろう。父親は、母親のように子供の内懐に入って、一緒に喜んだり、悲しんだりはしない。いつも一歩離れたところで子供を見つめているのだ。子供が、自立できないでいる時、子供の相談相手は母親だ。父親は、厳しく無視される。子供が成人して、親元を巣立った後も父親は、やさしく避けられる。

この詩を読んでいると、じっと耐え続けている一人の父親の姿が思い浮かんでくる。もう何年か前の卒業生だ。Hさんという札つきの生徒がいた。高二の担任にぼくがなったとたんに、Hさんはまた問題を起こしてしまった。同級生と些細なことで喧嘩をして、思わず相手の髪の毛を引っ張ってしまったのだ。

高一の時にも彼女は問題を起こしている。家出をして大阪まで行き、そこで住み込みで働いていた。彼女の大阪での居場所を突き止めるのが大変だった。

父親はあらゆる手立てを使って、彼女の友人から事情を聞き、大阪にいるらしいとの情報を得て、なんどもHさんを捜しに出かけられた。愛知郡の東郷町で自動車の解体業をしてみえ、仕事はなかなか忙しい。とんぼ返りでなんども往復を繰り返された。大阪で、とうとうHさんを見つけられて、学校に連れてみえた。担任の先生に、

「この子の髪の毛を切ってしまいたいと思います。髪の毛がなかったら、この子も家を出て行きたいとは思わないでしょう」と言われたという。

「今までも、何度か、この子を階段から突き落としたいと考えたことがあります。足が動かなかったら、この子は家から出て行くことはできませんから……」とも言われたという。

そんな盲目的といってよいほどの愛情をHさんに注いでみえた父親だ。きっと見るに見かねて、感情的になり、Hさんに手を思わず出して暴力を振るうということが、なんどもあったに違いない。それに対して、Hさんは反抗的になって口答えをしたり、家を出るということを繰り返したのであろう。

Hさんの進路について、なんども会議が開かれた。進路を変えたほうが良いという意見が圧倒的であった。保護者を呼び出すことになり、父親がやってみえた。会議の結果を伝えた。黙って聞いてみえる。一言もおっしゃらない。高一の時のHさんに対する父親の態度を、いろいろと聞いていたぼくは、盲目的ともいえる愛情を子供に注いでみえるからには、あれこれとHさんのことについておっしゃるに違いない。また、Hさんが怯えるほどであるから怖い方であろうと想像していた。なにしろ、まだ新学期が始まったばかりだ。Hさんの父親の性格も知らず、あれこれと勝手な人間像を作り上げていた。

話を聞いてみえるHさんの父親の拳が小刻みに小さく震えている。そして、進路を変更されたほうが良いでしょうと伝えた。その時、膝の上に置いていた拳で目頭を拭われた。目からは、とめどもなく涙があふれている。ハンカチを取り出す暇もないほど涙は出ている。拳は固く握り締めたままだ。

一言「わかりました」と言われたきりで、あとは何もおっしゃらない。

その後、紆余曲折はあったが、先生方をねばり強く説得し、彼女は学校生活を続けることになった。家庭訪問を高一の時の先生とした。東郷の田んぼの中に彼女の家はあった。古いタイヤが積まれ、車体が露出したままの自動車が何台も積み重なっている。強い火熱で焼き尽くしているのであろうか、煙がもうもうと舞い上がっている。母親がまず真っ黒な作業着姿で現れた。愛情過剰で、娘に対する思いを表現するのが武骨な父親と、父親の愛情を素直にそのまま受け入れることのできない娘との間に挟まって、やさしく娘を受け入れていた母親だ。

泥と汗と埃にまみれた姿で父親が現れた。作業の途中で出て見えたので、手は真っ黒だ。その時の父親の姿を見ていて、素朴な、強い家族の連帯をかいま見たような思いがした。

二学期のPTAを三者懇談でした。父親はやってみえたが、Hさんはいない。どうしたのでしょうかと五分ほど父親と二人だけで話をしていた。そこに、彼女が慌しくスリッパも履かず、素足で駆け込んできた。

「これは先生の分、これは家に帰ってからみんなで食べる分」といって、彼女は天むすの包みを取り出した。

自分の番がくる時間までを利用して、彼女は矢場町まで行って買ってきたのだ。

父親は、そっと人差し指を目頭に持っていって涙を拭われた。

（一九九五・六・一四）

## わたしは海を飛んでゆく鳥だ

進路資料室の掲示板に、合格した生徒の名前が大勢書かれている。生徒の名前を見ていると、ちょうど昨年の今ごろを思い出す。

昨年は、三年生の担任をしていた。生徒一人ひとり、自分の希望する大学に合格してくれるように、朝も帰りも、補習授業をしたり、テストをしていたことが、今懐かしく思い出されてくる。

冬休みも、二十八日まで生徒を出校させた。年明けは一月四日から呼び出して、勉強させた。推薦入試に合格すると、受験勉強とはもうおさらばだと、冬休みに出校する生徒は極端に減ってきた。そんな中で、最後まで頑張っていた一人にUさんという生徒がいた。

Uさんは冬休みに、朝、自分が握ってきたものだといって、おにぎりを持ってきてくれた。おいしかった。Uさんは、他の生徒が出校するよりも三十分ほど前に登校して、教室の片隅でコッペ・パンをかじったり、おにぎりを食べたりしている。

Uさんは、朝食を一緒に食べる家族も、朝食を作ってくれる母親もいないのだ。母親は、彼女が中学一年のときに癌で亡くなった。その時、一通の彼女あての遺書を母親は残された。その遺書には、「真心のある人になりなさい」と書いてあったという。中一の彼女には、おそらく「真心のある人」になるということが、どういう意味であるかわからなかったであろう。ただ漠然と、人のために一生懸命に尽くすことだと感じたという。彼女と父親と二人だけの生活が始まった。その時、父親は七十歳近い年齢であった。最愛の妻を亡くして、気力を無くしている父親に、彼女は家事のいっさいを取り仕切った。掃除も、洗濯も、食事の支度も皆一人で行った。それでも彼女は、遅刻も、欠席も一度もしなかった。

その彼女が、学校を心ならずも休まねばならない時がやってきた。父親が肺癌になったのだ。身動きのできない父親を、病室に一人残しておくことはできない。酸素吸入をしている父親を見捨ててはおけない。彼女の欠席の日数が増えてきた。そして、とうとう父親は亡くなった。二月の寒い日であった。父親の遺影を抱いて泣きじゃくりながら彼女は立っていた。クラスの誰にも、父親の死を話しては困るということであった。それは、これからの人生をたった一人で生きていくのだという、彼女の意思表示であったかもしれない。

T先生と二人で、そんな彼女の姿を痛ましい思いで、北風に吹かれながら見つめていた。その時、ぼくは一つの詩を思い浮かべていた。

**わたしは海を飛んでゆく鳥だ　　大江　満雄**

わたしは　ときどき　休むとき
父母の言葉を　おもいだす。

父がいった。

〝天が　おまえたちのほんとの故郷なのだよ
帰るときには　あそこへ帰るのだよ〟

母がいった。

〃海辺のこの村が　おまえたちのほんとの故郷なのよ
帰るときには　ここへ帰るのよ〃
わたしはときどき　ねるまえに　考える
ちいさいときは　おかあさんのいうとおりにしようと思い
だんだん　大きくなるにしたがって　おとうさんのいうとおりにしようと思ったが　と。

わたしは
父母のいうふるさとをすてて
未知に向かって
いくつもいくつもの海峡を越えて
大海を飛んでいる鳥だ

詩人の母が言った「海辺のこの村」、すなわち、本当の故郷は彼女にはない。詩人のように、迎えてくれる母親が、彼女にはいないからだ。詩人の父が言った「ほんとの故郷」、天（信仰の対象、祈るべき対象）も彼女にはない。彼女は天涯孤独の身となってしまい、頼るべきものも信ずべきものもなにひとつ持てないからだ。

彼女は、超えねばならない海峡、けわしい世間の荒波を、たった一人で超えてゆこうとした。甘えも許されない。妥協も許されない。たった一人で生きてゆかねばならない。そんな立場に立ったからだ。彼女は必死になって勉強した。詩人が歌った「海を飛んでゆく鳥」になったのだ。その時、教師になろうと彼女は決意した。そして、愛知教育大学をめざし、猛烈な勉強を始めた。センター試験も、まあまあの点数でクリアした。二次試験も合格した。三月、彼女が晴れやかな表情で、合格の知らせを持ってきたときの喜びの表情を、ぼくはけっして忘れないだろう。

彼女の生き方と君たちの生き方を、ついぼくは比較してしまう。試験が、四日後には始まるというのに、なんとのんびりしたことか。いつまで、母の膝に抱かれて母の故郷にいればよいのだ。いつまで父のいう通りになっていればよいのだ。

十七歳だ。自分の進むべき道を、決めねばならないときだ。海を飛んでゆく鳥になるときだ。

時は待ってくれない。今日の一時間を大切にして、木曜日からの試験に全力を尽くそう。

未来に向かって、いくつもいくつも海峡を越えて、大海を飛んでいく鳥になろう。

（一九九五・一二・四）

# 母の弁当

明後日の五月十一日は母の日だ。母の日が近づくと、一人の卒業生の母親の姿が浮かんでくる。

昨年、担任をしたTさんの母親だ。なんとなくTさんのことが気にかかって、電話をかけてみた。電話にはTさんの母親が出た。「元気にしてますか」と聞くと、「友だちも何人もでき、毎日、元気に大学に通学しています」という返事であった。気にかかる存在の生徒だっただけに、うまく大学生活に順応してくれたことに安堵した。母親の声も底抜けに明るく、娘が楽しそうに大学生活を送っていることが嬉しくてしかたがないという感じが、弾んだ口調からよくうかがえた。

母親は「お世話になりました」という言葉をなんどもくりかえされ、ぼくは「よかったですね。よかったですね」となんども言った。


昨年の十一月のことであった。授業中にTさんは教室を抜け出し、絶対に上がってはいけない屋上に出て、隣のクラスのSさんと二人で話し込んでしまった。Sさんから複雑に入りくんだ家庭の問題、友人のことを相談されて、授業をそっちのけにして、相談に乗っていた。教室にいない二人は、すぐ不審に思われた授業担当の先生に見つけ出され、指導部に呼び出された。

彼女はそのことがあった一週間ほど前にも、指導部の先生に注意を受けていた。文化祭の日であった。彼女は、うっすらと化粧をし、だぶだぶのルーズソックスをはいて、クラスの仲間たちは模擬店で一生懸命働いているのに、校内を男友達と徘徊していた。先生方や同級生たちから彼女の行動は顰蹙をかった。奇抜な服装をしている男友達と歩く彼女の姿は人目を引き、同級生や先生方の眉をひそめさせた。

そのことを厳しく注意し、叱責した直後の授業をさぼるという行為で、先生方の彼女を見る目は冷たかった。

彼女は、高一に入学した直後にも校則違反をおこしている。

三年生のもっとも大事な時期における彼女の懲りない愚行に対して、彼女はいったい何を考えているのかと、その心情を訝しく思う先生も多くいらっしゃった。

なんども会議が開かれた。彼女は高校生活を続ける意志がないのではないか。彼女ひとりのために学校の印象が悪くなっている。そういう強い意見が出された。

退学を勧告するという結論になった。

勧告をする日、彼女は母親と来校した。神妙な表情で、彼女は母親のかたわらに座っていた。

母親に対して、学校生活になじまないから退学をしなさいという勧告がなされた。

母親はみるみるうちに顔が青ざめ、能面のような蒼白な表情になった。

「この娘が問題を起こしたのは、私の責任です。私のしつけと教育がまちがっていました」と言って、大粒の涙を流された。

ぼくは、なにも言うこともできず、目をつぶっていた。

そのうち母親は突然、額を床につけて「許してください。許してください」と泣きながら言われた。子供のためには、どんなことでもする。子供をどんなことをしても卒業させたいという必死な行為であった。

それを見ていて、不覚にも涙が出てきそうになったのを、ぐっとこらえた。泣いてはいけないと思った。

うつむいて黙っているTさんに「お母さんをよく見なさい。君のために、あんなに悲しんでみえるのだよ」と言った。

その後も、会議を続けて、「母親がそんなに熱心なら卒業できるかもしれない」という雰囲気が学年の先生方の間にできあがった。

家庭訪問を毎日して、絶対に戻しても心配ないという状況になった時、先生方にお願いしてみようと思った。


翌日から彼女の家を、毎日訪問した。時間も決めずに、突然彼女の家を訪れる。彼女には、毎日、その日に学習することを指示し、ノートにそれをまとめるように言った。

彼女の家は、今池の南、青柳町のバス停を左側に曲がった閑静な住宅地の中にあった。

二世帯住宅で、一階には祖父母が、二階には彼女と両親が住んでいる。玄関は一階、二階と別々に付いている。彼女の部屋は、階段を上がり、玄関を入って、その右側にあった。

庭には大きな柿の木があり、いくつもの赤く熟れた柿がたわわに、実っていた。

彼女が学校に復帰したのは、柿の葉も落ち、赤い熟れた実が、二つか三つだけ、裸木に残り、その実を椋鳥がついばみに来る頃であった。

登校した、その日、彼女は反省文を一生懸命に書いていた。その仕事が一段落した頃、彼女に食事を摂るようにすすめた。

彼女は弁当箱を開いた。色どりも鮮やかな盛りつけで、見るからにおいしそうな感じであった。

「お母さんが作ったの？」と聞いた。

「朝早く起きて、お母さんが作ってくれたの」と嬉しそうに答えた。母親の愛情が込められている弁当箱を開いて、彼女は、おいしそうに食べ始めた。

昨年の二月、ぼくの母は亡くなった。今年の母の日、ぼくの大事な母はもうこの世にはいない。赤いカーネーション渡すことはできない。母の生存中に、こういうことをしておけばよかった、あのことをすればよかったという悔いだけが、今は残っている。

君たちのことをもっとも愛しているのは、君たちのお母さんだ。

自分がつまずいた時、進路に悩んだ時、母親の顔を思い浮かべてほしい。けっしてまちがった道を歩いてはいけないと気づくであろう。

（一九九七・五・九）

## たった一人のお母さん

Hさんに、お母さんの話をするとすぐに目を真っ赤にする。そして、涙が一筋、二筋と頬を伝い出す。いつも、明るく、はきはきしているHさんも、お母さんのことを考えると感極まるのであろう。Hさんが泣き出すのは、なにも病気でお母さんが心配な状態にあるからではない。

お母さんの愛情に応えられない自分が情けないからである。勉強で一番になりなさい、クラブをしっかりしなさいという要求を、一度もお母さんはHさんに言ったことはない。反対に、幼い頃から、Hさんのしたいということはどんなことでも聞き入れて、お母さんは許してくれた。

英語が好きで、会話が習いたいというと、ECCにすぐに入れてくれた。ニュージーランドの語学研修に行きたいというと、喜んで許可してくれた。

かといって、けっして甘いばかりのお母さんではなかった。聞き分けのないことをいうと思いきり叱られた。

お母さんは、無理なことをHさんに求めているのではない。Hさんが明るく、素直に、伸び伸びと育ってくれるのを願っているだけだ。お母さんの期待通り、明るく伸び伸びと、Hさんは育ってきた。多くの友だちもできた。学校生活を楽しんでいるという点では、Hさんは人後に落ちない。とにかく、毎日、毎日が楽しくてしかたがないのだ。

　帰宅してからも、お母さんとお茶を飲みながら学校のことを、友だちのことをとめどもなく話す。とにかく話し出したら二人は話が止まらないのだ。そんなときの二人は仲の良い姉妹のようだ。

　うきうきとした気持ちは、自分の部屋に入ってからも静まらない。レコードを聞く、雑誌を読む、自然と寝る時間が遅くなってしまう。


　お母さんの朝は大変だ。Hさんの家族は、七十六歳になるお祖父さん、七十五歳になるお祖母さん、そして両親の五人家族だ。お母さんの朝は犬の散歩から始まる。六時からは朝食の支度だ。Hさんの弁当を作るのも、お母さんの仕事だ。その間にお母さんはHさんの部屋に入ってくる。なんど起こしても、なかなかベッドから離れない。Hさんを起こすのは、大変な仕事だ。毎朝格闘が続く。

　六時半には、お父さんが会社に出てゆく。七時には、Hさんは家を出ないと学校にまにあわない。中央線の神領駅まで、自転車でも十五分はかかる。つい、お母さんに甘えて、駅まで自動車で送ってもらうことになる。


　お母さんのHさんに対する心配事は、遅刻の多いことだ。二学期には、遅刻が三回目になって呼び出しを受けてしまった。

　三学期には遅刻を絶対させたくない。お母さんは固く心に誓った。

木曜日だ。今日もHさんはベッドからなかなか離れようとしない。とうとう部屋に入り無理矢理布団をはいでしまった。不承不承、起きてきたHさんを見ていると言わずもがなの愚痴が出てしまう。

Hさんを助手席に乗せて、お母さんは神領駅まで向かう。

お母さんは市郁の卒業生である。お母さんも、Hさんに劣らず学校が大好きだ。二学期に呼び出しを受けたときのことが脳裏をかすめた。学校の先生方に申し訳ないという意識と、Hさんに対する気持ちとがない交ぜになって思わず涙が出てきた。

今まで口うるさく注意していたお母さんが、急に黙りこくり、静かになったと思うと涙を流しているのにHさんは気づいた。これほどまでに、自分のことを思っていてくれたのか、Hさんも急に悲しくなってきた。胸に迫るものをどうすることもできなかった。

「私にとって母は、この世で、たった一人の〝お母さん〟。また母にとっても、私は一人っ子なので、たった一人の子供。それなのに、母の気持ちに、今まで、なにひとつ応えることができなくて。お母さん、ごめんね」

Hさんは一人、心でつぶやいた。涙ながらに、なんども、なんども「お母さんごめんね」とつぶやいていた。

神領駅に着いて、Hさんはトイレに駆け込んだ。嗚咽をこらえることができなかったのだ。

「自分のためだけど、本当は自分のためだけど、本当の本当は自分を思ってくれている人も大切なんだ。お母さん、ありがとう」

涙が止まり、さわやかな顔に戻ったとき、Hさんは心から「お母さん、ありがとう」と一人つぶやいた。

明日からは、絶対に遅刻をすまい、Hさんは固く自分の心に言い聞かせた。

外は、粉雪が舞い散っていた。


（一九九六・二・九）

## 峠

Aさんのお母さんが学級懇談会にみえた。一学期にお逢いした時よりは、いくぶん痩せられたような感じだ。この半年間のお母さんの苦労は、筆舌に尽くしがたいものがあったろう。その心情を察するだけで、直視できないほどの痛ましさを覚えた。

一学期の懇談会のおりに、夫が肺癌で非常に危険な状態であるとおっしゃった。A子さんは、ニュージーランドの研修旅行に参加することになっている。「そんな状況で出かけてよいですか」と尋ねた。「夫は、強い人です。自分が肺癌であることも、余命いくばくもないことも知っています。A子がニュージーランドに行くことをずっと夫も楽しみにしていました。A子の喜ぶことを、させてやりたいというのが夫の希望です」とおっしゃった。

その当時、ぼくは母親の病気で気が動転し、おろおろしていただけにA子さんのお父さんの気丈さには、すっかり感服した。

七月のおわり、A子さんのお父さんは危篤になった。救急車で愛知医大に運ばれたという。ニュージーランドからA子さんは、すぐさま戻ることになった。

八月四日、暑い日であった。八時四十分に、名古屋空港にA子さんはシンガポール経由で到着予定だ。ところが飛行機がシンガポール離陸直前にトラブルを起こして、到着時間が大幅に遅れるという。

お父さんの病状は、一刻を争うような危険な状態だ。飛行場に駆けつけてみえたお母さんに、「すぐ病院に戻って下さい。A子さんはぼくが連れて行きます」と言った。お母さんは気が気でない様子で、病院に戻って行かれた。

四時間ほど待って、T先生に連れられてA子さんは帰ってきた。長久手の愛知医大まで、A子さんは、ほとんど口をきかない。お父さんの容態が気になってしかたがないのであろう。

病院の玄関のところで、お母さんが今か今かとA子さんの到着を待ってみえた。お父さんは隔離室に入ってみえる。ぼくにも見舞ってほしいということで、面会時間ではないが、特別の許可を得て、病室に入った。

何本もの管が体に巻かれている。かすかに呼吸ができているのであろう。しかし、お父さんの表情からは、そんな、今にも生命の絶えんとするような苦悶の表情は少しも感じられず、穏やかだ。お母さんが、お父さんの体にすがって、

「A子が帰ってきましたよ。お父さんはA子を帰るのを、待ってみえたのですから目を開けてください」と話しかけられるが、むろんのこと瀕死のお父さんからは、なんの反応もない。

A子さんは、ニュージーランドに元気な笑顔で送っていただいた父親のあまりの急変に、ただ泣いているだけであった。

八月五日の早朝、お母さんから電話があった。お父さんが亡くなったという報せだ。A子さんの帰るのを待っていたかのような、静かな死であったという。あまりのことに、ぼくは口もきけず電話の前で立ち尽くすだけであった。

八月六日、葬儀が行われた。じっとしているだけで汗がしたたり落ちてきた。お父さんが一代で築かれた工場の前には、大勢の弔問客が来てみえた。一人ひとりにお母さんは丁寧に挨拶をしてみえる。

霊柩車の出発の時間が来た。マイクをお母さんが持たれる。今まで、涙一筋も見せられなかったお母さんが、急に胸に迫るものがあったのであろう。体全体で悲しみを表すようにして、一言もおっしゃらない。

声に出せないほどのお母さんの悲しみが、その場にいた人みんなに伝わり、厳粛な雰囲気となった。

学級懇談会でお母さんは、工場は働いていた人に渡し、近くの店で明日から働くとおっしゃった。

「A子は看護学校に入りたいといっていますから、よろしくお願いします」と言われた。A子さんは、お父さんの無念の死、あまりにも早すぎる死に直面して、病気で苦しんでいる人に対して、少しでも手助けをしたい、そんな思いで看護婦への道を選んだのではないかと思った。

A子さんをみていて一つの詩が思い浮かんできた。真壁仁の「峠」という詩だ。

峠は決定をしいるところだ
峠には訣別のためのあかるい憂愁がながれている。
峠路をのぼりつめたものは
のしかかってくる天碧に身をさらし
やがてそれを背にする
風景はそこで綴じあっているが
ひとつをうしなうことなしに
別個の風景にはいってゆけない。
大きな喪失にたえてのみ
あたらしい世界がひらける。
峠にたつとき
すぎ来しみちはなつかしく
ひらけくるみちはたのしい。
みちはこたえない
みちはかぎりなくさそうばかりだ。
峠のうえの空はあこがれのようにあまい。

たとえ行く手がきまっていても
ひとはそこで
ひとつの世界にわかれねばならぬ。
そのおもいをうずめるため
たびびとはゆっくりと小便をしたり
摘みくさをしたり
たばこをくゆらせたりして
見えるかぎりの風景を胸におさめる。

A子さんばかりではない。学級懇談会で、さまざまな生徒の生活をかいま見た。人生の岐路は、これから君たちの人生になんども訪れてくるであろう。

「大きな喪失にたえてのみ　あたらしい世界がひらける」のだ。

あたらしい世界は、自分のしっかりとした進路に対する展望があってこそ開けてくるであろう。

（一九九五・一一・六）

# 涙でぬらしたホルン

梓組のYさんが春日井市民病院に入院していると聞いて、見舞いに出かけた。思ったより元気で、顔色も良く、ほっとした。ベッドで横たわっているよりしかたがないが、しかし手持無沙汰で雑誌ばかり読んでいるということだ。Yさんが寂しがるので、お母さんが、昼からは彼女の話し相手にいつも病院に見えられるという。

今日からリハビリをするという話だ。自転車を漕ぐなどして、しだいに筋肉を増強するのだという。この調子ならば、彼女が学校に戻れる日も近いだろう。明るく笑う彼女の顔が、何よりもそれを表していると思った。

彼女は吹奏楽部の部長だ。吹奏楽部の一番の大きな行事は一月十四日に愛知県勤労会館で開く定期演奏会だ。部長として彼女は、なんとか、演奏会を成功させたい。いい演奏をしたいと、いつもそのことばかりを考えていた。歴代の部長に対しても好評裡のうちに成功させなければ申し訳ない、そんな気持ちで演奏会の当日を迎えた。大勢の人が会場に詰めかけてくれた。会場費や客演をしてくれる方に対する謝礼など、演奏会を開くには多額の予算がかかる。そのために、何枚ものチケットを売った。自分が売ったチケットを持って、何人かの友だちが演奏会に来てくれた。会場のあちこちに、その姿も見える。その人たちのためにも、良い演奏をしなければと彼女は緊張した。

彼女のパートはホルンだ。しかし、三、四日前からホルンをいくら吹いても音が出なくなってしまった。吹く体力がなくなってしまったのだ。十二月から疲労はピークに達していた。しかし、この晴れ舞台を自分は休むことはできない。とても部長として、休むなどとは言えない。じっと我慢をして、気力だけで舞台に立っていた。ホルンに口を当てて、さも吹いているように見せかけているが、先輩も、後輩も、みな自分が吹ける体調ではないことを知っていて、そっと自分の方を、心配そうに見ている。

彼女はがたがたと震えていた。事情を知らない人が見たら緊張のためと思うであろうが、友だちはみんな知っていた。彼女の体力は限界にきていたのだ。彼女の細い身体を今、舞台の上に支えているのは、部長としての責任感だけだ。頑張れ！　心の中で部員たちは皆、彼女を励ましていた。

「スラヴィア」が終わった。そして、ホルンを指導していただいた山本雅志先生のモーツァルトの「ホルン協奏曲第三番」の演奏も終わった。「たなばた」「すてきな日々」と演奏は続く。とても立っておれるような状態ではない。息が詰まるような感じだ。

第三部はドリルステージだ。とても舞台の上を行進することはできない。歩けば倒れる。倒れたら今日の演奏会は壊れてしまう。舞台の袖にそっと隠れた。

そのまま椅子にもたれて、演奏が終わるのを待った。幕が下りた。盛大な拍手だ。大成功だ。応援に駆けつけた先輩達も、先生たちも、良かった良かったと誉めてくれる。

やっと終わったのだ。そう思うと、どうにもならないほどの息苦しさが襲ってきた。

母親と車で、勤労会館を後にした。車の中でも、どうにも我慢できない苦しさが続く。顔色も真っ青だ。意識がもうろうとしてくる。気づいたときには、市民病院のベッドの上であった。

休日で、しかも夜間だ。十六日まで待たなければ、専門的な診断はできない。点滴を打ったら、少しは気分も落ち着いてきた。極度の疲労のせいであろう。今日は応急処置のみだと言われて帰宅した。家に帰ってうとうとしたが、震えはとまらず、熱も出てきたような感じだ。

そのうち、目を閉じても息は、ますます苦しくなってくる。夜が明けたのは知っていた。しかし、その後のことはよくわからない。気づいたときには、救急車で市民病院に運ばれ、すぐ入院ということになっていた。

彼女につき添ってみえる彼女のお母さんは、「もう十二月くらいから玄関を出るときに腰が立たない状態でした。いくら、休めと言っても、演奏会があるから学校を休めないと言って出て行くのです。クラブが好きで、好きでしかたがない。学校が好きで、好きで、しかたがないんでしょうね」とおっしゃった。

十二月になると八キロも体重が減ったという。何を食べてもおいしくない。のどが渇いて渇いてどうにもならない。ポカリスウェットを一日に何本も飲んだという。

疲労は、ますますひどくなる。定期演奏会は近づく。その上、部長としての心労が重なる。クラブに出てこない生徒への連絡、思うように澄んだ、美しい音色を出せない部員へのいらだち。

冬休みは、早朝から夜八時ごろまで練習だ。とうとう一月に入ったら、ホルンを吹こうとしても、疲れで、息が出ない状態になってしまった。

悲しかった。涙がとめどなく流れてきた。部長だ。泣いてはいけない。心の中でわかってはいるが涙はつきることなく落ちてきた。ホルンを唇にそっと当て、下を向いて涙が友だちに見えないようにしていた。「帰れ！」「帰れ！」友だちは、大きな声で彼女を叱る。彼女を心配してのことだ。「私は部長だ、どうして帰れるの」。彼女は心の中で、そっとつぶやく。「私が泣いているから、皆が心配するのだ」、そう考えて、思い切ってホルンを口に当てると、息は弾み、心臓が止まるような苦しさが、またしても襲ってくる。

救急車で運ばれた彼女を見て、医者は驚かれたという。とても大人であったら助からなかったであろうと。

彼女の精神力と責任感の強さが、彼女を定期演奏会まで頑張らせたのだ。

今日もまた彼女は病室の中で、一人心の中でホルンを吹いているであろう。（一九九六・二・五）

## おばあちゃんが手を振っている！

バスは快適な振動を響かせて走っている。学校を出発したのは、八時少し前の時間であった。中央高速道路を中津川インターで降りて、国道十九号線を渋滞や道路工事に出会うこともなく、バスは走っていく。

朝、六時に病院に立ち寄り、医者に痛み止めの注射を打ってもらってのオリエンテーション合宿の参加であった。右膝に痛みが走ったのは、合宿に出かける一週間前の水曜日の夜中であった。木曜日は一日中、痛みを堪えていたが、とうとう金曜日の朝には起き上がることができなくなってしまった。入学式の日、生徒たちに「無遅刻、無欠席を達成せよ」と口を酸っぱくして言っていただけに、動けなくなったのは、なんとも無念であった。はいずっても登校したいと思ったが、起き上がることができなくては休むよりしかたがない。金・土・日の三日間、結局自宅で療養する羽目に陥ってしまった。炎症も少しずつ治まり、月曜日からは、びっこを引きずりながらではあるが、歩くことができるようになった。

バスの中で、なんとか三日間膝の痛みが起こらないようにと念じながら目を瞑り生徒たちが歌っている明るい歌声に聞き入っていた。底抜けに明るい生徒ばかりだ。はしゃぎ、興じている生徒たちの声を聞いていて、なんとなく楽しい、明るいクラスになるような予感がしてきた。

膝の痛みを心配しても、どうなるものでもない。暗い気分に陥れば、生徒たちも湿った雰囲気になってしまう。できるかぎり生徒たちと同じように明るく、楽しい気分でいるのだ。そう自分に言い聞かせつつ目を開いた。

バスは長いトンネルの中に入っていく。トンネルを抜け出るとバスの窓からはダムの堰提が見える。ダムの湖には、青い水が満々と湛えられている。四月の明るい陽光を浴びて、湖はきらきらと輝いていた。周囲の山々の芽を出したばかりのあふれんばかりの新緑の色が、紺碧の湖にくっきりと姿を映していた。

ダムを通り過ぎると木曽川の川床には、大きな白い石が無数に転がっているのが見えてくる。木曽川は、あるかないかのような細い一本の流れとなって続いている。白い川床に、陽光が反射してきらめいていた。

木曽川沿いは、桜の花盛りだ。うすい、淡い桜。濃い、厚ぼったい花びらの桜。種々多様な桜の花が、遅い山国の春を待ち兼ねていたかのように国道十九号線沿いの木曽川の堤に咲いている。対岸の山裾には、こぶしの白い花が咲いている。山国の春は、花の揃いぶみで絢爛とした眺めだ。

ぼくの後ろの座席にKさんとSさんが座っている。なにげなく二人の話を聞いていた。Kさんが「わたしのおばあちゃんの家は、大桑村でバスの中から、その家が見える」という。「おばあちゃんに開田高原の合宿に出かけるという話を電話でするると、山の上の家を下りて国道十九号線に立ってバスの通過するのを見送りたいと言っていた」という。

ほんの一時だけでもいい、孫の顔がみたい。そんなお祖母さんの心情がなんともいえない温かいものとなってぼくの心に伝わってきた。

Kさんに話を聞いてみると大桑村の家では、祖父母だけで二人暮らしをしているという。Kさんのお母さんは一人娘だ。電力会社の仕事で大桑村に来てみえたお父さんと知り合い結婚をして村を出る。その後、二人暮らしの両親のことを心配して、月に一度は、Kさんのお母さんが大桑村を訪ねるという生活が続いている。

バスの運転手に「少し徐行して走っていただけませんか」とお願いした。バスは、ゆっくりと走っていく。Kさんは窓に顔をくっつけるようにして外を見ている。国道十九号線の、どこで出会うという場所を指定しての約束ではない。学校を八時に出て、開田高原に出かけるという大雑把な伝言だ。

「あの橋の上の青い屋根の家がおばあちゃんの家なの」、Kさんが叫んだ。生徒たちも窓に顔をくっつけて「見えた！　見えた！」と叫んでいる。

Kさんの祖母の姿を国道十九号線で見つけることはできなかった。順調にバスが走り過ぎたために、予定の時間よりも、相当早く大桑村を通過してしまった。山の上の家を下りるのが遅かったかもしれない。腰をおろしてバスの通過を待つ場所は十九号線に見当たらない。一時間も、二時間も国道沿いに立ってバスが来るのを待っているわけにもいかないであろう。バスの通過する時間を見計らって山を下りたが、バスは通り過ぎた後であったということではないだろうかと想像していた。

バスが大桑村を通り過ぎると、心なしかKさんは寂しげな表情に変わってきた。

Kさんだけでなく、孫が乗っているバスを見るために、今ごろは山を下りて国道十九号線に向かっているお祖母さんも、きっとKさんと同じ表情に違いないと思った。通り過ぎたとも知らず、来るはずもないバスを待っているお祖母さんも、孫の顔を思い浮かべて寂しげな表情をしていたことであろう。

白樺や落葉松の新緑の山々の間を縫ってバスは開田村に入った。

合宿所に着いて、午後から春休みに生徒たちが書いた「こんな高校生になりたい」という作文を十人の生徒に読ませた。

Kさんも大きな声で、友人を多くつくりたい、勉強を頑張りたいと作文を読み上げた。

Kさんの明るい、弾むような声を聞いていて、大桑村のお祖母さんも、お祖父さんと二人でKさんのことを話しているだろうと思った。

合宿も無事終わり、帰途、寝覚めの床のドライブインを予定よりも一時間も早く出発することができた。大桑村が近づいてきた。Kさんに「往きは、お祖母さんに逢えなくて残念だったね。大桑村に入り、お祖母さんの家が近づいたら教えてよ」と話した。

その話をして、ものの五分も経たないうちにバスは大桑村に入った。

Kさんが大きな声で叫んだ。「おばあちゃんがいる！　おばあちゃんがいる！」

山の上の青い屋根の家。そこの庭先に、両手を思い切り振っているKさんのお祖母さんの姿があった。生徒たちも歓声をあげながら、手を大きく振る。

お祖母さんは、眼鏡をかけ、帽子をかぶり、いくぶんほほ笑みながら手を振っている。Kさんは昨日の夜、「バスは五台で、自分は一番最初に走るバスに乗っている」とお祖母さんに電話をかけたという。

山の上の家から十九号線まではかなりの距離だ。バスは、あっというまに通り過ぎた。それにもかかわらず、はっきりとお祖母さんの姿をぼくは認めることができた。生徒たちも同じだ。それは、映画のクローズアップのように、遠くのお祖母さんの姿が、眼前に近づいてくるような感じであった。

ほんの数秒で消えていったお祖母さんの姿であるが、いつまでも、その姿は心に焼きついて脳裏から消えなかった。Kさんの目には、うっすらと涙が浮かんでいた。自分のことを誰よりも愛してくれている人がいる。そんな喜びの涙であった。

（一九九七・五・二）

## 明日を夢見ることができない青春

卒業式を迎えるといつも、月日が過ぎ去ることの早さをしみじみと感じます。四月に授業に出かけて、顔を合わせた生徒たちと深くなじむまもなく、卒業式で別れていくことに、いつも名残惜しさを感じます。

今年の卒業生のクラスは槙組と椎組の授業を担当しました。槙も椎もよくまとまったクラスでテストを行っても、いつも平均点は高い点数でした。

二つのクラスが卒業にあたって、それぞれクラス文集を作成しました。

槙組は「卒業文集」と名づけた冊子で、クラスの生徒一人ひとりが一ページを使い、「好き、嫌いいろいろ」「高校生活の思い出」「十年後の自分」等の項目に、それぞれ自分の思いを書き連ねています。

「十年後の自分」の欄にMさんは、「ぶくぶくに太って近所の人と外で大きな声で話していると思う（オバタリアンになってる）。結婚をしていて、すごい貧乏生活をしている。小さな一軒家に住んで子供は二人ぐらいはいると思う。住んでいる場所は、ど田舎で、畑で野菜をつくって、山に椎茸を採りに行ってると思う」と書いています。冗談半分に書いた文章だと思いますが、Mさんの明るくて、大らかな人柄を彷彿とさせます。きっと彼女は十年後もたくましく、強く生きて明るい家庭を築いていることでしょう。

Iさんのプロフィールを読んでいて、思わず目頭が熱くなりました。

彼女は高校生活の思い出は「行事では文化祭が一番良かった。このクラスが一番楽しかったです。みんな、今まで本当にありがとう」と書いています。

「十年後の自分」の欄には「二十八歳になってる（笑）。絵とか料理を習って、好きな事やってると思う。理想なのは、その頃までに、お見合いでもいいから結婚したい。そして幸せになりたい。はたして、現実の将来は？　私はどうなっているんだろう？」と書いています。

四月の第一週のことです。初めて槙組の授業に出かけた時、彼女の耳から白いものが、かすかに出ているのに気づきました。ピアスをしているのではないかと厳しく叱責をしました。彼女は、恬淡とした表情で「補聴器です」と言いました。よく見もしないで、軽率に判断して叱責した自分の不注意を恥ずかしく思いながら、事情を聞いてみると、幼い頃から耳はよく聞こえないと言います。

悪いのは耳だけではありません。背骨は湾曲しています。担任の先生に聞いてみますと、「先天的に肺などの機能は普通の人の半分ほどでしょう」ということです。

病弱な彼女は、バスを使っての通学はできません。両親がかわるがわるに自動車で送り迎えをしています。

一学期も、二学期も彼女は病気のため期末試験を受験できませんでした。しかし、中間試験と学期末試験には抜群の得点をあげています。

授業中は、先生の声がよく聞こえない。通学には身体に自由が利かないので、両親に送り迎えをしていただく。試験を受けたくても、受けることができない。

彼女は、そんな自分の運命を呪わしく思ったことでしょう。しかし、彼女の柔和な表情からは、自分を襲った苛酷な運命を呪う様子は微塵も感じられません。

いつも彼女は、微笑を浮かべて、注意深く友だちの話を聞いています。喜びも、悲しみも控えめに表現をしています。大きな声を出した姿も、はしゃいで騒いでいる姿も見たことはありません。

彼女は自分の運命を淡々と受け止め、今日一日あることを感謝して生きているのではないでしょうか。

彼女が文集に書いた文章を読んで、思わず目頭が熱くなったのは、「幸せになりたい」と書いてすぐ続けて「はたして、現実の将来は？　私はどうなっているんだろう？」と書かざるを得なかった彼女の心情に思いがいったからでした。

人並みに結婚したい、人並みに家庭生活も築きたい、それは、幼い頃より病気で苦しんできただけに、彼女の悲痛な願望でした。「幸せになりたい」は彼女の叫びのように思えます。

しかし、現実の自分の身体の状況を考えた時、彼女は冷静にならざるを得ないのです。

「私はどうなっているんだろう？」とつぶやかざるを得ないのです。

卒業文集に、将来を夢見ることができないと書いた彼女の青春を考える時、慄然とした思いにかられました。


「高校時代の思い出」の欄に、彼女は「みんな、今まで本当にありがとう」と感謝の言葉を書き記しています。文集に感謝の言葉を記しているのは彼女だけです。

病苦と闘いながらも、両親に支えられて三年間、通学することができた、そして卒業をすることができた。それは、身体の自由が利かない、耳がよく聞こえない彼女を級友たちが優しくつつみ込んで、わけ隔てなく接してくれたことへの感謝の言葉でしょう。

卒業式に参列された両親も、彼女の卒業をさぞかし喜ばれたことと思います。


元気のよいオバタリアンに十年後になりたいと書いたMさんも、高校時代の三年間は、けっして平穏なものではありませんでした。

彼女は、十一月の市邨短大の推薦入試が終わるやいなや小牧市民病院に一ヵ月間入院する羽目に陥ってしまいます。持病の喘息の発作がひどくなってきたからでした。もし喘息の発作が二、三日前に起こっていたならば彼女は推薦入試を受験することができませんでした。きわどいところで彼女は、自分の希望をかなえることができました。病気になったのは、不運なことでしたが、短大の入試を受験することができたのは幸運でした。

Mさんと違い、Iさんには一生病気を背負って生きていくという試練が待ち受けています。明日を夢見ることのできない青春ほど苛酷なものはありません。

そんな試練を背負って生きているとは思えないほど彼女はいつも明るく、さわやかです。あるがままに自分の人生を受け止め、感謝の心を持って毎日をひたむきに生きる。それが彼女を柔和な優しい、誰からも好かれるすてきな女性にしていることと思います。（一九九八・三・一〇）

## 永遠の旅路

卒業式の前日に、三年椎組の担任の先生から「三分間スピーチ」という冊子を頂きました。LTの時間に椎組の生徒たちが、一人三分の時間を使って発表したものを、担任の先生が卒業記念として冊子にまとめられたものです。

三十七ページにわたる原稿を、たった一人でワープロに打ち込み、それを製本にされた先生の根気と生徒に対する愛情に敬意を払いつつ、一ページ、一ページと読んでいきました。

スピーチの内容は自由ですから、あらゆる分野にわたり、生徒はそれぞれ自分の意見を述べています。「犬」について述べたもの、「カラオケ」について述べたものなど自分の身近なものや趣味を論じた内容のもの、あるいは「愛知万博」や「麻薬」など社会的内容を含んだものなどスピーチの内容は多岐にわたっています。


以前、市郡短大の保育科の面接試験で、三分間スピーチが行われました。試験が終わって生徒たちは、三分間がいかに長く感じられたかということをこもごもに語っていました。

ぼんやりしていれば、あっというまに過ぎ去っていく時間ですが、内容のある話をしようとすると三分間という時間は、とても長い時間に生徒たちには感じられたことでしょう。

内容的にまとまりがあり、しかも、聞く人に十分な感銘を与える話をしようとすると三分間スピーチも簡単にはできません。

日常生活の中で感性をみがき、自分の興味や関心に対して、こだわりをもった日々を送らなければ、三分間スピーチはできないでしょう。

「三分間スピーチ」の中で、もっともよくまとまった内容の作品は、大原一果さんの「寅さんについて」です。彼女の『男はつらいよ』に対する熱烈な思いが、「寅さんについて」によく表れています。

『私、生まれも育ちも葛飾柴又です。帝釈天で産湯をつかい、姓は車、名は寅次郎、人呼んでフーテンの寅と発します。』

この名文句を一度は聞いたことがありますか。そうあの寅さんの映画『男はつらいよ』の冒頭で流れる文句です。

私は全国の高校生で十本の指に入るだろうと思われるくらい、自他ともに認める寅さんフリークで、一時間ほど暇ができると手は自然と家に二十本近くあるビデオへと伸びています。

寅さんは、一八六九年公開の第一作『男はつらいよ』から一九九五年公開『寅次郎　恋の花』まで二十六年間、四十八作目まで続いたロングラン作品で、私はそのうちの二十七作品を見ています。特に初期の作品は五、六回は見ています。その中でも一番好きな作品が第八作の『男はつらいよ寅次郎恋歌』で、この作品には、妹さくらの兄への優しさが一番こめられているような気がします。いつもさくらは、寅さんのことを誰よりも心配していて、結局四十八作ともかなわなかった寅さんの恋を皆がバカにする中でも一人真剣に応援しています。たびたびさくらが柴又駅で寅さんを見送るシーンがあるのですが、とても哀愁がただよっていてジーンとしてしまいます。

寅さんのストーリーを簡単に説明すると、これが単純で、寅さんが半年ぶりに〝とらや〟に帰って来て、おいちゃんや裏の工場のタコ社長とくだらないことで喧嘩をして、また旅に出て、そこで美しい女性に恋をして、その女性は寅さんのことが好きなんだけど、これはいわゆる〝いい人〟なんだけれどもというやつで、結局自分の新しい生き方を見つけ、寅さんの失恋となるわけです。

本当は単純すぎて、次のセリフさえ分かるほどです。しかし、この映画には、人情があふれていて、見ているだけで、自分も〝とらやファミリー〟の一員になったような気分になります。そして、なにより寅さんがいい男すぎます。見てくれはよくないし、喧嘩早いけれど人なつっこくて、誰にも優しくユーモアがあって、愛敬があって、こんなかっこいい男がこの世にいるのでしょうか。もし私が吉永小百合のような愛らしいマドンナだったら、絶対寅さんと結婚しているのになあとくやしくなります。

今年の夏にはぜひ、大船の撮影所と柴又の帝釈天を訪ねたいと思います。

そして、とらやの草だんごをほおばりながら寅さんの永遠の旅路を祈りたいと思います。」

この文章を読んでいて、寅さんのことを滔々と論じている大原さんの姿が彷彿と浮かんできます。楽しくて仕方がないという様子でスピーチしている姿は、さながら寅さんが祭の客を相手に、品物を前にして口上を述べている姿のようです。

このスピーチが成功している最大の要因は、大原さんの寅さんに対する思い入れの深さです。おそらく寅さんのことを大原さんに語らしたならば、一時間でも、二時間でも話し続けることでしょう。スピーチの冒頭で「私、生まれも育ちも葛飾柴又です」と寅さんのなじみの口上を述べ、そして、結末を「とらやの草だんごをほおばりながら寅さんの永遠の旅路を祈りたいと思います」と結んでいるあたりもみごとです。

なじみの口上を冒頭に述べることにより、スピーチを聴く人々を『男はつらいよ』の世界に引き込みます。自由自在に三分間を使い、寅さんの魅力を語り尽くしています。寅さんの恋の結末は映画を見なくてもわかります。

おいちゃんが「寅は馬鹿だなあ」とつぶやく声が聞こえてくるようです。

毎度おなじみの顛末をくり返しながら、それでも熱烈なファンによって、映画が毎年制作され続けられてきた秘密が、大原さんのスピーチによって理解できます。

それは、寅さんの人柄のよさと彼を取りまく人々の善意です。物語のストーリーは毎度おなじみのもので、映画を見なくてもわかるような単純なものですが、それでもくり返し作られてきたのは、おせっかいとまがうほどの善意が、映画の底流にあるからです。

教育の荒廃が今日ほど叫ばれている時代はありません。非行を見て見ぬふりをするという時代の風潮がますます青少年の愚行を増加させているようです。

永遠の旅路に出かけた寅さん、現代の高校生に対して、もっとおせっかいをやいてほしいような感じを大原さんの「三分間スピーチ」を読んで感じました。

（一九九八・三・一〇）

## 映画マニアの受験生

「立命館大学に合格した大林由希子です」

大柄な生徒を担任の先生が連れて、やってみえました。初めて見る生徒です。

「クラスは何組ですか」と聞いてみますと、I類の生徒でした。

「なぜII類に入らなかったの」と聞いてみました。四年制大学を希望する生徒は、II類の楢組に入り、補習授業や進学合宿に参加することになっています。

「楢組に入りたかったのですが、成績が悪かったので入れなかったのです」と言います。

担任の先生が「高一の段階では評定平均が三・三ほどでした」と横から口をはさまれました。

楢組は四十人の生徒全員が四年制大学を希望しています。共通の目標に向かって、クラスの生徒全員が毎日、補習授業を受けています。

「塾か家庭教師について受験勉強をしたの」と聞いてみました。

「塾にも一度も通ったことはありません。家庭教師にも習っていません」と言います。

塾にも通わない、家庭教師にも習っていない。しかも、楢組でもない。どういう受験勉強をして立命館大学に合格したのであろうか、不思議に思って、かさねて彼女に聞いてみました。

「学校の補習授業をきちんと受けているの」

「補習授業も一度も出ませんでした」ということです。

彼女は、まったく独学で、誰にも習わず、たった一人で受験勉強をして、合格したのでした。

参考書を買ってきて、英語・国語の二科目だけを徹底して勉強したそうです。

大学の受験方式も、ここ数年大きく変わってきています。センター試験を導入したり、得意科目受験をしたり、一般試験でも、試験方法はいく通りもあります。

彼女の場合は、得意の英語と国語で受験をして合格しました。

好きな科目を、誰に強制されることなく、たった一人で、思う存分に参考書を勉強する。わからない所は、翌日に先生に聞く。

受験勉強という意識ではなく、彼女は好きなことを、好きな方法で学習していたのではないかと思います。

彼女の学習法を聞いていますと、受験勉強という気負いもありませんし、何が何でも合格するのだという悲壮感も伝わってきません。

毎日を楽しく生きて、好きな勉強をして、自分の一番行きたいと思う大学に合格する。

考えてみれば、彼女ほど幸福な受験生はいないかもしれません。

彼女は無類の映画狂です。月に四回は、映画館まで足を運びます。

「ビデオは見ないの」と聞いてみました。映画館まで行って、映画を見たいという気持ちがあるのですが、時間がないのと億劫なことが重なって、なかなか映画館まで出かけて行くことができません。

「ビデオも見ますが、映画はやはり映画館の画面で見ないと見た気になりません」と言います。

「受験前の二・三ヵ月は、月に三度ほどしか映画館に行く時間がとれませんでした」

彼女が、好きな映画を見ることは、日常生活の中で学習時間と同じようにだいじな時間でしょう。

「なるべく片寄らないように幅広いジャンルの映画を見ています。香港などのマイナーな映画もよく見ます」

聞いたこともない監督の名前や俳優の名前をあげて、彼女は説明してくれます。クェンティン・タランティーノ監督の「パルプフィクション」、ウォン・カーウァイ監督の「恋する惑星」などが最近見た映画だそうです。

週に一度、映画館に足を運ぶことは、よほどの映画好きでないとできないことです。彼女は、映画が好きで好きでたまらないから、こともなげに週に一度映画館に行きます。


彼女の頭の中には、今まで見てきた映画のさまざまな場面が去来しているのでしょう。映画の話をしている時の彼女の顔は輝いています。

映画が好きなことと、英語が得意なことと、何か関連があるのではないか、ふとそんな気がしてきました。

映画を見ることとは、その国の文化にふれることです。その国の生活や習慣・風俗を学ぶことにもなります。実際に、外国に出かけて行くことはなくとも、映画によって、その国を理解することができるようになります。彼女は映画を通して、外国の風俗や文化を知らず知らずのうちに吸収していたのでしょう。映画が好きなのが高じて、外国の文化や歴史を自然と学んだことと思います。

言葉についても、何度も映画館で耳に入れているあいだに、抵抗感なく受け入れることができるようになったでしょう。

映画を週に一本見ることによって、英語が好きになる。そして、彼女の国語の読解力も、映画によって増強されてきたのかもしれません。

映画を見たあと、彼女は、その感想をさまざまな方法で整理をしてきたと思います。

好きなことにこだわり、好きなことだけをする。彼女は、それによって立命館大学に合格しました。強制される学習、受け身の学習ではない。自分の好きな参考書を選び、その本をたった一人で学習をする。彼女は、好きな映画を、たった一人で映画館に出かけて見るのと同じ方法で受験勉強をしました。

高一の評定平均が三・三でも立命館大学に合格できるのです。塾にも、補習に出なくても合格できるのです。

その秘訣は、好きなことに徹底的にこだわることです。

彼女の落ち着いた様子を見ていて、何かうち込めるものを持っている人は強い人だと思いました。

君たちも、何か、うち込めるものを持って下さい。

（一九九八・三・一二）

# 天職

卒業生のNさんから手紙をいただきました。便箋三枚にびっしりと近況が書き記してあります。三年前に卒業した彼女の面影をなつかしく思い浮かべながら、手紙を一気に読みました。

「先生お久しぶりです。街で市郵の制服を見て、懐かしく思い手紙を書きました。先生には大変お世話になりました。高校時代の生活は、毎日が楽しくてしかたのない日々でした。今思うと、もっと勉強していればよかったと後悔するばかりです。今の生活は毎日、机に向かう日々です。病院で働き、午後は学校に行き、夜は遊びという生活の三年間が過ぎ、とうとう最終学年の四年生になりました。特に辛かったのは三年生の時でした。初めて、この道を選んで止めたいと思った年でもありました。他の大学の学生を見ていて、看護学校の忙しさ、厳しさに泣くことすらありました。悩む暇さえないスケジュール。やりこなさなければならないカリキュラム。そして実習の日々。再び、こうした生活をクリアして看護婦になられた方々を尊敬する生活でした。

私の高二時代からの夢であった看護婦になる国家試験合格にむけて頑張っています。量より質を求められている現状の中で、国家試験の合格率は年々低下してきています。自分に負けないようにやっていくだけです。

四月から小児実習として、東市民病院に通っています。あの懐かしい道を歩いて、少し、あの頃よりも大人になった私が、市邨学園に通学している生徒を見ながら病院に通勤しています。

看護婦をめざす学生に言いたいことは『あきらめるな』ということです。看護婦は、とても奥の深い仕事です。患者さんからも『ありがとう』や『がんばりなさい』等と感謝され、支えられて今までやってこれたと思います。

又、寮の友だちや先輩がいたからこそ今までやってこれたと思います。

人間は一人ではけっして生きていけないこと、命の大切さを学びました。

日常、健康でいると健康の大切さや健康であることの幸せということを忘れてしまいます。又、健康ということすら忘れてしまいます。

看護婦は、優しさだけではやっていけない世界です。指導者は常に厳しい。命がかかっているだけに、まちがいは許されない。人間の身体のケアはもちろん、疾患の理解も医師よりも看護婦の方が患者と常に接しているだけに理解が深い場合もあります。

医学は勉強しても辿り着く答えのでるものでなく、技術や研究は進歩するばかりです。医学の世界は行き止まりがない。

人間の精神的な心の援助というのも看護婦にとって永遠のテーマだと思います。『病いは気から』という諺は本当です。いろいろな方を診てきました。人間の死にもなんども立ち会いました。厳粛な死を見て、死を流れのように、当たり前のようには見たくないと感じました。仕事として流れていかないように、一つひとつの命を大切にしたいと思います。

　看護婦という仕事は本当に奥の深いものです。だから好きなのかもしれません。私に、とっても合っています。

　実習では一人の患者さんを受け持ち援助を展開していきます。手術も見学しました。五月には母性実習があり、分娩を見ます。勉強を進めていくうちに母親への感謝の気持ちが大きくなりました。又父親の大きさを感じました。患者に好かれる看護婦をめざしてがんばります。

　先生、来年、合格したら遊びにいきます。それまで先生も元気でいて下さい。

　又、手紙を書きます。身体を大切に。」

　何度も手紙を読み返しました。手紙にNさんが書いていることは、君たちの進路を考える上で参考になるに違いないと思い、ここに紹介をしました。

　Nさんは、名古屋中央看護高等専門学校の学生です。通常、高等看護専門学校は三年課程ですが、中央看護学校の場合は四年課程です。手紙に書いてありますように、午前中は病院勤務、昼からは授業というハードなスケジュールを彼女は毎日こなしています。

彼女がハードなスケジュールをこなすことができるのは、看護婦になりたいという夢があるからです。彼女は高校時代から、その夢を実現するために努力を重ねてきました。来年、国家試験に合格すれば、その夢をかなえることができます。

手紙を読みながら彼女にとって看護婦は天職だと思いました。

天職とは、この世に自分が生をうけたのは、この仕事をするためだ、神は自分に、この仕事をするために生を与えてくださったのだと感ずることのできる職業を指します。

世間の大部分の人は心ならずも家族を養うために、生活の糧を稼ぐために働いています。自分の仕事を天職であると感ずることのできる人は幸せな人です。

天職だと思える仕事をしている人は、金銭のために、名誉のために働くのではない。仕事を通して、人々に喜んでもらえる、人々に感謝をしていただけるという喜びをいつも感じている人でしょう。

人間の生は有限であることをよく認識して下さい。いつまでも無限に、この世に生きていることはできません。わずかな限られた人生の中で、できることはたかがしれています。生きていることが実感できるような仕事、生命を燃焼できる仕事にできるならば従事したいものです。限られた人生の中で、嫌な仕事に心身を消耗させて疲れ果てることは愚かな事です。

高等学校で学ぶのは、自分の夢を実現させるためです。

今から真剣に自分は将来、どんな職業につくかを考えて下さい。毎日を惰性の中で送ってはいけません。Nさんのように、自分の夢をかなえるためには、どんな厳しい勉強にもついていくことができます。そして、自分の仕事に限りない誇りをもてるような職業につくことを願っています。

（一九九八・五・六）

## 旅の演出家たち——お世話になった人々

霧が重くたちこめていた。「阿蘇は朝ぎり」と歌にうたわれているが、一寸先も見えないほど、白く霧が一面に覆っている。修学旅行に来るたびに、朝早く起きてホテルの横の道を通り、踏切を横切り、田んぼ道をまっすぐ歩いて鎮守の森まで散歩に出かけるのが習慣となっていた。阿蘇の雄大な山容が、目の前にそびえて、朝日を浴びて、山肌が赤から紫、そして黄色にと徐々に変化していく様子は、えもいわれぬ情景であった。三十分ほど歩いて、ゆっくりと帰ってくるのが、阿蘇に泊まったときのなによりの楽しみであった。しかし、この霧では、どうにもならない。雲の中を歩いているような感じだ。

雨が降るのではないか、この霧では、とても阿蘇の火口を見ることはできないであろう。そんなことを考えながらホテルの玄関前で立ちつくしていた。

バスの前に、すでに制服に着替えた運転手のKさんが立っていた。

「この霧では、どうにもなりませんね」と話しかけると、「いや、こんなすばらしい天気はありません。山は晴れています。日本晴れです。雲海がきれいに見えるでしょう。めったにないチャンスです。出発の時間が遅れれば、遅れるほど雲海は消えていきます。早く出発しましょう」とおっしゃる。

今までの修学旅行では、霧が出ていても、今朝ほど重くすっぽりとまわり全体を包んでいることはなかった。「今日は秋晴れではない。太陽だけが雲ひとつない空に昇る、日の丸のような日本晴れです」とやや興奮したような、はしゃいだ口調でKさんは言う。朴訥で、いかにも九州男児らしいKさんは、早く生徒に雲海を見せたくて、しかたがないような感じだ。

バスは、ゆっくりとくねった山道を、いくつものカーブを切りながら登っていく。ゴルフ場を越えたあたりで、ガイドのHさんが大きな声で、「そら、下は霧にすっぽりと包まれた雲海でしょう」と指さしながら言う。生徒に、幻想的な景色を見せることのできた喜びを体全体で表現しているような感じだ。

しばらく走ると、正面に、うっすらと青空に噴煙を上げている九重の硫黄岳が見えた。硫黄岳が、鮮やかに見えるだけでも僥倖であるのに、今度は左側に雲仙の普賢岳が有明海の向こうに、空高くそびえているのが見えた。Kさんは、ゆっくりとバスを走らせながら「先生、普賢岳が見えるのは、年に二、三回しかありませんよ」とおっしゃる。Hさんは、マイクで「美しいでしょう。見なさい、見なさい」と興奮して大きな声をあげている。

運転手も、ガイドも、生徒に快適な旅行をさせたいと必死になって努力なさっている様子が、側にいて手にとるほどよくわかり、心からありがたいと思った。

ロープウェイ乗り場は混んでいた。槙組の並んでいる前に、他県の男子校の生徒がたむろしている。他校の生徒とトラブルでも起きたら大変だと、列の後のほうで見ていると、いつのまにか写真屋のNさんが、まるで弁慶のような感じで、高校生と槙組の間に分け入っていた。

昨日の夜、Nさんと語り合ったことを思い出した。Nさんは京都大学の出身だ。学生運動の全盛の頃で、京大の闘争は、後の語り草になるほどすさまじいものであった。学生運動で検挙された前歴が災いして、教員になることはできず、奥さんの実家の家業をついで写真屋になったとおっしゃった。寡黙な方であるが、心遣いは非常に繊細であった。ロープウェイ乗り場におけるように、さりげなく生徒に楽しい旅行になるような気の遣い方をされるのを、しばしば目にしていて、いつも感謝していた。Nさんは、「私は要領が悪いから、勾留されました」とおっしゃったが、そうではなくて、信義と信念に殉じた方であると思った。

火口から噴煙が立ち昇っていた。遠く目を外輪山に向けていると、添乗員のEさんが側に来て、「先生、膝が悪いそうですから、下りは車で降りましょう」とおっしゃる。好意を感謝して車に行くと、すでに三人の生徒が乗っていた。喘息などで火口まで行くことのできない生徒に、せめて山頂の雄大な景観を見せようとホテルの車を借りて乗せてみえたのだ。

Eさんとはなんども修学旅行に来ているので、気心はよく通じた間柄ではある。添乗員の仕事という義務感ではなく、心から生徒に楽しい旅行をさせたいという好意と誠意をいつも感じていた。
阿蘇のホテルで、鞄の鍵を紛失してしまった生徒がいた。別府の街まで行って、鍵屋さんを探しEさんは鞄を開けてきてくださった。この一つのことだけでも、生徒にはよい思い出として心に残るであろう。

ささやかな、さりげない行為、そして細かく、行き届いた心遣いを、いろいろな方にしていただいた。今度の旅行を通して、ぼくがもっとも痛感し、感謝していることだ。

旅は景色との出会いだけではない。忘れがたい人との出会いを与えてくれるものだ。Eさんの運転する車の中で、ぼんやりそんなことを考えていた。

（一九九五・一二・一）

## 上飯田の宮前園

木曜日の六時ごろであった。補習授業を終えて、職員室に戻ってくると五、六人の生徒が小論文の原稿を持って、待っている。急いで赤ペンで添削をする。そこに椛《もみじ》組の生徒が文化祭の模擬店で作るわらびもちを持って、入ってきた。試食品を作ったので、食べて欲しいということだ。疲れた身体に、柔らかく、冷たい、わらびもちはなんともいえぬおいしい味であった。口の中で、甘みが広がっていく。

夏休みにも、椛組はわらびもちの試食品を作った。その時よりも、いちだんと味はよくなっている。わらびもちを食べていると文化祭が、間近に迫っているという実感がこみ上げてくる。

わらびもちを食べながらラーメンのことを考えていた。十七日にはスープとチャーシューを作った。十八日にはスープの中に麺と具を入れて試食会をした。

ラーメンを作るにあたって、指導をしていただいた方がいる。上飯田の宮前園という中華料理店の店主である神戸さんという方だ。

十七日にスープを作ることを熱心に教えてみえる神戸さんを見て、楢組のTさんが「神様みたいな方ですね」としみじみと呟いた。彼女の言葉には、実感がこもっていた。それもそのはず、彼女たちは、七月の休み前にラーメンでは悪戦苦闘をした思い出があるからだ。

彼女たち代議員と学級委員の八人で、休み前に、文化祭でどのようなラーメンを作るか試行錯誤の試食品を作った。

ラーメンは麺とスープが決め手だ。

麺は、おいしいと評判のラーメン屋と同じものを使えばなんとかなるであろう。問題はスープだ。

生徒たちと期末試験が終わった後、伊丹十三監督の「たんぽぽ」という映画を見た。一人っ子をかかえた閑散としたラーメン屋の未亡人の宮本信子がおいしいと評判のラーメンを作るために奮闘をするというストーリーだ。映画の中で繁盛しているラーメン屋の秘伝のスープを盗もうとするところがあった。ラーメン屋の最大の企業秘密といえばスープだ。なかなか簡単に教えてはくれない。いろいろの店の味を取り入れ、試行を繰り返して、究極のスープを作りあげる。

「たんぽぽ」に限らず、どの店もスープの研究にはしのぎを削っているであろう。

楢組のTさんが「神様みたいな方だ」とつぶやいたのは、商売を休んで、学校にわざわざ教えに来ていただいたことだけを指して言っているのではないだろう。彼女はスープづくりが、いかに大変なことであるかを七月に、すでに体験しているからだ。

七月に、神戸さんから「学校でスープを作ることは不可能です。これを持って行きなさい」と言われて、スープの素をいただいた。そのスープでラーメンを作った。まずい。食べられたものではない。

本屋に出かけて、ラーメンの作り方の本を探した。なかなか見つからない。やっと「麺とパスタの本」を捜し当てた。そこに書いてある通りにスープを作ってみた。鶏ガラを買ってきて、葱やしょうゆを入れて作ってみた。朝から始めて、昼食時に、やっと食べることができた。スープの素を使ったラーメンよりは、鶏ガラで作ったラーメンのほうが格段とおいしい。時間も手間もかかるが自分たちでスープを作ろうということになった。

いろいろな所を歩き、さまざまなラーメンを食べた。ラーメンほど店によって味の違うものはない。おいしい店、まずい店、味は極端に別れる。

ラーメン屋行脚を重ね、食べ歩いた店の中で、もっともおいしいと思った店が上飯田の宮前園だ。十九号線の天神橋から一本目の道を左折し、上飯田の方に向かう。消防学校のすぐ前にある店だ。

宮前園に入ったのは、七月のラーメンのことばかりを考えていた時だった。その時はラーメンとギョウザを注文した。ギョウザは他の店のものよりも小ぶりだが、なんともいえぬほどおいしかった。ラーメンはやや薄味であるが、品の良い味だ。忙しそうに働いてみえる店主に、文化祭でラーメンをつくらなければならないことを話した。「プロのおれたちでも、昼時はこんなに忙しいのに、どうして五百人ものラーメンができるの。不可能だよ」とあっさり言われる。

「今さら、不可能とは言えない。なんとかならないか」と言った。

「スープの素を使えば、やれないことはないでしょう」とおっしゃる。

七月、学校での試食会が終わった後、宮前園に出かけて、スープの素ではどうにもならないことを話した。鶏ガラでスープを作るということを話したら、それは大変だと同情されてしまった。

九月、始業式が終わって文化祭のことを考えなければならない時期になった。

いろいろな店のラーメンを食べたが、宮前園のラーメンがぼくには一番おいしい。この味のラーメンを生徒に食べて欲しい。スープの味が物足りないから秘伝を伝授してほしいと頼んだ。「口で言って教えることのできるものではない。スープの味は勘と経験で作るものだ」とおっしゃる。

「では学校で講習会を開いてほしい」とお願いをした。

宮前園の味と同じ味のラーメンを文化祭で生徒に食べさせたいというぼくの願いを聞きいれて、神戸さんには三度も学校に来ていただいた。最初は、会場と設備の点検だ。二度目の十七日は、スープの作成だ。パン売場にある大きなずん胴に、トン骨を何本も茹でてからいれる。骨のズイのところから取るエキスがスープの隠し味になるという。玉葱を入れる。ニンジンを入れる。だしは、鰹節と昆布でとる。二時に火を入れて、生徒を帰宅させて、八時ごろに火を停めた。六時間は煮立てたわけだ。

スープを作ると同時にチャーシューを作った。豚肉の一番のおいしい肩の所を二時間ほどかけて煮る。試食してみると絶品の味であった。チャーシューを煮立てた汁は、スープの中にそのまま使う。

十八日は、いよいよ試食会だ。昨日のスープの中に、今日あらたに作ったスープを入れる。そこに、麺、鳴戸、葱、チャーシューを入れれば完成だ。なかなかおいしい味であった。試食された先生方からも褒めていただいた。

神戸さんが、そっと言われた。「先生、これ以上おいしいラーメンはできませんよ」。神戸さんがいなければ、できなかったラーメンだ。上飯田の大地主の家に生まれたが、いろいろ紆余曲折があり、人生の荒波を越えてみえた方だ。苦労して中華料理店の店主になられた。自分が苦労してきただけに、ぼくを見捨てることができなかったのであろう。神戸さんのラーメンには人生の味がする。

（一九九六・九・二四）

## 手紙

放課中に、手紙を友だちの所に持ってくる人がいます。狭いポケットの中には、手紙が何通も入っています。学校では手紙のやりとり、家庭に帰れば延々と続く長電話。全員の人がそうだとは言いませんが、かなりの人がそのような生活を送っていると想像しています。

授業中に先生の目をかすめてまで必死になって書き、友だちに訴えたいことはなんでしょうか。不思議に思って、クラスで一度聞いてみたことがあります。「たいしたことは書いてない。学校のことだったら学習日誌に書くような内容、家族のことも書くわ」

大部分の人がそうだとは思いません。しかし、一日に三通も、四通もとどく手紙ですから、そんなに深刻な内容のものではないと思います。

もしも、たわいのない内容のものであったならば、わざわざ手紙に書くまでもなく、教室で話せば済むことです。三十分も、四十分も自分の部屋から電話をかけるような友だちとは、いったいどういう存在の友人なのでしょうか。

どうでもいいような事を、いつまでも長電話する。なんでもないことを何枚も手紙にして友だちに手渡す。そういう君たちの友人関係を見ていると、なにか恋愛感情に近いものを感じます。

恋愛は、おそらくいつも相手と話をしていたい、どんなことでも秘密を持ちたくないというように、相手との一体感を持ちたいと思うものでしょう。君たちの手紙のやりとり、電話はまさしく第三者の介入を許したくない、友人との二人だけの秘密を共有したいという、排他的な感じを受けます。

恋愛は排他的であるが、友人は広いつながりの輪をもつものだと思います。

また、一日に三通も四通も渡してまで、友人に相談しなければならない深刻な悩みがあるとしたならば、これもまた問題でしょう。

親に隠れて、三十分も長電話をして相談しなければならない悩みがあるとしたならば、これもまた大変なことです。


連休中、ソファに寝転がって、向田邦子のエッセーを何冊か読みました。「女の人差し指」（文春文庫）「霊長類ヒト科動物図鑑」（文春文庫）「夜中の薔薇」（講談社文庫）「男どき女どき」（新潮文庫）などです。

本の題名もしゃれたものですが、随筆の内容もずいぶんしゃれていて、二日間の休みが読書だけで十分に堪能できました。

「男どき女どき」の中に『無口な手紙』というエッセーが入っていました。

その中で向田邦子は、今までに一番心に残った手紙として、戦争末期に、末の妹が父親あてにだした何通かの手紙をあげています。

東京空襲が激しくなって、小学校に入ったばかりの妹に、父親は自分あての宛名だけが書かれた葉書の束を持たせて学童疎開に送り出します。その時、父親は元気な時には大きいマルを書いて、一日一通必ず出すようにと言ってきかせたそうです。四、五日して葉書からはみ出すほどの大マルが赤エンピツで書かれた手紙が届きました。学童疎開の子供を歓迎するお汁粉がでたからでした。ところが、次の日からマルは急激に小さくなっていきます。そのうちマルはやがて、バツになり、そのバツの葉書も来なくなりました。妹が百日咳で寝込んでしまったからです。母親が迎えに行き、別の子供のように痩せ細った妹が帰ってきた時、茶の間に座っていた父親は裸足で門へ飛び出し、妹を抱え込むようにして号泣したということです。

「自分がおしゃべりのせいか、男も手紙も無口なのが好きである。特に男の手紙は無口がいい。月並なことだが、

簡潔
省略
余韻

この三つに、いま、その人でなければ書けない具体的な情景か言葉が、ひとつは欲しい。いい手紙、特にハガキは、字余りの俳句に似ている。行間から、情景が匂い、声が聞こえてくる」

生来の筆不精の上に、悪筆ときていて、こころのこもった手紙をいただいても不義理を重ねています。しかし、一度でよいから情景が匂い、声が聞こえるような手紙を書きたいと思っています。

しかし、それにしても君たちの手紙のやりとりは、おしゃべりと変わらず迷惑です。マル、バツだ

けの手紙にしませんか。

（一九九六・五・二九）

## ヤー・プリイェーハラ（帰ってきました）

一人の卒業生が学校に訪ねてきました。大事そうに卒業証書を出して、「やっと卒業しました。卒業式には和服で出席しました。十名の成績優秀生徒にも選ばれて、学長から特別表彰も受けました」と報告をしてくれました。

ロシアのウラジオストックの国立極東大学言語文学部を卒業した福田愛子という生徒です。

ぼくは、彼女の高二の時の担任でした。その時から、彼女は高校を卒業したらロシアに留学することばかりを考えていました。彼女を、そのような夢にかりたてたのは、小学校時代にさかのぼります。

一九八五年、小学校六年生の時のことでした。彼女は、旧ソ連のゴルバチョフ書記長（当時）に世界平和を応援する気持ちをロシア語で手紙を書き、その返事をいただきました。その時、彼女は将来かならずロシアに留学するということを決意しました。

彼女が高三の時でした。夢にまで見ていたゴルバチョフ大統領（当時）が来日しました。東京で、彼女は大統領と逢うことができるようになりました。彼女の家に、伝わっている古い日本地図を土産に持って東京に行く用意をしていました。ぼくも、中京大学の市民講座で彼女にロシア語を教えた石堂教授と、彼女につき添ってゴルバチョフ大統領と会見することになっていました。その前日、海部首相（当時）主催のレセプションで大統領は、軽いめまいをおこして、倒れるというハプニングが起こりました。東京でのあらゆるスケジュールはキャンセルされ、大統領は次の訪問地、大阪に行くことになりました。

大阪に大統領が行く日、思いがけないことが内密のうちに計画されていました。新幹線が名古屋駅で停車している間、彼女が列車に乗り込み、大統領に逢うという計画です。

早朝のことでした。おそらく当時のソ連を取りまく状況は厳しいものがありましたから、新幹線も専用の臨時列車であったと思います。プラットホームには、誰ひとり立ち寄ることのできない厳戒の中で、大統領を乗せた新幹線は名古屋に臨時停車しました。

彼女は、ひとり新幹線に乗り込み、一言か二言の挨拶だけでしたが大統領に逢って、花束と古い日本地図を渡すことができました。

翌日、うれしそうに彼女は、その出来事を報告してくれました。

彼女が高校を卒業したばかりの四月、再度、来日したゴルバチョフ大統領とわずか五分でしたが、会見することができました。

その時の感想を、彼女は次のように書いています。

「私は以前いろいろなことを試みましたが、何一つとして続きませんでした。しかしロシア語については現在にいたるまで七年間続いています。そこで私はロシア語の何に魅力があるのか考えてみようと思います。

ロシア語との出会いは七年前のことです。父が中京大学の市民講座を知り、その中のロシア語を私に勧めたことです。しかし私は小学校六年生であったため、ロシアについては何も知りませんでした。初めての授業で『こんにちは』の練習をしましたが、なかなか言えなかったことを覚えています。確かにロシア語は難しいと思いましたが、何も知らないことを少しずつ知っていくおもしろさがありました。小学校六年生の私がロシア語の授業を理解するのは大変なことでした。

半年くらい経った頃、私は石堂教授と出会いました。石堂教授は中京大学社会科学研究所の所長です。私は石堂教授を通じ、ゴルバチョフさんに手紙を書きました。そして翌年ゴルバチョフさんからメッセージとプレゼントが届きました。その時私は、将来自分の仕事の中でロシア語をいかしたいと思い、通訳になることを決心しました。

私にとってゴルバチョフさんは、私がロシア語を学ぶ上でとても大きな存在であります。というのはゴルバチョフさんからの返事によってとても励まされたからです。

そして今年の四月、六年間の念願であったゴルバチョフさんにお会いすることができました。ゴルバチョフさんを間近にした時、言葉では言い表せない感動でした。たった五分間ではありましたが、私にとって忘れることのできない貴重な経験となりました。私がこのように多くの経験ができるのも、多くの人の励ましや応援があったからだと思います。もし私がロシア語を習っていなかったら、目標を持たず、平凡な毎日を送っていたでしょう。目標を持っていれば、毎日が充実してきます。

ひとつのことを続けるというのは、大変なことであると感じました。それは私も何度もやめたいと思ったからです。しかし、現在の私は、ロシア語を習ったことに後悔していません。私はロシア語の響きが大好きです。

私にとってロシア語の魅力、それはロシア語を通じて多くの人と出会えること。それによって得ることのできる貴重な経験であると思います。

将来、このような経験を大切にし、ロシアと日本の架け橋として活躍できるような通訳になりたいと思います。」

（一九九二・高一学年通信 Renaissance）

彼女が留学先にモスクワではなくウラジオストックの極東大学を選択したところにも、彼女の生き方が如実に反映されています。モスクワには、日本大使館があります。留学生も三百人ほどモスクワにはいます。留学先を選ぶなら、誰でもモスクワを選びます。モスクワがだめならペテルブルグやキエフかハバロフスクを選びます。しかし、それらの地に行けば、日本人の誰かを頼ることになる。彼女は、たったひとりだけで勉強ができる、留学生のひとりもいないウラジオストックを選びました。ロシアへの留学が生半可なものでないという決意の表れでしょう。

ウラジオストックは海に囲まれた緑豊かな街ですが、冬にはマイナス二十度にも達します。一九九二年、極東大学に留学してからのロシアを取り巻く経済的・政治的な状況には厳しいものがありました。日本との関係も、必ずしも円滑な関係ではありませんでした。治安も、かなり悪化していました。そんな環境の中で、彼女は、一学期間にロシア語の文学作品を五十冊も読みこなすハードな勉強をしました。授業はもちろんロシア語だけしか通用しません。そんな授業であるにもかかわらず彼女は、すばらしい成績で卒業しました。

夢を持つこと。その夢にむけてひたむきな努力をすること。それがいかに大切なことであるかを彼女を見ていて、しみじみと感じました。

（一九九七・九・二）

## 阪神大震災　心をつなぐ実践を一人ひとりが！

### 阪神・淡路大震災のこと　二年柳組　中西　利佳

あの悪夢のような阪神・淡路大震災から三ヵ月が過ぎました。私はあの地震の恐ろしさは死ぬまで忘れないと思います。あの時は正直いって死を覚悟していました。

一月十七日午前五時四十六分頃、地震がきました。しかし私はまだその時は寝ていて揺れには気づきませんでした。それから数秒たってだんだん激しい縦揺れになってきました。私はその時に目が醒め、「ただ事ではない」と思いました。私は二階の部屋でベッドに寝ていました。動くことができるはずもなく揺れがおさまるまでベッドにしがみついていました。その間ずっと「ゴォーッ」という音がしていました。今でも私の耳から、その音は離れません。最後は東西への横揺れがあり、それから地震はおさまりました。私はすぐ妹の名を呼び、無事を確認した後、下へおりていこうと思いました。もちろん電気は停電のため真っ暗だったので、壊れた家具の中を歩くことがとても恐ろしかったことを覚えています。それから懐中電灯を探し出し、部屋の中を照らしてみたらすごいことになっていました。部屋のガラスは全部割れ、壁は落ち、タンスは倒れ、ドアが曲がっていました。私たちは太陽が上るのを待ちました。

そして七時過ぎ頃やっと太陽が上り、まわりが明るくなってきたので、父が開かなくなったドアを壊して外に出ました。そして隣近所の人と怪我人はいないか、確認しました。私の家の外壁は全部落ち、隣の家もほとんど壊れていました。いつも見慣れた光景が一瞬にしてこんなことになるなんて……。しかしこんな中で、よく家族全員が無事でいられたことは不思議なくらいです。

何回もの余震に怯えながら、家の中を整理しはじめましたが、貴重品を持ち出す以外ほとんど何も手がつけられませんでした。今まで地震がきたときは柱がたくさんあるトイレやお風呂に逃げようと家族で話し合ったけど、あの地震で身動きをとることはできないということがよくわかりました。

私は今、名古屋にいます。しかし私の友人は今も被災地にいるのです。だから、頑張ってほしいと思います。そして一日も早く復興してほしいと思います。

中西さんは、西宮市若草町で阪神大震災に遭遇した。彼女の生々しい手記に述べられているとおり、家族は全員奇跡的に無事であった。ベッドにしがみついていると硝子戸は割れ、箪笥が倒れかかってきたという。家は全壊し、ガス、電気は二週間ほども止まったままだ。学校も生徒が避難していて授業を始めることができない。彼女が通学していた兵庫県立鳴尾高校は、ほとんどの先生が神戸から通ってみえる。先生たちの家は倒壊し、避難所からの通学だ。学校が始まったのは、震災の日から二週間ほど経ってからだ。同級生たちも、それぞれ縁者や親類を頼り、そこから通学したという。彼女も大阪の親類の家から通学した。彼女の家の直下を活断層（地質学の第四紀、約二百万年前以降に活動したことのある断層）が走っている。淡路諸島から神戸・西宮・芦屋へ抜ける六甲断層系といわれるものだ。

被害のもっともひどかった神戸・西宮・芦屋は海と六甲山に挟まれた幅三キロから五キロの狭い地帯だ。そこに家屋やビルが立ち並び、密集している。その狭い神戸や西宮の街で最大十八センチほどの強い縦揺れが約二十秒続いたという。

一月十七日、ぼくも強い揺れを感じた。そして七時のニュースをラジオで聴いた。情報はまったくNHKにも入っていない。職員がNHKに通勤途次、火の手があがっているのを見たという程度のものだ。しかし、細長い帯状の、あの地域で地震が起こり、火災が生じれば、どのようになるかは容易に想像がつく。神戸も西宮も坂の街だ。細い道路が入り組んでいて、迷路のようになっている。火の海になっているだろう、生徒にそんな話をしたが、現実に生徒たちの体験とはかけ離れた事態を信じようとはしなかった。

テレビで映し出される神戸や西宮の様子の悲惨さは筆舌に尽しがたいものがあった。第二次世界大戦の被災の惨状よりもひどいと証言する人もいた。ＮＨＫのレポーターは現場のあまりのむごさに言葉をなくし、号泣してしまった。それを見ていた多くの人も、きっと涙なくしては見ることができなかったろう。

ぼくの近親者で水道局に勤めている人は、十九日だったと思うが、神戸に水を届けに出かけた。街になかなか入ることができず大変な思いをしたと語っていた。宝塚市からピストン輸送で何度も水を運んだという。学校でも生徒会が、義援金活動に立ち上がった。公私を問わず、阪神大震災を他人事とも思えないと感じ、それぞれの立場で何ができるのかと考えてのことであろう。

朝日新聞の二月五日の朝刊によると、名古屋市内の小学校に被災地から一七一人が、中学校には三十四人が仮入学しているという。名古屋市緑区の大高北小学校には西宮市の広田小学校からの転入生が来た。広田小学校では児童二人が犠牲になり、現在も体育館では付近の住民四百人が避難生活を送っている。児童会では三日間校門に立ち募金を呼びかけ、ノート、鉛筆、消しゴムを二千個ずつ広田小学校に送ったという記事だ。

阪神大震災は、死者五〇九〇人、行方不明二十九人の人命を奪った。突如として人間の生命を有無をいわせず左右してしまった。そして、あまりにも変わり果ててしまった街の様子、すべてが無残の一言だ。一瞬にして街を焼き尽くし、努力、苦労、喜びの人生を無残にも突然に断ち切ってしまったのだ。

この現実をまず直視してほしい。けっして目をそらしてはいけない。人間の生命はかけがえのないものだということを忘れず、地震に対する備えを勉強すべきであろう。

そしてぼくは言いたい。中西さんが震災地から転入してきているのだ。彼女を中心として、被災地と君たち一人ひとりが心をつなぐ実践をしてほしい。どんなことでもよい。今、何かが君たちにもできるはずだ。彼女はつらさと悲しみに耐えながらも乗り越えようとしている。そして、西宮では三ヵ月過ぎた今も不便な避難所生活をしている恩師や級友がいるのだ。

何かをしよう。手をだそう。ぼくたちにも何かができるはずだ。


（一九九五・四・二八）

## お気に召すまま

雨の日曜日は、日がな一日ソファに寝そべりながら、いつも文庫本を読んでいます。

読書は数百年も昔の見知らぬ世界に、私たちを引き連れていってくれます。

現実の世界では、かなえられることのない恋も冒険も書物の世界では、思いのままに楽しむことができます。読書ほど悦楽の時間を与えてくれるものはありません。現実の人生は、やり直しのきかない、たった一回の真剣勝負ですが、書物の中では幾通りもの人生を楽しむことができます。現実の人生では、精神的にも、経済的にも恵まれていませんが、書物の世界では万能の魅力的な主人公と一体となって、人生を楽しくおくることができます。

書物ほど人生を考える上で有意義なものはないでしょう。

昨日は、新潮文庫のシェイクスピアの「お気に召すまま」を読みました。福田恆存の名訳で知られています。

シェイクスピアが「お気に召すまま」を書いたのは、今から四百年も昔の一六〇〇年のことです。四百年も昔の英国の戯曲が、少しも古さも違和感も感じさせずに読めるのは、なぜでしょうか。英国と日本は、文化も伝統もまったく異なった遠い空間を隔てた国ですが、シェイクスピアの戯曲には、人間の真実が書かれているからです。

一六〇〇年といえば、日本では徳川家康と石田三成が天下分け目の大合戦を関ケ原で行った年です。四百年前の、その年にシェイクスピアは、このしゃれた戯曲を書き上げました。シェイクスピアの台詞の一つひとつは、とても四百年も昔の関ケ原の時代のものと思われない現代的なセンスに満ち溢れています。

四百年の時代の流れを感じさせないのは、シェイクスピアの戯曲には、人間の普遍の姿が描かれているからです。

すぐれた文学作品は、シェイクスピアにかぎらず、東洋と西洋という空間的な隔たりも、何百年という時の流れも感じさせません。

人間の真実の姿には、古今も東西も関係がないということでしょう。

シェイクスピアの戯曲を読んでいると、思わず声をあげて読み上げたくなるようなすばらしい台詞にいくつも出合います。ぞくぞくするような魅力的な台詞は、思わず自分が名優になったようなつもりで、人が聞いていないのを幸いに、気取った声を張り上げて読み上げてしまいます。

「一目で恋に落ちずして、誰か恋を知ると言う」

これは、第三幕第五場でのアーデンの森に住む羊飼いの女、フィーピの台詞です。弟に領地を奪われ、この森で暮らしている老公爵の娘、ロザリンドの男装の姿を見て、一目ぼれをしたフィーピが思わず口ずさんだ言葉です。恋の真実をなんと巧みについた台詞ではありませんか。恋は理屈ではない、一目で相手が気にいるか、どうかだという恋愛の普遍の姿をついた言葉です。昔も今も、恋をする男女の心理に変わりはないようです。

「男は口説く時だけ春四月、一たび口説き落してしまえば、日々が真冬の十二月、女の方は娘時代は五月だけれど、人妻ともなれば空模様がすっかり変る」

これは、第四幕第一場でのロザリンドの台詞です。

ロザリンドは恋人オーランドーとアーデンの森で偶然、再会を果たします。オーランドーは、ロザリンドが男装をしているので、彼女であることに気づきません。ロザリンドは、そのことを利用して彼が心変わりをしていないかどうかを、この台詞をささやいて確かめようとします。

恋愛時代は、四月の天候のように明るく、さわやか。結婚すれば十二月の天候のように男は妻を省みない。家庭は暗く、陰惨としたものになる。そんな相談を何度卒業生から受けたことでしょう。君たちも結婚すれば、空模様が一変することを覚悟しておいて下さい。男心も、女心も、何百年経っても変わりはないようです。

恋愛に関する台詞だけではありません。人生の真実をついた警句がいくつも「お気に召すまま」の中に出てきます。

第二幕の第一場は、宮中から弟に追放された老公爵がアーデンの森で、自分につき従って来てくれた家臣に向かって、次のような台詞を言うところから始まります。長い台詞ですので、中ほどだけを引用します。

「氷の牙のように冷酷に肌を突き刺す真冬の風、それが私の肌に食い入るように吹き付け、遂には寒さで体が縮まる、その時、私は笑みを浮かべていうのだ。『これは、廷臣たちの追従とは違う。これこそ在るがままの己れを痛切に思い知らせてくれる真心のこもった諫めなのだ』と……失意・逆境ほど身のためになるものはない。それはあたかも蟾蜍蛙《ひきがえる》のように醜く、毒を含んではいるが、頭の中には貴重な宝石を宿しているのだ。」

失意・逆境ほど身のためになるものはない。この台詞をよく覚えておいて下さい。人間は順風満帆の時には、人の心を思いやることはできません。得意な時の人は奢りにみちています。しかし、順調に物事はすべて進んでいくものではありません。調子のよいときも悪いときも人生にはあります。失意・逆境に陥ったときに初めて人の優しさ、親切に気づくことでしょう。

松葉杖をついて、痛々しい姿で階段を上ったり、下りたりしているOさんの姿を君たちもよくみかけるでしょう。そんなOさんの姿を柳組の人が心配そうに見守っています。

彼女は入学式の前日、通学路を調べるために自転車で家を出ました。交差点で横から出てきた車にはねられてしまいました。一瞬のことで何がおこったのかわからなかったといいます。対向車線を走っていた人が車を停めて、救急車を呼んでくれました。自転車を片づけてくれる人、いろいろな人が彼女を心配そうに取り囲みました。病院に入院している間も、一ヵ月入院をして登校してからも、彼女は自分が助かったのは、見も知らぬ人々の親切のせいだと感謝をしています。

松葉杖の彼女を見かけると、いつも「大丈夫か」と声をかけます。彼女は、明るい表情で元気よく「大丈夫です」と返事をします。入学式から登校できない、授業を受けることのできないという失意と逆境の中で、彼女は自分を助けてくれた人々に対する感謝の気持ちを忘れることができませんでした。九死に一生を得た彼女は、今、学校に登校できることが嬉しくてしかたがないでしょう。逆境をばねとして彼女は、他の人だったら挫けてしまうような状態の中で松葉杖で頑張っています。

（一九九八・五・二〇）

## ながい坂

一冊の本を手に持って旅に出かけた。電車の中で読む本は、軽い小説か随筆類がよい。今日の旅の友は、山本周五郎の『ながい坂』（新潮文庫）だ。電車が名古屋駅を出るやいなやすぐに読み始めた。

この小説には、随所に作者の人生訓が書き記されている。主人公の三浦主水正の学問の師、谷宗岳は、人生とはいかなるものか、どのように生きていったらよいかを、繰り返し主水正に教えている。宗岳の教えは、そのまま山本周五郎の人生に対する考えであろう。

「人間はたいてい自己中心に生きるものだ。けれども世間の外で生きることはできない。たとえば阿部の家で祝いの宴をしているとき、どこかでは泣いている者があり、親子心中をしようとしている家族があるかもしれない。自分の耳や眼の届くところだけで判断すると、しばしば誤った理解で頭が固まってしまう、——いまやわれわれはすっかり忘れているが、井関川の水は休まずに流れているし、寺町では葬礼がおこなわれているかもしれない、わかりきったことのようだが、人間が自己中心に生きやすいものだということと、いまの話をときどき思い比べてみるがいい。」

こんな文章に出会うと、なるほどと感心をして何度も、その箇所を読み直してしまう。これは、作者、山本周五郎が自分の人生を振り返り、自分に語りかけている言葉のように聞こえてくる。「人間はたいてい自己中心に生きるものだ。けれども世間の外で生きることはできない」と宗岳は主水正に教えているが、この教えは、現在の君たちにも通じる教訓であろう。周囲に気を遣い、周囲の人にたえず感謝をしていないと、とんでもない間違いを犯してしまうという教えである。人間は、一人では生きていけない、社会の中で生きているのだということを、さりげなく宗岳の口を借りて周五郎は言っている。

『ながい坂』という表題は人生そのものをあらわした表題であろう。ながい坂を上りつめるようにして、人間は孜孜として毎日を生きている。

休んだり、怠けたりしているとすぐにおきざりにされ、挫折をしてしまう。

君たちの高校生活も、ながい坂をのぼっていくようなものだ。最初はゆるやかな上りであっても、途中から急な上り道がまちかまえているかもしれない。途中の上りは、急であっても、頂上に立てば爽やかな風がそよいでいる。お花畑もあるであろう。

頂上は、三年生になって、君たちが進路に到達したときだ。自分の希望の大学に合格した時だ。長い人生の中で、高校生活が始まったばかりの段階で、もうすでに長い坂道を上ることを諦めてしまっている人もいる。

中間試験にも真剣に取り組もうとしない。学ぶ姿勢と意欲に著しくかけている人もいる。せっかくの機会をいかすことができない人は可哀相な人だ。

「――なにごとにも人にぬきんでようとすることはいい、けれどもな阿部、人の一生はながいものだ、一足跳びに山の頂上へあがるのも、一歩、一歩としっかり登ってゆくのも、結局は同じことになるんだ、一足跳びにあがるより、一歩ずつ登るほうが途中の草木や泉や、いろいろな風物を見ることができるし、それよりも一歩、一歩を慥《たし》かめてきた、という自信をつかむことのほうが強い力になるものだ、わかるかな」と宗岳は主水正に教えさとす。

阿部は主水正の旧姓だ。主水正は平侍の家に生まれたが、藩主に見込まれ、坂を上りつめるようにして一歩一歩と出世を遂げていく。十六の年には大火にみまわれ、焼け果ててしまった街を自分の才覚によって立て直す。それを家老や奉行の手柄にして、自分は表面に立たぬようにして振る舞う。

藩の重臣からの養子縁組が持ち上がり、窮余の一策として断絶していた三浦家を起こすことになる。藩中の羨望や嫉妬に耐えて、主水正は次から次にと藩のために施策を打ち出す。水田開発、殖産事業等をあらゆる妨害を振り切って施行していく。

宗岳は、いさんで物事を行おうとする主水正を軽くたしなめて、前記のようなことをいう。

これを君たちの高校生活に当てはめたならば、どのようになるだろうか。

卒業式が頂上だ。卒業式に辿り着くまでの過程は、さまざまだ。クラブ活動に情熱をかける生徒、ボランティア活動を熱心に行う生徒、学業でいつも上位にいる生徒、いろいろな生徒がいる。アルバイトに夢中で学業をなおざりにしている生徒、男ともだちのことが、いつも頭から離れず成績が向上しない生徒もいる。クラブと学業やボランティア活動を両立させている生徒は確実に一歩一歩、高校生活を歩んでいる生徒だ。

アルバイトとデートに夢中になっている生徒は坂道を昇るのを諦めて、休んでいる生徒だ。

あまり休み過ぎると、これからの上りがきつくなって、皆に追いつくことに苦労をする。早く立ち上がって、足もとを踏みしめて歩き始めてほしい。

こんなことを考えながら『ながい坂』を読んでいると、この小説は時代小説とは、思えなくなってきた。舞台は江戸の時代であるが、これは現代に生きる君たちに自分の生き方を考えさせる小説だ。

「一歩ずつ昇るほうが途中の草木や泉やいろいろな風物を見ることができる」はなかなか含蓄の深い言葉だ。一歩、一歩、目的に向かって確実に歩き、その過程を大事にして、その瞬間を精一杯に生きよということであろう。

高校時代は、いろいろなことを経験できる時代だ。生涯の友人ができるのも高校時代だ。クラブ活動で汗を流すことができるのも高校時代だけだ。その時代を楽しく、充実して生きることができなくて、どうして有意義な人生といえるであろう。

切符は奈良までであるが、この小説を読んでいて、西大寺から普通電車に乗り換え、富雄に出かけることにした。急行の止まらない小さな駅で下りて、古い寺々を回りたいと考えたからだ。『ながい坂』は途中の過程を大切にして生きよというのが主題だと思う。旅も同じだ。一足跳びに目的地に行くのではなく、途中下車の旅も味わいが深いであろう。

（一九九八・六・八）

## 頭痛肩凝り樋口一葉

劇団「こまつ座」の「頭痛肩凝り樋口一葉」を観てきました。この芝居は一九八四年四月、こまつ座の旗揚げ公演として新宿紀伊國屋ホールで初演の幕が開けられて以来、全国各地で、五百回近い公演が重ねられています。こまつ座は、作家井上ひさしの戯曲だけを上演する劇団で、実質は井上ひさしがオーナーの劇団といってもよいでしょう。

樋口一葉は『たけくらべ』『にごりえ』の作家として、あまりにも有名な存在です。その彼女が二十四歳という短い生涯を閉じたのは、当時としては不治の病といわれた結核という業病にとりつかれたからでした。頭痛、肩凝りは結核に特有の症状です。

この舞台の特色を当日、会場で配付された「名演ニュース」を参照にしながら、まとめてみます。特色の第一は、一葉の母親多喜を演じる淡路恵子、一葉役の未来貴子、花蛍役の新橋耐子など女優ばかりが六人登場するところにあります。井上ひさしが、この舞台を通してぼくたちに訴えたかったことも、そのことと関連があると思います。女性の生き方、社会における、家庭における女性の立場というものを、この舞台を通して、作者は語りかけているのだと感じました。

一葉の母親多喜は、因習、世間体などに固執する女性。一葉は、女ばかりの三人家族を抱えて、乏しい家計のやりくりに腐心し、必死になって働く女性として登場します。一葉の妹、邦子は恋人との仲を母親によって割かれる、耐え忍ぶ女性としての役割を担っています。多喜を乳母として育った、元旗本の娘、稲葉鉱は、過去の思い出、栄華だけを生きがいとして生きている女性です。一葉の幼なじみである中野八重の兄は、社会主義のために闘い、敗れて、獄中で死にます。その八重は、結婚後も、夫に裏切られ、遊廓に身を沈める薄幸の女性です。八重は、身勝手で残酷な夫の犠牲になって、堕落をします。最後は、鉱によって殺されてしまいます。犠牲、薄幸、これも、女性が生きていく上で背負わなければならない運命でしょうか。

そして、もう一人の登場人物がいます。自分が誰を恨んでいるのか思い出せず、いつまでも成仏できないでいる記憶喪失の幽霊、花蛍です。女性は、内向的であるがために、恨んでも恨み足りない相手を胸に抱えて生きる。その女性の抱える怨念を象徴する役柄が花蛍です。

六人の女性たちの因縁の糸が微妙に絡み、もつれて舞台は展開していきます。

井上ひさしは、女性の背負わなければならない体面、貧苦、忍耐、犠牲、怨念というものを、六人の女性を通して、ぼくたちに訴えています。それにしても、女性はなんと多くのものを抱えて生きているのでしょう。

主題そのものは、大変暗いものですが、舞台は笑いの連続です。井上ひさしは、主題を生で提示することをしません。笑いの中に暗い、苦しい、怖い味を隠しています。

花蛍役の新橋耐子が、絶妙の乗りに乗った演技で、観客を大いに沸かせていました。

登場人物が女性ばかりであるという特色を第一とするならば、第二の特色は、最終幕の幽界の場面を除いては、場面がすべて盆の七月十六日の夕刻、あるいは夜であることです。一葉、十九歳の明治二十三年から、彼女の死後二年目の明治三十一年までの出来事が舞台の上で展開されます。彼女の過ごした場所も本郷菊坂から、終焉の地である龍泉寺町まで、転々とします。

盆だけを場面として舞台を展開させる意図は二点あると思います。一つは、盆であるだけに樋口家以外の人、八重と鉱を家に迎え入れることができます。そして、第二点はなによりも幽霊である花蛍を登場させるには、盆は願ってもない日であるからです。

盆は、現世とあの世とをつなぐ唯一の日でもあります。

ぼんぼん盆の十六日に
地獄の地獄の蓋があく
地獄の釜の蓋があく
ぼんぼん盆の十六日に
地獄の亡者は出てござる
なんなん並んで出てござる
盆提灯を点しましょう
胡瓜の馬に茄子の牛
瓢箪　酸漿　飾りましょう

オープニングもエピローグも「ぼんぼん盆の」という歌が舞台いっぱいに響き渡ります。幽霊である花蛍は、一葉にだけ姿が見える、会話ができるという設定です。多喜や邦子や八重、鉱には花蛍の姿が見えないという設定は、彼女たちは現世の欲望にまみれた、この世の人であるからです。一葉は、この世の人でありながら、籍はあの世に置いていたといってもよいでしょう。「頭痛肩凝り」の結核の症状はたえず彼女を苦しめています。家族三人の生活は彼女の肩にかかっています。病気、貧しさ、生きながらの地獄の生活の中で彼女はなんども死を考えました。事実、日記の中に彼女は自分の戒名を書き記しています。
死を意識した時、親しく花蛍は一葉の前に姿を現します。一葉が生きる執念を燃やした時、花蛍は一葉と話すことはできなくなります。

病気に苦しみ、貧困に悩み、それでもなお、彼女が生に執着し、生を充実させたものは何であったでしょうか。それは、小説を書くことでした。彼女が、小説を書くようになったきっかけは、家計を助けるためでした。しかし、いつか小説を書くことが彼女の生きる目的に変わっていきました。彼女は小説を書いているとき病気も貧困も、背負わなければならない浮き世のしがらみも、すべてを忘れて没頭することができました。

わずか二十四歳という短い生涯の彼女の人生が燦然と輝いているのは、彼女が小説を書いたからでした。死後、百年経った今日も彼女の作品は多くの人々に読みつがれています。君たちも現代文の時間に「たけくらべ」を学びます。君たちとあまり年の違わない女性の書いた作品であると信ずることができますか。

生きるとは、一葉の人生を考える時、毎日、毎日を充実させて、精一杯生きることであると教えられます。
だらだらとした惰性だけの生活は、本当の生ではないと教えられます。

君たちの人生も「頭痛肩凝り樋口一葉」の舞台のように、さまざまな因習にしばられ、犠牲を強いられることが待っているかもしれません。しかし、毎日を充実させて、燃焼すれば、また違った人生が開けるでしょう。

（一九九六・五・一七）

## 「待つ」

愛知県美術館の十階には、おびただしい数の愛知県が所有する絵画が展示されています。現在、日展が開かれ、最初の日本画が展示されている部屋などは、背伸びをしなければ見えないほど鑑賞者が訪れています。若くして亡くなった「松本俊介展」も多くのファンで満ち溢れています。しかし、常設の展示会場は、ひっそりとしています。静かな雰囲気の中で、日本の、世界の絵画を心ゆくまで鑑賞することができます。

八部屋の常設の展示会場には、それぞれ好きな絵がかざられています。その絵の前に佇むと時間のたつのを忘れてしまいます。

愛知県美術館で、じっと佇んで見る絵の一つに、マチスの「待つ」という絵があります。六十一センチと五十センチの小品の油彩画です。中央には大きく開け放たれた窓が描かれています。窓の前には二人の若い女性が立っています。右側に立つ女性は、窓から椰子の大木が植えられている通りを眺めています。白い、細いうなじによって、はるか下に見える小さな通りを背伸びしているかのようにして覗いていることがわかります。

左側の女性のまなざしは、下を見つめている女性のうなじにそそがれています。その目はいかにも心細そうです。


マチスは大好きな画家の一人で、その作品も多くみています。この「待つ」という絵は、マチスらしからぬマチスの絵です。最初、見たとき、マチスの絵だとは信じられませんでした。

マチスの絵は平面的なものが多いですが、この絵は非常に立体的です。窓を描いた絵をマチスは数多く描いています。マチスの描く窓の絵は画面全体のアラベスクとして、様式化され、明暗や遠近を感じさせることがありません。

ところが、この絵は、室内と青い海との対比が明暗と遠近によって強調され、室内の人工的世界と外界の自然とが歴然と区別されて描かれています。しかし、この絵はまがうことのないマチスの絵であり、マチスでなくては描けない絵です。

華やかな色彩、特に赤色と黄色とによって醸し出される世界は、マチス独特のものだといえるでしょう。また大胆な構図もマチスでなければ描けぬものでしょう。


この絵をマチスが描いたのは一九二一～一九二二年にかけてです。マチスは一九一八年、より温暖な地中海に面したニースの地にパリから来て冬を過ごすようになりました。

ニースではホテル、メディテ・ラネを常宿として、家族を連れての長逗留をしました。モデルも一緒にニースに連れてきて、このホテルで制作に勤しみました。マチスの代表作のいくつかは、このホテルで描かれたものです。「待つ」もニースのホテル、メディテ・ラネで描かれました。

最初、この絵を見た時は、さほど気にはならなかったのですが、いつしか、この絵がなんとなく気にかかる絵に変わってきました。ぼんやりしている時、この絵が突然思い浮かんでくるような、そんな存在の絵に変わってきました。

愛知県美術館の常設の展示会場のマチスの絵の前で、マチスはどういう意図で、マチスらしからぬこの絵を描いたかを考えていました。

マチスのマチスらしからぬ点の一つは、この絵の題名にも表れています。この絵にしだいに惹かれていった理由の一つは「待つ」というマチスの絵としては珍しい暗示的な題名のせいかもしれません。マチスの絵に、行為を表す動詞が題名として使われているのは、この「待つ」だけだと思います。ニース時代の窓を描いたマチスの絵は数多くあります。「窓辺の花瓶」「窓辺の婦人」「朝のお茶」等、すべて体言止めの題名になっています。

マチスの絵からは、情緒や感傷という雰囲気的なものは、いっさい排除されています。マチスの絵は卓越した構図と華麗な色彩によってできあがっています。その点からいえば、作品の題名はマチスの絵にとってはなんの関連もないかもしれません。「作品A」でも「作品B」でもかまわないはずです。

この作品に「待つ」という暗示的な題名が使われているために、さまざまな連想をすることができます。おかしな話ですが、題名によって、この絵の見方が変わってきました。

絵を見て、まず誰を待っているのかと考えました。

うなじを伸ばして、海岸に面した大通りを覗いている女性の姿からは、待てど来ない恋人を待ち望んでいるような図のように見えます。

それを心配しながら隣に佇んでいる女性は、最初、恋人を待つ女性の妹ではないかと思いました。しかし、マチスにはマルグリットという三十歳の娘がいるだけですから、二人の女性は姉妹ではありません。

マルグリットの隣に佇む女性はアンリエットというモデルだと思います。

マチスの絵には、悲しみ、喜び、怒りといった人間の精神的な側面をえがいたものを見たことはありません。アンリエットの来ぬ恋人を待つ不安な微妙な心情を巧みに描いたこの絵が、心理的側面を描いた唯一の絵であるかもしれません。よく見てみると、この絵には結婚前の女性の複雑な心情が描かれています。

考えて見れば、人間の一生は「待つ」ことの連続です。君たちも、いつの日にか訪れてくるであろう、白馬に乗った王子のような男性が現れてくるのを待ち望み、幸福な日々を過ごすことを待っているかもしれません。

待つことには忍耐が必要です。努力が求められます。「棚からぼたもち」のような幸運をあてにしていては絶望を感ずるだけです。

妥協を許さない凛とした厳しい生き方、そういう姿勢の中で、自分のもっとも大事なものを待ち望む、そういう生き方をしてほしいと思います。

次から次に男ともだちを変えていく人がいます。その人は本当に理想の男性を待ち望んでいるのか疑問に感じます。

軽はずみな行為によって、待ち望んでいた王子とは似ても似つかぬ人を恋人にしてはいけません。幸福な明日を待ち望み、今日を真摯に生きていく、そういう姿を「待つ」の絵から感じます。

（一九九九・二・一九）

## ひな祭り

明日、三月三日はひな祭りです。ひな祭りが近づくと思い出す句があります。

綿とりてねびまさりけり雛の顔

この俳句は元禄時代の俳人、榎本其角が作ったものです。一年ぶりに取り出して人形の雛を覆っている綿をそっと取り外してみると、一年間見ないうちに雛の顔がその分だけどこかおくゆかしく、古びてきているように感じられるという意を読んだ句です。

二月も終わりに近づくと亡くなった母親が、この句のように古い雛人形を取り出して、座敷に飾り立てていた姿が思い浮かんできます。大事そうに、人形を一つひとつ箱から取り出す母親の姿には、娘の成長と幸せを願う思いが強く漂っていました。子供心には、雅びやかな雛人形よりは、雛壇に備えてあるお菓子の方が楽しみで、そっとつまんで、ひどく叱られた記憶が懐かしく浮かんできます。

土曜日、学校図書館に本を返却するために立ち寄りました。玄関を入ると立派な雛人形が飾ってあります。雛人形の着ているものを見ると、ずいぶんと年代が経っているものであることがわかります。着物からは年代を感じますが、大事に保管されてきたものでしょう。人形の顔には一点の染みも汚れもついていません。

こんな雛人形を見ていると、

雛の唇紅ぬるるままに幾代経し

という山口青邨の句が浮かんできます。雛壇にかざられている女官たちの唇は、青邨の句のように、今、紅を塗ったかのように鮮やかです。

図書館の司書の先生と雛壇の前で、美しい、艶やかな雛人形の姿にしばらく見入っていました。「やはり女の子ですね。人形が好きでたまらないのでしょう。この雛壇の前に座って、じっと見ている子もいます。先生が引率して、図書館に雛人形を見に来たクラスもありましたよ」

雛壇には、あられや白酒が供えてあります。桃の花も内裏雛の両側に生けてあります。

『家に雛壇がありますが、私が大きくなったので、今では飾ってくれなくなりました』と言って、じっと雛壇の前で見ている子がいました。お母さんに言って飾ってもらいなさいよ、と言いましたが、今では住宅事情などで雛人形を飾る家も少なくなったのでしょう」と先生は慨嘆しながら言われました。

先生の慨嘆は、伝統や季節感の喪失を嘆く声のようにも聞こえました。昔は、どこの家にも雛壇が飾られていました。そこには伝統の継承がありました。ひな祭りに、飾られている桃の花を見ると長い冬が終わったことを実感しました。

夜になって雛壇のかたわらに載せてある雪洞《ぼんぼり》に火が点り、座敷の一隅に置かれている雛壇の内裏雛や桃の花が艶やかな色で浮かび上がってくる。それは何とも言えない幻想的な情景でした。そこには、長い時間の旅を続けて、遠い昔の宮中のひとたちが鎮座しているように見えました。

昼間に見るきらびやかさや雅びやかさと異なり、神秘的な、幻想的な表情に雛人形は見えました。薄い、淡い灯りの中に浮かぶ雛人形は超自然的な妖しい雰囲気をたたえていました。

その昔、疫病や不幸を祓うために簡単な人の形をしたものを紙や藁や木、竹、土などで作り、それを農作業の始まる前の上巳《じょうし》の節句（三月三日）の頃に川に流しました。それが雛人形の始まりだとされています。

夜の闇の中で見る雛人形が神々しいまでに超自然的な姿をかもしだしているのは、その来歴が雛人形に乗り移っていたのかもしれません。

雛人形は人間の罪やけがれを祓う代替物でした。信仰や呪術の対象として雛人形を飾っていました。桃の節句に雛人形を飾るのは、生活に根ざした大事な行事になっていました。それは伝統的な一つの行事でした。

徳川美術館では四月四日まで「尾張徳川家の雛まつり」を開催しています。企画展示室に入ると艶やかな雛人形が目に入ってきます。圧巻は展示室の一番奥に飾ってある幅五メートル、高さ二メートルの雛壇です。これは十八代の義礼、十九代の義親、二十代の義宣の三代の藩主夫人の雛飾りです。この雛壇を見るとき、明治から昭和へと、時代の変遷を人形によって知ることができます。

十四代藩主夫人矩姫や、十一代藩主夫人福姫の雛道具も展示してあります。雛道具は婚礼の時、婚礼の調度と共に実家から持参するのが習わしでした。

雛道具は調度のミニチュアであり、貝桶や厨子棚、黒棚、書棚の三棚を始めとして化粧道具、茶の湯道具、香道具、文房具、遊戯具などで出来ており、婚礼の調度と同じ数十件で一揃いとなっています。

尾張徳川家に嫁入りした姫君は、まだ年端もいかない十歳にも満たない姫ばかりでした。姫君にとっては絢爛豪華な嫁入り道具よりも、そのミニチュアである雛道具の方が身近かに感じられたことでしょう。

徳川美術館の雛道具を見るとき、江戸時代の姫君たちの生活をかいま見ることができます。姫君たちが、雛道具を並べて遊んでいる様子を想像するとほほえましい感じと同時に、多少の痛ましさを覚えます。それは当時の女性のおかれた立場に対してです。雛道具をながめて、まだいたいけな姫君たちは、きっと実家の母親のことを偲んでいたことでしょう。

江戸の大名家の女性たちは、人形のように自由のない、意思を外に表すことのできない薄幸の身でした。人形と雛道具だけが思いを打ち明けることができる唯一の相手であったかもしれません。

「尾張徳川家の雛まつり」を見ることは、女性の歴史と女性の生き方を考えるよい機会になるはずです。

（一九九九・三・二）

## 松下村塾

授業に疲れて、教室に戻り、ぼんやりとしている時、連休中に遊びに出かけた萩の町のことを時々思い出しています。

強い感動に襲われた場所がありました。松陰神社の境内にある松下村塾の前に立った時のことです。八畳と四畳半が一室、三畳が二室、そして土間の一坪。こんな小さな教室から久坂玄瑞、高杉晋作、前原一誠、伊藤博文、山縣有朋、品川弥二郎などの維新の英傑が、吉田松陰の薫陶のもとに育っていきました。明治維新の大業は、この塾を巣立った人々によって成し遂げられたと思うと、一瞬何か熱いものが込み上げてきました。

その熱いものは、教師として怠惰な生活を送っているぼくを励ますものであり、叱咤するものでした。松陰が松下村塾を開いたのは、安政四（一八五七）年の十一月のことでした。翌年の十二月には安政の大獄に連座し、江戸に召喚されてしまいました。事実上の松下村塾の閉鎖です。

わずか一年という短い期間に、松陰は若者の心を激しくとらえ、一生の心の支えとなるような精神的な熱い存在となったのです。

何年か教師として、教壇の前に立ってきました。何を教えてきたのか、何をしてきたのか、激しい自責の念にいつもとらわれています。

松下村塾でぼくを襲った激しい衝撃は、わずか一年というつかの間の出会いで、多くの人物を育成した松陰の教師魂というものに対してです。

お前は何十年もいったい何をしてきたのか。松陰に叱責されているような気持ちになりました。この狭い教室の中で、多くの若者に夢を与え、生きる指針を与えてきた松陰の教育とは、どういうものであったか、それを松下村塾の前に立って考えていました。

一年で、これだけの人材を輩出した教師は松陰をおいてはないと思います。

松陰が維新の人材を数人も輩出できたのは、彼の学識のためでも、彼の能力のためでもない。教育者として情熱を伝えること。そのことが好きでたまらないという彼の性格が、松下村塾を日本一の教室にしたと思います。それは教育の基本ともいえるものでしょう。

松下村塾の塾生控室の中二階で、松陰は著述、読書をし、夜はそこで寝泊まりをしました。境遇も、学力も、年齢もそれぞれ違う塾生を一度に集めて、講義はできません。数人ずつを相手に教えたことでしょう。早朝から来る者、午後あるいは夜になってから現れる者など、塾生のやってくる時刻はまちまちです。そういう塾生を相手に、マンツーマンの授業でした。

朝六時から教えていたということです。平均四、五人が寄宿していたということですから、早朝から深夜まで、不規則な講義を繰り返したことになります。文字通り寝食を忘れての授業です。教える情熱、そのことに尽き動かされての熱い授業ではなかったでしょうか。松下村塾で学んだ人は、百人足らずであったといわれています。日に十四、五人を相手とする授業であったと思います。萩城下の少人数の若者を相手とした小さな塾、その塾から幕末の日本を振動させた多くの人物が輩出したのは、松陰の熱い授業があったからでしょう。

マインド・コントロールという言葉がオウム真理教の事件より流行語となっています。松陰は若者に、勤王の思想をマインド・コントロールしたわけではありません。一貫したカリキュラムではありませんが、授業は兵科と文科に分かれ、兵科では山鹿流の兵学を、文科では「大学」や「孟子」を講じたといわれています。

授業によって、若者たちは松陰に感化され、倒幕の運動に走ったわけではありません。高杉晋作や久坂玄瑞たちは松陰の人物、その無私の生き方に感化され、松陰の遺志を引き継ぎ倒幕に走ったのです。松陰は三十歳の年に処刑されています。短くも激しく燃えた、その人生は、死して後に多くの人に慕われ、敬われています。

萩の街は、タクシーを借り切って、Sさんという運転手になりたての若い女性ドライバーに案内をしていただきました。東光寺や、博文の生家を、彼女はノートをちらちら見ながら説明してくれます。「そのノートは自分で作りましたか」と聞くと、「先輩の運転手にいろいろなことを教わりながら、ノートに記録をしております」という返事でした。萩の城下を見渡すことのできる松陰の生誕地で、

「あなたのように一生懸命、勉強している人は、松陰の生まれ変わりですね」とからかうと赤い顔になりました。

彼女に見られるように、向学の気風は今も萩の街には残っているようです。

この城下町から明治という時代をつくった人物が生まれたのは、ひとえに松下村塾における松陰の教えのたまものでしょう。

教育の力の大きさ、それが小さな萩の街から大きな人物を数多く育てていったのです。

（一九九六・一一・一六）

# 生きる

# 夕日

心地好い夢路の中で、まどろんでいた。突然けたたましく電話が鳴り響く。朝の四時であった。こんな時間にかかってくる電話で、よい知らせのものはない。誰がどんな用件でかけてきたのだろう。不安におののきながら、眠い眼を瞬かせて電話口にでる。東京の義弟の家族からであった。

「父がくも膜下出血で東京医大に運ばれました。意識が戻りません」ということであった。

思いあまっての電話であろう。せっぱ詰まった感じがよくわかる。こんな場合、あれこれと電話口で話すことはできない。なにはともあれ、今日中に見舞いに出かけよう、そう思って電話を切った。

授業中も義弟のことを考えて落ち着かなかった。うつろな思いで、なにを話しているか、わからないような状態であった。

義弟とは若い頃から、妙にうまがあった。

純粋といえば、彼ほど純粋に、目的に向かって、ひたむきに歩いてきた男もいない。定職らしい職業についたのも、五十に手が届くか、届かないかという年齢になってからだ。四、五年前に、講師の経験も、助教授の経験もなしに、いきなり東京造形大学の教授になった。デザイン史が専門である。いきなり教授に招聘されたところをみるとデザイン関係者の間では、それでも名前の知られた存在であったろうか。教授になるまでの彼を、ぼくは漱石の『こころ』の先生のような高等遊民であると思っていた。

一時期、専門学校の講師をしていたことがある。彼の話す内容が難しくて、生徒はついてゆくことができない。しまいには生徒が二、三人になってしまって、嫌になってやめてしまった。大学でも、おそらく同じような授業をしているのだろう。縛られた生活は自分には似合わない。学閥とか人脈で結ばれている人間関係もわずらわしい。そんなことを顔を合わせれば、いつも彼は話していた。

親の援助と妻の支えによって、彼は気ままに自分の好きなことだけに没頭してきた。それは、およそ金銭とは関係のない、世間から認められることのない仕事ばかりであった。

親の遺産で食べることは食べていける。好きな書物を読んでいるうちに、とめどなく自分の考えが膨らんでくる。読む人はいないが、それをとにかくまとめる。そんな生活をかれこれ二十年近くも続けてきた。

若い頃からの仲間に、著名なデザイン評論家の柏木博などもいた。そういう仲間とだれも認めてくれることのないデザイン史の研究にひたすら取り組んできた。

いつか、義弟のノートを見たことがある。「臥薪嘗胆」と書かれていた。いつの日か自分の仕事が認められる日が来るかもしれない。その日まで、文字通り、固い薪の上に寝たり、苦い肝を嘗めたりするような辛い思いをしても、読書に励み思索に励んで、来る日を待とう。そんな気持ちがノートに書かれた「臥薪嘗胆」という言葉によく表現されていると思った。

とにかく容態が心配でたまらない。授業がおわるのももどかしく、名古屋駅に駆けつけた。四時少し過ぎの新幹線に飛び乗ることができた。列車は、一直線に東京駅に向かう。すごい速さで走る新幹線の速度は、彼の死に向かう速さではないか。そんな思いにいったんとらわれると不安にかられて、席にじっと座っておれない気持ちになってきた。眼をじっと閉じて彼のことを考えていた。「こんなことがあっていいのか。負けるな。絶対死んではならない」。心の中で、今、必死になって死と戦っている彼を励ましていた。

東京駅には六時過ぎに着いた。新宿に行くために中央線のホームに出た。帰宅を急ぐ人々でホームは充ち溢れていた。

丸ノ内から日比谷にかけてビルが林立している。ビルの谷間の向こうに、今しも沈まんとする夕日が輝いていた。真っ赤な、大きな夕日だ。夕日をじっと見ているうちに、いつか、まわりの騒音が耳に入らなくなっていた。静寂の中で、多くの人に見つめられて夕日は沈んでいく。その荘厳な幕切れの儀式に立ち会っているような思いになったきた。この夕日は、人の終焉の姿、そのままではないか。美しく輝き、忽然として消えていく。そう考えると夕日が、せつなくも、かなしいものに見えてきた。

陽は沈めば、明日、また、昇ってくる。人は死ねば、どうなるかわからない。永遠に闇の中をさまよい歩かなければならないかもしれない。

ホームの上で、しばらく夕日を見つめていた。夕日と義弟とが、いつか重なって見えてきた。「沈むな、いつまでも輝いていてくれ」。祈るような思いで、夕日を見つめていたが、ゆっくりと夕日は沈んでいった。

西方の空は、しばらくの間、夕日の余映で雲が赤くたなびいていた。
眼を下に転じると多くの人々が、帰路を急いで、足早に通り過ぎていくのが見える。日比谷の交差点には、長い車の列ができていた。ホームの上から人々の動きを俯瞰して眺めていると予測できない運命に向かって、まっしぐらに進んでいるような感じに見えてきた。

新宿からタクシーで東京医大に向かった。華やかにネオンが瞬いている。大勢の人々が往来している。新宿は二十四時間、人の姿が絶えない街であり、眠らない街だ。この街で義弟は倒れた。出版の打ち上げの席でだ。救急車で運ばれてきて、いま、救急医療室にいるという。街の喧騒をよそに、病院はひっそりとしていた。華やかな街の中で、この病院だけが、死んだような静けさだ。番号札をもらい、五階の緊急医療室に入った。七時を少し回っていた。面会時間は、八時までだという。あわてて病室に入る。呆然と義弟の妻と息子二人が突っ立っている。血圧が一時期下がったが今は正常だという。手術はもちろんのこと、ここから動かすこともできないという。動かしたら血管が切れてしまうということだ。ただかたわらでみまもるよりしかたがない。あの夕日のように、闇の世界に義弟も消えていくのか、なんともいえぬ思いで、ただかたわらで立ち尽くしているよりしかたがなかった。

柏木博もやってきた。若い日より、ともに学び、ともに励ましあってきた義弟の仲間だ。相手を認め、相手を信ずるという希有な友情を、三十年近くも継続している。俗的なことには、いっさい、関心をもたず、ひたすらデザインの世界のことだけに没頭するという姿勢が、二人の生き方で共通している点だ。一週間の間隔を開けずどんな多忙な時も二人は連絡を取り合ってきた。二人の友情を聞くにつけ、ぼくは羨ましい思いをいつも禁ずることができなかった。柏木博は友人の変わり果てた姿にただ青ざめた顔で突っ立っていた。

最終の新幹線で名古屋に戻った。漆黒の闇の中をひた走る列車の中で、今、見舞ってきた義弟のことだけを考えていた。

人は予測できない運命に向かって、ひた走っているのだ。ならば、今を大事に後悔しないように生きることだ。

眼を閉じて、そんなことをぼんやり考えていた。

(一九九六・五・一)

## 生きる

母がベッドの上でうめいている。胆管に腫瘍ができて、胆嚢から肝臓に胆汁がおりないので、胆管から管を外に出し、袋の中に胆汁を貯めるという手術をしたのは、昨年の八月だ。

管を一週間に一度見てもらわなければならない。処置の後、大変な痛みを伴う。昨日は極度に強い痛み止めの注射を打った。歩くことができないので病院で休んでいた。二時間ほど休み、病院の玄関のところまで来て、吐いて倒れてしまった。点滴をして、しばらく休んでから、車椅子で車まで運び、ようやく家に連れて帰った。

なにか変わったことがあるといけない。昨年の三月、母が退院した時から、ぼくは母のいる隣の部屋で寝ている。

昨夜は痛くてたまらなかったのであろう。ほとんど寝ていないようだ。そして、夜中の二時半頃からうめきだした。どうすることもできない。ただ、おろおろして見守っているだけだ。痛みで、苦しんでいる人に慰めの言葉がなんになろう。のたうちまわっている病人に、励ましの言葉をかけても、病人の苦痛を和らげることはできない。無力な自分が、ただ情けないばかりであった。

じっと苦痛に耐えて、うめいている母が不憫でしかたがなかった。

生きるとは、なんと苦しいことであろう。
生きるとは、なんとつらいことであろう。
このようにして、人はみな苦しみ、死んでゆくのであろうか。

まんじりともせずに一夜を明かしたが、今朝は痛みがひいたのか、母はすやすやと眠っている。

十一月三日、従姉の法要が岐阜県の笠原であった。胃癌の従姉を見舞ったのは八月の暑い日であった。危篤になったのは十月の終わりであった。取るものもとりあえず病院に駆けつけたが、あまりの苦しみように、痛ましくて、顔を直視することができなかった。

翌日、従姉は息を引き取った。あまりにもあっけない死に、ただ呆然とするだけであった。


生きるとは、こんなにあっけなく、終わりをとげるものであろうか。

生きるとは、こんなにはかなく、頼りなく終わってしまうものであろうか。


法要の営まれた寺には、立派な枯山水の庭がある。そこに、うっすらと強い秋の陽射しが差し込んできていた。正面には三国山が、立ちふさがるようにそびえている。

縁側に腰をおろして、従兄と話をした。従兄は糖尿病のために、ほとんど失明状態だ。活動的な従兄が、今は青白い顔をしている。

なんということだ。肉親が一人去り、二人去り、知る人も少ない法要となってしまっている。病気で苦しみ、ただ生命が、かすかに息づいているだけの人もいる。

三国山は、赤く紅葉している。季節の推移はさりげなく、そして確かにぼくたちに時は移ってゆくことを教えてくれる。

生きるとは、春に花咲き、夏をむかえて、秋に色づき、冬に散ってゆく木や花のように、もろく、はかないものであろうか。

**生きる　谷川俊太郎**

生きているということ
いま生きているということ
それはのどがかわくということ
木もれ陽がまぶしいということ
ふっと或るメロディーを思い出すということ
くしゃみをすること
あなたと手をつなぐこと

生きているということ
いま生きているということ
それはミニスカート
それはプラネタリウム
それはヨハン・シュトラウス
それはピアノ
それはアルプス
すべて美しいものに出会うということ
そして
かくされた悪を注意深くこばむこと

生きているということ
いま生きているということ
泣けるということ
笑えるということ
怒れるということ
自由ということ

生きているということ
いま生きているということ
いま遠くで犬が吠えるということ
いま地球が廻っているということ
いまどこかで産声があがるということ
いまどこかで兵士が傷つくということ
いまぶらんこがゆれているということ
いまいまが過ぎてゆくこと

生きているということ
いま生きているということ

鳥ははばたくということ
海はとどろくということ
かたつむりははうということ
人は愛するということ
あなたの手のぬくみ
いのちということ

素朴で、単純でわかりやすい詩だ。肉親の死、肉親の病気、それらを見ていて、生きるとはどういうことであろうと考え込んでいたぼくに、なにかしら一筋の光明を与えてくれるような詩だ。

生に対比するものは、いうまでもなく死だ。死に対比するものとして、愛と答える人もいるかもしれない。俊太郎も詩の最終連で、「人は愛するということ」と歌っている。そして、愛する人の「手のぬくみ」を確かめることであると言っている。

生きるとは「美しいものに出会う」ことであり、「泣けること」であり「笑うこと」だ。そして身の回りにあるもののすべてを愛しみ、それらに感動することだ。

この詩を繰り返し読んで、君たちそれぞれが生きることの意味をよく考えてほしい。

生きることはすばらしいことだと言える人になるためにも。


（一九九五・一一・一三）

## 病気の母

外は雪が降っている。二月の終わりにしては、珍しい大粒の粉雪だ。

病室の中では、母が苦しさにあえいでいる。息苦しさを訴えて、酸素吸入を始めてから、もう三日目だ。病院の中は静かだ。ナースステーションでは、母の心臓の音だけがコトコトと鳴っている。看護婦が、ひっきりなしに血圧を測りにやってくる。利尿剤の注射を打ちにやってくる。血圧が下がり、尿が止まると、二十四時間以内で呼吸が止まるから、注意してほしいと医者からは宣告を受けている。

一時の猶予もならない緊迫した局面に母の容態が達していることは、病室に出入りする看護婦の動きによっても、よく理解できる。

昨日の夜のことであった。なんども痰を咽につまらせて、母は苦しさにあえいでいた。看護婦を呼んで痰を切ってもらうよりしかたがない。

痰を切る度合いが増えてくる。看護婦が大きな声で母に話しかける。意識が、まだかすかに残っているのであろうか。かすかな反応がある。

外では依然として雪が降り続いている。窓ガラスの曇りを拭って外を見ると、屋根には、うっすらと雪が積っている。この世の醜いものも、汚いものもすべて雪は清浄にしてくれる。

死とは、その人がかかえる喜びも、悲しみもすべてを消し去り、一人の人間の生を清浄にしてくれるものだ。誰にも、平等に時をはからずに死はやって来る。金銭も名誉も、死の前には、すべてははかないものだということを教えてくれる。

死とは、降る雪のように、その人の過去をきれいに拭い去り、清浄にして、あの世にぼくたちを導いてくれるものであろうか。

夜中の二時過ぎた時のことだ。突然、母のあえぎが止まった。妹が母の手を握り締めて、「どうしたの、苦しいの、頑張ろうよ」と大きな声で、呼びかけた。今まで、あえぎ声だけで、一言も声らしい声を発していない母の声が、それは弱々しくかすかな声ではあるが、はっきりと聞こえてきた。

それは「こわい」という言葉であった。

妹が「こわくないのよ、みんなが側に来ているの。頑張らなければ」と励ました。

母の「こわい」とは、何に対してもらした言葉であろうか。苦しみにあえいでの死に対する、恐さであろうか。あるいは、たった一人で死への道を旅することへの恐さであろうか。

いずれにしろ、何十時間ぶりに、母がもらした、たった一つの言葉、「こわい」という言葉ほど、瀕死の母の気持ちをよく表している言葉はないであろう。

それは、また死に対するぼくたちの思いでもある。

明け方近く、あえぎ声の中で、母は必死の力を振り絞って、布団をはねのけて、両手を取り出して合掌した。祈りは長く続かなかった。ものの一分ほどであったろうか。手はまた布団に戻った。何に対しての祈りであろうか。苦しみを救ってほしいという願いであろうか。それとも残されるぼくたちのことを気遣ってのものであろうか。

その夜、二度ほど手を合わせた祈りの状態を見た。痛々しいまでに痩せ細ったか細い手ではあるが、祈りの姿は美しく感じられた。

夜が明けた。どこからか鳥の鳴き声が聞こえてくる。無気味な声だ。苦しみ方がひどいので看護婦が精神安定剤を投与する。薬のために、幾分、苦痛が和らいできたのであろうか、あえぎ声が少し静まってきた。

その日、何人かの親類の人たちが見舞いに来てくれた。何本もの管を体に巻きつけて昏々と寝ている母を見て、どうすることもできずに、ただおろおろとしているだけであった。

昼を少し過ぎた頃、渥美郡の田原町から母の義姉が見舞いに来た。今年、八十五歳になる。背筋も曲がらず、しゃきっとした様子で矍鑠たるものだ。

母が最初に入院したのは、一昨年の夏のことだ。そして昨年の春から自宅療養に入った。入院中、義姉は一ヵ月に一度は見舞いに来てくれた。病状のひどい時には、一週間に一度という時もあった。若い時に、長いこと三河で教員をしていた義姉だけに、諭すように、優しく母を見舞う。その言葉遣いと応対の態度には、いつも感心をしていた。心から病状を気遣い、母の両手を取って、自分の痛みのように母の病気を受け止めている。その心根に感謝の思いで母もいっぱいであったろう。

義理だけで、田原から一日がかりで、なんども電車を乗り継いで、見舞いに来ることはできない。心から、母の病状を心配しての見舞いであった。母も義姉の見舞いを何よりも楽しみにしていたし、喜びにも感じていた。

今日は、一年ぶりの見舞いだ。母の容態を見るなり、目を真っ赤にして泣き出してしまった。嗚咽をしながら母の名前を呼んでいる。母はむろんのこと、返事をするすべもない。長いこと義姉は、母の手を取って幾筋もの涙を落として泣いていた。

しばらくの間、母の手を優しく、包み込むようにして、泣いていた義姉は、言葉にならない小さな挨拶をして、病室を出て行った。

ナースステーションでは、盛んに母の心臓の音が鳴り響いている。義姉は、それが母のものとも気づかず、その前を通って階段を下りていった。

（一九九六・一一・二三）

# 鬼平犯科帳

昨年の夏休み、開田高原で進学合宿をしていた最終日の夜、家から電話がかかってきた。母に黄疸症状が出てきて、苦しんでいる。どうしたらよいかとのことであった。明日になれば帰ることができる。今日は一晩がんばってほしいといって電話を切った。生徒にはもちろんのこと、先生方にも電話の内容を話すことはできず、その夜はまんじりともせず夜を明かした。

八月二十一日、さっそく春日井市民病院に母を入院させた。肝臓の左半分が機能していない。胆汁が胆管につまっている。非常に危険な状態であると医者から言われた。

この夏をもちこたえることができるであろうかと追い詰められた気持ちで、母が横たわるベッドのかたわらで落ち着きなく、いらいらとする日々を過ごしていた。

やつれて、すっかりやせ細ってしまった母を凝視していると、今日一日大丈夫であろうか、明日はどうなるであろうかと不安と焦燥にかられるばかりであった。

ちょっとした熱に怯え、少しの痛みでも母が訴えれば、眉をひそめて心配するという病院の生活の中で、自分の心を落ち着かせ、和ませてくれるのは本を読むことだけであった。ノートを取りながら読むような本、何回も繰り返して読むような難解な本は、看病で気もそぞろになっているときの読書としては適当ではない。

勉強のための読書、娯楽のための読書ではない。現実の苦しさを一時でも忘れさせてくれるような読書でなければならない。小説がいい。自分を異次元の世界に誘い込んでくれるような小説がいいと何冊も小説を持ち込んだ。とりわけ、池波正太郎の小説や随筆には夢中になってしまった。点滴をしている母のかたわらで、来る日も、来る日も小説を読んで暮らす生活が続いた。小説の中には、現実の不安や心配を忘れさせてくれる恋があり、冒険があった。活劇があり、ロマンがあった。自分の叶えることのできない夢があった。本を伏せ、かたわらを見れば苦悶に満ちた表情の母が点滴を受けている。しかし、小説の中では、一時、すべてを忘れることができた。

夏が終わり、秋風が吹き始めた。病院の手当てが良かったのであろうか。母の病状は小康状態を保っていた。夏休みが終わり、新学期になってからも、授業が終ってから病院で二、三時間、本を読むという生活が続いた。その頃には、すっかり池波正太郎のファンになっていた。「鬼平犯科帳」「剣客商売」「仕掛人　梅安」のシリーズは、すべて読み終わっていた。

「鬼平犯科帳」は、文春文庫で二十七冊出ている。最初に読んだシリーズで、鬼平を取り巻く配下や密偵たちのチームワークの良さ、機微に富んだ鬼平の人柄には、すっかり魅了されてしまった。何よりストーリーの面白さがあった。母のかたわらで、容態を心配しながら、おろおろして看病している自分が小説を読み終わった後は、まるで鬼平になったような気持ちになり、ちょっとした事には動じないぞというゆったりとした気分になっていた。

その頃ちょうどテレビでも「鬼平犯科帳」の再放送をしていた。ビデオに撮り、それを病院から戻って見るというのが、その頃のぼくの唯一の慰めであった。気力も体力も衰え、無力感、脱力感に陥っていたぼくは、ブラウン管の中の鬼平から励まされるような感じで、いつもそのビデオを観ていた。

医者が奇跡的だという回復力を示して、母は三月の末に退院した。その頃には、ぼくは池波正太郎の作品は、あらかた読み尽くしてしまっていた。ストーリーは読む片端から忘れてしまうが、とにかく読んでいるときは文句なしに面白かった。

母が退院した頃には、テレビの再放送も終わっていた。池波正太郎の小説を二度と手にして、読み直すこともなかった。母が病気中に読んだだけで、池波正太郎はいつしか卒業していた。


六月九日、京都にモローの展覧会を見に出かけた。忘れるともなく忘れていた鬼平の写真が出ている。京都南座で、今、公演中のポスターであった。「鬼平犯科帳――血闘」三幕十場である。主演の長谷川平蔵には、テレビと同じ中村吉右衛門、平蔵を助けて働く密偵として、五郎蔵には市川左団次、おまさには水谷良重、彦十にはテレビと同じ江戸屋猫八が扮している。そして鯉肝のお里という女賊には山田五十鈴が、お里の首領、白根の三右衛門は中村又五郎である、錚々たるメンバーだ。

これを見逃す手はない。近代美術館を出て、四条の南座に出かけた。

舞台は華のある役者が揃って、豪華で華やかであるが、舞台に劣らず客席の方にも京都の劇場らしく祇園の綺麗どころが桟敷で総見をしていて、なかなか賑やかだ。

舞台の幕が上がる。一膳飯屋の場面だ。腹をすかして困っている炬燵売りを拾ってきたお里を怪しいと睨んだ飯屋の女房に、威勢よく啖呵を切り、小判を二両も投げつけて、お里は立ち去る。

お里の役を演じているのは山田五十鈴である。鯉肝のお里は、三十を少し過ぎた年齢だ。実際に演じている山田五十鈴は一九一七年生まれであるから七十八歳になる。ぼくの母親と同じ年齢だ。

同じ七十八歳でありながら、母は寝たきりの生活であるが、山田五十鈴は元気そのものである。声は朗々としていて、よく通る。背筋はぴんと張って動きも軽い。ぼくの記憶では一九三一年に銀幕にデビューしている。六十四年間、常にトップスターとして映画や舞台で活躍してきた。浮き沈みの激しい芸能界で、六十年間もスターとして君臨するには、なみなみならぬ精進があったからである。

五十鈴は、三月は東京の新橋演舞場、五月には名古屋の御園座と舞台を続けている。主演の休演は許されない。健康には、人にわからぬかたちで、留意をしていることであろう。

八回もの離婚、そして愛娘、嵯峨美智子のぼろぼろになった果てのすさまじい死と、私生活の不幸を少しも感じさせないほど、舞台の上の五十鈴は華やかで美しい。薬におぼれて、寂しく一人死んでいった娘の死を、舞台の上で聞いた五十鈴は、心の動揺を少しも見せることなく平然と舞台を続けたという。しかし心の中では、懸命に悲しみに耐え、涙をこらえていたことであろう。

多くの観客が五十鈴の演技に魅了され、惜しみない拍手を贈っていた。


帰途、ぼくは長谷川等伯の障壁画を観るために東山七条の智積院に出かけた。本堂の裏、大谷廟のあたりは、今、舞台で観てきた場面そのままの江戸時代のような風景である。生命が無限でないことを、風にかすかにそよいでいる卒塔婆は教えてくれる。とすれば、有限の生を、限られた時間、いかに充実し、燃焼して生きるかが、ぼくたちに与えられた最大の使命ではないであろうか。

舞台に立つ山田五十鈴は、自分の人生を最大限に燃焼させて生きてきた人であろう。同年代の、病床にある今にも燃え尽きんとしているぼくの母親も、名もなく、貧しい一生であったけれども、一生懸命に人生を生き、燃焼してきた点では、人後に落ちないであろう。

京都の街並みを見下ろしながら、智積院の石段を下りていった。うっすらと赤く、西の空は染まっている。どこからか鐘の音が響いてきた。本堂から夕べのお勤めをする大勢の僧があげる読経の声が聞こえてきた。

（一九九五・六・一五）

## 青春の健在

海を見るのが大好きだ。果てしなく続く海原を、ぼんやりと眺めていると無心になって、いつか心が落ち着く。

海ならばどこでもよい。日本海でも太平洋でも、どこの海でもよい。いつまでも眺めていたい気持ちになる。

夏の終わりに横浜に出かけた。東京に遊びに行くとき、横浜で一日か二日、のんびりとあてどもなく時間を過ごす習慣が、いつかついてしまった。横浜の街は、数年前とすっかり変わってしまっている。桜木町のあたりは、高層ビルが立ち並び、高速道路が走り、その変容にとまどいを覚えてしまう。横浜の街に来るたびに、つい昔の横浜はよかったと愚痴が出てしまう。ニューグランドホテルや横浜ホテルからの夜の港の景観は、いつまでも見飽きることのない情緒があった。黒い闇の中に浮かんでいる船を見ていると、なにかしらの哀愁が感ぜられた。

今は東京湾を横切る橋ができ、橋に続く道ができて、あたりの景観はすっかり変わってしまっている。それでも、昔ながらの横浜のたたずまいが感じられる一角がある。山下公園から人形の家、そして大通りを横切り、なだらかな坂道を登ってゆくと「海の見える公園」と名づけられた一帯だ。

このあたりには、外人墓地があり、古い洋館の家があり、港を見下ろす公園がある。公園の入口には、大仏次郎記念館がある。記念館の前の橋を渡ると、神奈川近代文学館がある。海から吹いてくる心地好い風を受けながら橋を越えると、文学館のあたりは、街の喧騒とかけ離れた静寂の世界だ。蝉の声と鳥のさえずりだけが聞こえてくる。

文学館には、郷土ゆかりの作家たちのコーナーが設けられている。川端康成・立原正秋・大仏次郎・里見弴・小林秀雄・川崎長太郎等々、鎌倉文士と称された一群の作家や私小説作家、さまざまな分野の作家たちのコーナーがあった。順番にゆっくりと見ていくうちに、一つのコーナーの前に、一編の詩が書いてあった。青いインクの跡も鮮やかだ。読んでいて、思わず手帳に詩を書きつけた。「青春の健在」という題の詩だ。

電車が川崎駅にとまる
さわやかな朝の光のふりそそぐホームに
電車からどっと客が降りる
十月の
朝のラッシュアワー
ほかのホームも
ここで降りて学校へ行く中学生や
職場へ出勤する人々でいっぱいだ
むんむんと活気にあふれている
私はこのまま乗って行って病院へはいるのだ
ホームを急ぐ中学生たちはかつての私のように
昔ながらのかばんを肩からかけている
私の中学時代を見るおもいだ
私はこの川崎のコロンビア工場に
学校を出たてに一時つとめたことがある
私の若い日の姿がなつかしくよみがえる
ホームを行く眠そうな青年たちよ
君らはかつての私だ

私の青春そのままの若者達よ
私の青春がいまホームにあふれているのだ
私は君らに手をさしのべて握手したくなった
なつかしさだけではない
遅刻すまいとブリッジを駆けのぼって行く
若い労働者たちよ
さようなら
君たちともう二度と会えないだろう
私は病院へガンの手術を受けに行くのだ
こうした朝　君たちに会えたことはうれしい
見知らぬ君たちだが
君たちが元気なのがとてもうれしい
青春はいつも健在なのだ
さようなら
もう発車だ　死へともう出発だ
さようなら
青春よ
青春はいつも元気だ

さようなら
私の青春よ

この詩の舞台となった煙がもうもうと吹き上げている京浜工業地帯の写真と、高見順の笑顔のパネルがかかっている。

この詩の書かれたのは、昭和三十八年十月五日の朝、千葉大学中山外科入院の車中である。同年十一月に退院するが、翌三十九年七月、再手術、同年十二月、三度目の手術、翌四十年三月、四度目の手術を受け、八月十七日、他界したという説明が書かれてあった。

凄絶な感がする。ノートには一点の直しもない。ただ、鎌倉から東京に向かう車中で、自分が働いていた川崎駅から乗ってくる若い労働者の姿を見て、思わず書き留めたものであろう。詩を読んでいて、若い生命力にあふれている車中で自分の死を置いて眺めることのできる高見順の作家魂を見たような思いがした。

ぼくはなぜ、この詩に深く感動したのであろうか。あまりにも多く、身近な人の死を見つめてきたためであろうか。病床についたままの母親の痛ましい姿を毎日見ているためであろうか。文学館の離れにある喫茶店でコーヒーを飲みながら「死」の意味をぼんやりと考えていた。

ハアハアと荒い息を丸一日、吐きながら死んでいった叔母。コトコトと音をたてながら心臓の機能を監視する機械に取り囲まれて死んでいった義母。死とは、あのように辛く、悲しいものであろうか。

宇宙の輪廻が、すべてを包み込んで流れる奔流のようなものであるならば、一人の人間の生は、ささやかな川の流れのようにはかないものであろう。（一九九五・一〇・六）

## 一年有半

夏堀正元の『目覚めし人よ　中江兆民伝』を読みました。新人物往来社から出版された書物です。小説としては、けっしてよく書けている作品とは思えません。むしろ失敗作でしょう。しかし、中江兆民という時代の先駆者の破天荒な生き方には、強い興味をそそられました。

中江兆民（一八四七〜一九〇一）は明治時代の屈指の思想家です。数々の著作を著し、評論家としても活躍しました。土佐藩の下級士族の家に生まれ、漢学の素養を身につけるとともに、フランス語を学びました。ドイツ文化の移入が全盛の当時、フランス語を学ぶことは非常に珍しかったと思います。一八七一（明治四）年に、大久保利通に直訴してフランス留学を果たしました。フランスでは西園寺公望と親しくなりました。帰国後は二人で「東洋自由新報」を発刊して、自由民権運動の啓蒙を図りました。兆民が新聞紙上でフランス民権思想の普及と専制政府攻撃に縦横の筆陣を張ったために、驚いた政府は天皇の名で西園寺を「東洋自由新報」から退社させるという騒ぎも起こりました。

第一回の普通選挙では、大阪四区から立候補をして当選しました。ルソーの『民約論』の翻訳者らしく、人間は自由であり、平等であるという論陣をはり、新平民の応援を受けての当選でした。しかし、現実の政治は妥協となれ合いで終始しています。腐敗しきった政治の現実に兆民は、代議士になったばかりで絶望を感じます。民権の確立と国権の独立をかかげて現実の政治の実践に踏み込めば、踏み込むほど、彼にとっては思想と行動の離反を生むだけでした。すっかり嫌気がさした彼は、半年も代議士の活動をしないうちに、議員を辞職してしまいます。北海道の小さな新聞社の主筆になったり、実業家になるのを策したり、いろいろな試みをしますが、いずれも成功しませんでした。挫折と失敗の連続で失意の生活を余儀なくされます。

兆民の著作の中で最高の傑作は『一年有半』(岩波文庫)です。この『一年有半』は、すさまじい内容の書物です。明治三十四年、五十五歳の兆民は商用で大阪に出かけ、そこで発病します。前年から、しきりに咳が出て、医者に見せたところ喉頭カタルと診断されました。大阪では、ひどく咳込みました。初めは、東京で診断された喉頭カタルと思っていましたが、今度は呼吸が苦しくなるほどの咳込みです。咽喉の痛みも普通ではありません。そこで癌ではないかと思って専門医に診断を仰ぎました。医者は光線を使って詳しく検査して「切開が必要です」といいました。兆民はやはり癌だと推察して「隠すことなく、はっきり言って欲しい。後、何年生きることができますか」と問うと、医者は言いにくそうにしていましたが、「一年半、よく持っても二年です」と言います。

「一年半、諸君は短促なりといはん、余は極て悠久なりといふ。もし短といはんと欲せば、十年も短なり、五十年も短なり、百年も短なり。それ生時限りありて死後限りなし、限りあるを以て限りなきに比す短にはあらざるなり、始よりなきなり。もし為すありてかつ楽むにおいては、一年半これ優に利用するに足らずや、ああいはゆる一年半も無なり、五十年百年も無なり、即ち我儕はこれ虚無海上一虚舟」

兆民は、一年半と生命を宣告された時の心境を、このように述べています。

一年半の命と宣告されて、兆民は三つのことをしました。まず、新聞を隅から隅まで読むことです。新聞を読むことによって、兆民の言葉を借りれば「世界との交際」は継続します。

二番目は好きな文楽の義太夫を心行くまで聞くことです。限りある命とおもえば三味線の撥の音もひときわ哀切に響きます。そして最後の楽しみは、『一年有半』を書くことでした。兆民の弟子の幸徳秋水は、その間のいきさつを次のように述べています。「切開した気管の呼吸は奄奄《えんえん》として、四肢五体は鶴の如く痩て居るが、一たび筆を取れば一瀉千里の勢ひである。令閨始め一同が、そんなにお書きなさると一倍病気に触りましやう。お苦しいでしやうと言ても、書かなくても苦しさは同じだ、病気の療治は、身体を割出しでなくて、著述を割出しである。書かねばこの世に用はない、直ぐに死でも善いのだと答へて、セッセと書く、疲れれば休む、眠る、目が覚めれば書くといふ風であつた」。命と引き換えにして書かれた書が『一年有半』でした。怠惰になすこともなく、無為な生活をしているぼくは、この書に警棒で叩かれたような衝撃を受けました。

（一九九六・一一・一九）

# 明日の月日はないものを——映画「生きる」

志村喬という俳優が好きだった。志村喬が登場するだけで、その映画が重厚な感じになってくる。生涯に出演した映画は五百本を超えるであろうが、そのうち自らが主演である映画は五本にも満たなかったのではないだろうか。バイプレーヤーであったが、映画の中では、主演の俳優よりも、志村喬の存在感が強く印象づけられる。

厚い唇、大きな眼、独特の風貌であった。低い、それでいて、澄んだ台詞は明瞭だった。古きよき時代の父親の役を演じさせたら、この人の右に出る人はいなかった。男の強さ、男の寂しさを体全体でもって演じていた。正面からアップで写しだされる表情には、けっして少しのことには挫けない男の強さが感じられた。そして、肩をすぼめて歩く後ろ姿には、なんともいえない男の哀愁が漂っていた。

志村喬の出生地は鉱山の町、兵庫県生野である。鉱山からでる亜硫酸ガスのために、俳優にとっては致命的な肺気腫にかかってしまった。彼は公害病認定患者である。しかし、外に向かっては、慢性気管支炎としか言わなかった。肺気腫患者として俳優生命を断たれることをおそれてのことであった。

沢地久枝に、志村喬の思い出を綴った『男ありて』（文芸春秋社刊）という書物がある。彼が肺気腫にいかに苦しんでいたかを物語るエピソードが書かれている。

「呼吸困難にそなえて家庭用の酸素吸入の準備もしてある。志村はいくら苦しくても、『台詞のおぼえが悪くなる』と酸素をなかなか使おうとはしなかった。

酸素に依存すれば、肺は次第に機能を停止する。ときには思考がぼやけるのも、すすんだ肺気腫の症状の一つであるという。知らないものには、ぼけの始まりのように思われることもある。台詞をおぼえられなくなることは、役者にとっては生きながらの死である。酸素のこわさを、志村喬は本能的に知っていたのか、くりかえした入院生活中の体験で察したのか。いずれにせよ、志村は苦しさに耐える方をえらんだ。」

昨年の暮れのテレビ「驚き、ももの木、二十世紀」という番組で、フランキー堺が、いたましいまでの録画中の出来事を語っていた。それは、志村喬の生前、最後の出演となったＮＨＫの「続あ・うん」というドラマに出ている時のことだ。病院から車椅子でスタジオ入りして、事もなげに老人の役を演じていたが、体を支えていることができず、屋台の場面では、台につかまり、息を弾ませながらの演技であったという。その志村喬が亡くなってから、もう十五年もたつ。

良書は、読む年代によって、その味わいが違うという。例えば、二十代の時に読んだ漱石の『こころ』と五十代になって読んだ時とでは、自然と感想が異なるということだ。

そういう点から言えば、名画も同じことが言えるかもしれない。

ぼくは現在の日本映画にはまったく失望しているが、かつては、世界に誇ることのできるすばらしい名画が何本も生まれた。小津安二郎、溝口健二、木下恵介、今井正、黒澤明といった監督たちが競って、良い映画を作るためにしのぎを削っていた。

中学時代から、それらの監督の映画を何本も見てきた。今のような観客の入っていない寒々とした映画館ではない。映画も、客席も、熱く燃えていた時代だ。

その頃に見た映画に、黒澤明監督、志村喬主演の「生きる」がある。一九五二年の東宝映画だ。中学一年生の時であった。小学校の時よりチャンバラ映画、ドタバタ喜劇、娯楽の何もない時代に、映画だけが楽しみで、何でも見ていた。雪の降る中、「生命短し、恋せよ乙女」とゴンドラの唄を歌って死んでゆく場面だけが妙に生々しく、いつまでも記憶に残っていた。大学時代にも、その映画を見ている。三十代に見た時には、公園を造るために、かけずりまわる場面や小田切とよと食事をする場面などが記憶に残っている。


「生きる」に出演中の志村喬のことを、沢地は次のように書いている。

「役になりきる。徹底してその役の人間になる。仕事をおえて家へ帰っても、志村喬ではなくて、末期ガン患者の『渡辺勘治』が帰宅した。声も弱々しく細く、全身に陰気くささをまとっている。食べようとしない。
半年の間、家のなかまで病人をかかえるジメジメした空気になった。勘治になった夫と、妻はつきあいきれない。いっしょに暮らしにくい。妻自身の神経がやられるのではないかと怯えさせ、ほとほとあきれて肚も立てさせるような志村勘治の日々だったそうである。撮影が終わったとき、志村は胃潰瘍をわずらっていた。」

ビデオで「生きる」を何十年ぶりかで見た。沢地久枝が書いているように、志村喬は、余命半年と告知された市民課長の渡辺勘治になりきった演技であった。

今、改めて、この映画を観てみると、とても四十数年前に作られたものとは思われない。じつに丁寧に一つひとつの場面が作られている。

主題も現代的だ。ガンで余命いくばくもないと知った男が、自分の来し方の三十年が何であったかと苦しむ。子供のために、仕事のために、自分を犠牲にして生きてきた。しかし、今、家庭からも、勤め先の役所からも、疎外された人間として扱われている。その時、初めて自分のなすべき仕事は、公園を造ることだと悟り、残された日々を、そのために全力を尽くすというストーリーだ。

主題は、いうまでもなく、人間は死ぬものであることを自覚した主人公が、短い人生を人々への奉仕のために生きようとする、その姿だ。生きることは人々との共生であり、連帯であるということであろう。

生命短し　恋せよ乙女
紅き唇あせぬ間に
熱き血潮の冷えぬ間に
明日の月日はないものを

そうだ、明日という日はわからないのだ。今日一日を一生懸命生きる、その繰り返しが人生というものだ。

「生きる」を見て、そのことをしみじみと実感した。

（一九九六・一・二九）

## ゆっくり歩けば足跡がきれいに残る

のろくてもいいじゃないか
新しい雪の上を歩くようなもの
ゆっくり歩けば足跡がきれいに残る

これは『鈴の鳴る道』という星野富弘の詩画集に載っている「雪の道」という画に添えられた文です。この画を職員室でじっと見ていたら、背中から一人の生徒が「先生、この人の本、私も持っているの。中学三年生の時、この人の文章を教科書で読んだこともあるわ」と言いました。一緒にいた生徒も「私は、小学校の時、先生から、この人が口に筆をくわえて絵を書いているビデオを見せてもらったの」と言いました。

さっそく教育出版から出ている「中学国語　三」の星野富弘の文章を読んでみました。身近な花や生物に対する視線の温かさに驚きました。教科書には作者の紹介が、次のように書かれています。

「星野富弘、一九四六〜。群馬県に生まれた。中学校体育教諭。部活動の模範演技で空中回転をした際、あやまって落下。肩より下がすべて麻痺状態となり、九年間の闘病生活を送る。」

星野さんが宙返りをして、首の骨を折ったのは、一九七〇年六月十七日でした。群馬大学を卒業して、山が好きな一人の希望に満ちた青年が、高崎市の中学に奉職して、二ヵ月たつかたたないうちに、一瞬にして奈落に突き落とされたような、長い闘病生活に入ることになります。

群馬大学の附属病院に救急車で担ぎ込まれた息子の容態を心配して、畑で百姓仕事をしていた母親は、足に泥をつけたまま駆けつけました。「生命さえ無事でいてくれたら」と祈るような気持ちが、天に通じたのでしょうか。九死に一生を得ましたが、二人のそれからの闘病生活は大変でした。

小水の処置、排便の世話はもちろんのこと、食事も箸で口元まで運ぶということを、母親は毎日、黙々と行いました。星野さんにとっては、自分の身動きできない体が呪わしく、自分に与えられた過酷な運命に耐えられなかったのでしょう。なんども、なんども、口汚く母を罵ります。時には、母が口元に運んだ箸を払い除けて、食べ物を散乱させるということもありました。

病人はわがままなものです。母が相手では、どんな要求も通ります。しかし、いくら泣いても、わめいても自分の体は元に戻りません。

病室の中で見るものは、見舞いの花しかありません。その花を見ているうちに、学生時代にスケッチブックを持って山を歩いた記憶が蘇ってきました。母親に手伝ってもらって、顔の前にスケッチブックを立ててもらい、最初は文字を書く練習をしました。

口にマジックペンをくわえて、字を書きます。ペンに巻きつけておいたガーゼは唾液で、ぐちゃぐちゃになりました。歯茎からは血が出てきます。横からスケッチブックを立てて覗き込んでいる母親の額からも冷汗がにじみ出ています。

ぼくも星野さんと同じように、マジックペンを口にくわえて字を書く練習をしました。十分も口にペンをくわえていることはできませんでした。

気の遠くなるような時間と努力を重ねたことでしょう。しだいに、字を書くことが、絵を書くことが楽しくなってきました。絵を書くことが、生きている証のようになりました。母と二人で絵を書く練習をしているうちに、母に対する感謝の心が生まれてきました。


「私が入院する前の母は、昼は畑に四つんばいになったまま土をかき回し、夜は薄暗い電灯の下で金がないと泣き言を言いながら内職をしていた。私にとってあまり魅力のない母だった。しかし、怪我をしなければ、この愛に満ちた母に気づくことなく、私は母を薄汚れた一人の百姓の女としか見られないままに、一生を高慢な気持ちで過ごしてしまう。不幸な人間になってしまったかもしれなかった。」

人は思いがけない人生の激変にあって、予測もしない道の世界へ生命の歩みをするものです。薄汚れた百姓の女の母が、星野さんにとっては天使になりました。そして絵を描くことが心の支えとなりました。星野さんの絵のファンであった渡辺さんという方と結婚するという幸福も手にしました。
「夜があるから朝がまぶしいように、失ったとき、初めてその価値に気づくことがよくあります。なにげなく動かしていた指、当たり前のように歩いた足……。しかし、目に見えるものよりも、もっともっと大切なものがありました」。星野さんのいう「目に見えるものより、もっともっと大切なもの」とは何でしょうか。

「もしかしたら、失うということと、与えられるということとは、隣同士なのかもしれません。私の『いつかは……』は、少年のころ夢見たような出世や、地位との出会いではありませんでした。自分の力だけで生きていると錯覚していた、小さな私と、大きな愛との出会いだったのです。そしてそれは、なにものにも代えられないすばらしい出会いだと思っています。」

星野さんは、九年の入院生活の中で、さまざまなものを得ました。美しいものに感動する心、母に対する感謝の思い。健康であった時には、気づかなかったものに気づいた星野さんは、妻という人生の伴侶までも入院生活の中で手に入れました。「風の旅」「速さの違う時計」「愛、深き淵より」と星野さんの詩画集を手に取りながら、口で筆をくわえたまま書いたものとは思われない、すばらしい筆致に驚嘆の思いを禁ずることはできません。

さわやかな朝です。楠の新緑の若葉が風にそよいでいます。生命力をたぎらすように、生き生きと輝いて見えます。若葉の下を校門をくぐって、多勢の生徒が駆け込んできます。

松葉杖をついた生徒が、ゆっくり、ゆっくりと歩いてきます。ギブスをはめたままの右足が痛々しい感じがします。

「のろくてもいいじゃないか」。冒頭に紹介した星野さんの詩の一節を、思わず職員室の窓から、松葉杖の彼女にかけたいような衝動に駆られました。バスの乗り降りも、学校の階段を昇ることも、おそらく普通の生活を送っているぼくたちとは、まったく違った苦労があることでしょう。学校に来れることを、勉強ができることを喜び、登校してきた自分を誇るような力強い足取りでした。

「頑張れよ!」心の底から彼女にエールを送っていました。自分に与えられた厳しい試練に耐えて頑張っている彼女の真摯な姿。自分の甘えや逃避で、たらたらとした生活を送っているぼくたちに対する無言の戒めであると思いました。

彼女のゆっくりとした足跡。それは美しい思い出として彼女の人生に残ることでしょう。君たちも美しい足跡を学校生活に残してください。

(一九九五・五・三〇)

## 山本安英という女《ひと》

茨木のり子の代表作に「汲む」という詩があります。

初々しさが大切なの
人に対しても世の中に対しても
人を人とも思わなくなったとき
堕落が始まるのね　堕ちてゆくのを
隠そうとしても　隠せなくなった人を何人も見ました

この一節を読んだときに、ぼくは自分に対して厳しく注意をされたような激しいショックを受けました。人間としてもっとも基本的な生きる姿勢を教えられたように感じました。この一節は作者の茨木のり子に対して、新劇女優の山本安英が語った言葉であることが詩の中に書かれています。こういう言葉を、さりげなく言える山本安英という人を、すごい人、すばらしい人であると思いました。

山本安英（一九〇六〜一九九三）は、十五歳の時に、市川左団次の女優養成所に入り、十八歳の時には創立されたばかりの築地小劇場の第一回研究生となりました。その当時の新劇の先駆的指導者、小山内薫の教育を受けました。二十三歳の時には、土方与志らとともに新築地劇団をおこしました。その後、病気にかかり、しだいに舞台から遠ざかるようになりました。夫の藤田満雄とも死別するという不運も味わいました。

戦前の山本安英は、新劇の歴史とともに歩んできたといえましょう。

戦後の山本安英は「夕鶴」とともに歩んできました。今、手元に夕鶴の上演記録の年表を持っています。一九四九年の一月に木下順二が戯曲「夕鶴」を発表しました。戦争体制が押しつけてくる非人間的な状況に対して、人間的な精神の復権を希求するという強い姿勢で書かれたこの戯曲は、NHKで、その年の五月に放送されました。

そして、その年の十月に初演されました。ぼくは、いつ「夕鶴」を観たのだろうと書棚の中からパンフレットを探しました。一九八一年の十月十三日に愛知県文化講堂で観ています。パンフレットに、木下順二は、次のように書いています。

「ただ、一人の女優が一つの役を千回近くまで演じ続けてきたというのは、たぶん世界に例がないのではなかろうかと思う。だから回数が気にならないというのは、ちょっとウソなのだが、しかしそんなことよりも何より大切なのは、今日の舞台が新鮮であるということだ、ということに間違いのあるはずがない」

ぼくの観た舞台は、山本安英の九百何回目かの舞台でした。初演が発表されてから三十二年目にあたります。そして、彼女は当時七十五歳でした。

ぼくは、この二つの事実に驚きます。森光子の「放浪記」、三益愛子の「がめつい奴」、杉村春子の「女の一生」等ロングランを一人の女優の主演で続けた舞台はあります。しかし、それらは芸術座、帝劇という大劇場の舞台で何ヵ月も続けるという記録であり回数です。ところが、山本安英の上演記録を見てみますと、二、三日単位の舞台が続いています。多くても一週間がもっとも長期にわたる舞台です。全国いたるところ、北海道から九州まで津々浦々に出かけています。ある時は工場のホールで、ある時は学校の講堂で興行をしています。千回という舞台公演の中には、体の条件がベストの状態で演じられたものばかりではないでしょう。一九七六年の横浜の舞台では、右足を挫いてしまいました。痛みは手の先まで及び、注射を打ち、ハリで治療しながら、巡業を続けました。ところが舞台の上ではそれと気づかせず、風も立てずに軽々と動いていたということです。一つの舞台を、三十何年間、千回も演じ続けるという彼女の役者魂には感服するばかりです。

ぼくは一昔前に観た「夕鶴」の舞台を鮮やかに今も思い出します。改めて上演記録を調べてみて、その当時の彼女が七十五歳であったことには驚嘆します。せりふは朗々として、少しのよどみもありませんでした。動きは軽快そのものでした。

「夕鶴」は、つうと与ひょうの純粋な愛につつまれた生活が、惣どと運ずの登場によって崩壊していく過程を戯曲にしたものです。たった今生まれたばかりのように首をかしげ、お金をいぶかしみ、与ひょうに、ひたすら尽くすつうの姿を、山本安英は全身で演じていました。

一面の雪、かっと照っている広い夕焼け空、そこにぽつんと一軒建っている小さなあばら家。場面の一つひとつのシーンが思い浮かんできます。その舞台で、七十五歳の山本安英は、六、七歳の子供たちと「かごめ・かごめ」を無心に演じていました。高度な技術の裏づけと演劇によせる執念との入魂の演技といえましょう。「夕鶴」の主題である物欲と愛については、一生に一度は真剣にどちらを選ぶか考えなければならない時がきます。

茨木のり子の詩に詠まれたような精神を持つ山本安英だからこそ、八十歳近くまで舞台に立ち、千回を越す「夕鶴」を演ずることができたのでしょう。

ぼくは山本安英の人生に驚嘆します。そして冒頭の詩を自戒の言葉としたいと思います。

（一九九五・五・一〇）

## 誰の人生でもない——杉村春子の女の一生

修学旅行に出発する前日の十月二十二日の昼間、ＮＨＫの衛星放送で「風流深川ぶし」を放映していた。水谷良重が二代目水谷八重子を襲名する記念番組で、八重子の思い出の舞台を再現するという趣向だ。「風流深川ぶし」は明治時代、女性の寄席芸人として絶大な人気を博していた実在の人物、立花家橘之助をモデルとした作品で、川口松太郎の作・演出の舞台である。水谷八重子の相手役が杉村春子で、二人で一人の男、柳永二郎が扮する劇評家を愛するというストーリーである。杉村春子は柳永二郎の妻の役だ。橘之助に扮した水谷八重子に惹かれて、家をあけることの多い夫にいつも嫉妬をしているという気の強い役を巧みに演じていた。三人の名優の舞台に一時間半、酔いしれて、テレビに釘づけになっていた。古き良き時代の東京の下町を舞台として繰り広げられる、人情の機微を描いた話で随所にほろりとするような場面があった。杉村春子は気の強くて粋な、それでいて憎めないところのあるかわいらしい妻をみごとに演じていた。絶品の舞台にすっかり魅了されてしまった。

修学旅行から帰ってきて、二十八日の新聞を開いてみると「杉村春子さん文化勲章辞退」と大きく報じられていた。文化勲章は最後にもらう勲章だが、自分は現役を続けたいというのが辞退の理由である。杉村春子は一九〇九年、広島県の生まれだ。今年八十七歳になる。功成り名を遂げた女優にして、なお現役を続けるという意欲には、すさまじささえ感ずる。

テレビや映画と違って舞台は、やり直しがきかない。せりふの間違い一つが、舞台を台無しにしてしまう。声も通らなければならない。動きも軽くなければならない。杉村春子は非常にせりふまわしがいい。動きも違和感なく舞台にとけこんでいる。誰が杉村春子の舞台を観て八十七歳の老優だと感じるであろうか。この年齢にして、なおかつ勲章をもらうと自分の舞台が萎縮することを危惧して、素直にありがたいことですと喜んで、文化勲章をいただかずに辞退する。昨年度、ノーベル文学賞作家の大江健三郎が「国がらみの賞は受けたくない」という理由で断わったことがあるが、そういう国家権力に対する意識とは、少し異なった意識が杉村春子には、あるのではないかと感じた。

杉村春子の代表作は、なんといっても森本薫の「女の一生」の布引けいの役だ。けいの十六歳から六十過ぎまでの「女の一生」を杉村春子は五十年以上にわたって七百回以上演じている。けいは、しっかりした気性の激しい女だ。家を守って誰にも何も言われないように頑張っている。夫の伸太郎にも同じ態度でつっかかっていく。伸太郎は、とうとうけいに対して、一緒に暮らすことはできないという。それに対してけいは、「誰が選んでくれたんでもない。自分が選んで歩き出した道ですもの。間違いと知ったら間違いでないようにしなくちゃ」という。

伸太郎とけいは結局別れてしまう。戦争で何もかもなくしたけいが一人防空壕で暮らしているところに、けいの初恋の人、伸太郎の弟、栄二が訪ねてくる。今までのいろいろなことを話しながらけいは、「今まで私は何のために生きてきたんでしょう。私がやったことはすべて無になってしまいました。私の生涯というものは他人のために生きてきた。これからは私自身のために生きてゆきます。これからの時代をつくるために、若い人たちと一緒にこれからまだ生きてゆきます。新しい人生をつくってゆきます」という。

未来を暗示するような、けいのせりふで幕は閉じる。

ぼくには、杉村春子の生き方と布引けいの「女の一生」がだぶってしかたがない。文化勲章を受けるのは間違っている。自分はこれからも自分のしたいような舞台をつくってゆく。誰にも、何にも縛られることなしに。俳優にとっては勲章も、名声も舞台とはなんの関係もないものだ。ひたすらよい舞台を、生命ある限りつくりたい。杉村春子はそのように考えているのではないかと思い、文化勲章を辞退したことが当然のことのように感じられてきた。

机の上に、杉村春子の今まで観てきた舞台のパンフレットを並べてみている。一九七五年、中日劇場での「欲望という名の電車」、同じく中日劇場の一九八〇年の「華岡青洲の妻」、一九八二年の「桜の園」、そして「ふるあめりかに袖はぬらさじ」「開化草紙電信お玉」「ウェストサイドワルツ」など。代表的な舞台は、ほとんど観てきたような感じだ。パンフレットを見ていると、その時の舞台が思い浮かんでくる。有名なせりふは、つい口に出してしまいたいような思いにとらわれる。

よい舞台は、いつまでも心に残る。名優の演じた舞台は、何十年も心に焼きついて離れない。テレビのドラマではない。舞台の上の名優の生の演技を自分の目で見てほしい。それは貴重な自分の心の財産となるはずだ。

（一九九五・一〇・三一）

## 夢にかける

軍港として、かつては華やかな街であったが、今はすっかりとさびれてしまった、うら寂しい佐世保の街を通り過ぎると波のおだやかな大村湾に入る。長崎に向かう大村湾沿いの一本の国道を走るバスは、左手に湖を思わせるような青く澄みきった海をのぞみ、右手には小高い丘が続く道をゆっくりと進んでいく。

ぼくはバスの中から見る、まるでエーゲ海のような紺碧のおだやかなこの海が大好きだ。修学旅行で佐世保から長崎に向うとき、いつもあきることなく、この波静かな大村湾を眺め続けている。洋風の白い壁と赤茶けた瓦の家が丘の上に点在している光景は、ギリシアを旅しているような錯覚に陥る。しかし、ここはおだやかな海に陽光がさんさんと輝く長崎の寒村だ。海以外に、何ひとつ目を惹くようなものは見当たらない。

なんの変哲もない。この道路沿いに一軒だけ目をひく店が、大村湾のもっとも景色の良い場所に建っていた。生簀料理店であった。鄙には稀なという言葉がぴったりするようなしゃれた店であった。バスの中から眺めた、いかにも高級そうな店の印象が今も鮮やかに浮かんでくるのは、いかにその生簀料理店が、海の眺めだけが美しいひなびた、この寒村に、不似合いなものであったかという証明であろう。

今から、もう十何年も前のことであろう。その生簀料理店「松乃井」のかたわらに大きな風車が建てられた。生簀料理だけでも周囲の景色ととけあわない奇異な眺めであったのに、風車からは、さらに不思議な印象を受けた。

その後、二、三年たった。風車の奥にオランダ村が建てられているという噂を聞いた。東の東京ディズニーランド、西の長崎オランダ村という大がかりな構想のテーマ・パークにするという計画であった。修学旅行地が九州から広島・山口に変わり、さらに北九州にまた変更になった。その時、長崎オランダ村を修学旅行に取り入れるか、どうかということで下見に出かけた。オランダ村の入口は、いつも見ていた景色と少しも変わっていない。大きな風車がある。入口を入ると海を見下ろす高台に、こぎれいな喫茶店があった。

港には大きな船が停泊していた。この船で、向こう岸に渡り、そこに広大なオランダ村があるという。喫茶店の椅子に腰をおろし、係りの方から説明を聞いた。中村さんという美しいお嬢さんであった。きらきらと陽光にきらめいている大村湾のように、まばゆいほどの美人であった。

同行の三人の先生は、熱心に質問されていたが、ぼくは視線を遠く、果てしなく広がる海に注ぎながら、長崎オランダ村の話を聞くともなく聞いていた。

長崎オランダ村をつくったのは地元の長崎県西彼杵郡西彼町《にしそのぎぐんせいひちょう》出身の神近義邦である。彼のことを描いた作品に上之郷利昭「ハウステンボス物語―男たちの挑戦状」（プレジデント社刊）がある。この著を参照にしながら彼がオランダ村をつくった経緯をまとめてみよう。義邦は小学校のころから仕事をして家計を助けた。優秀な成績で中学を終えたが、家計のことを考え就職しようとした。母が高校進学することを強く勧めてくれたので、義邦は働きながら四年で卒業する定時制高校に通った。高校卒業の時、答辞を読む義邦の姿を見て母は泣いたという。

一九六二年、義邦は定時制高校を卒業して西彼町役場に就職した。しかし、町長と対立して、十年ほど勤めただけで辞めてしまう。当時は田中角榮の日本列島改造論による土地ブームで、西彼町の五十五万平方メートルに及ぶ広大な土地は、東京・永田町の料亭「一條」によって買い占められていた。義邦は、この土地の一画に「松乃井」を建てた。「松乃井」の周囲を観光果樹園にしようとした。一九七三年暮れに発生したオイルショックで「一條」は経営の破綻をきたしてしまう。果樹園造成の工事に要した費用四千万円が、借金として神近の肩にのしかかってきた。義邦は借金返済のために、「一條」の専務取締役となり、料亭の再建に取り組むことになった。月曜から週末まで永田町の「一條」で働き、借金を分割返済しながら、週末は長崎に帰って、観光果樹園の事業にあたり、日曜日の最終便で東京に戻るという超人的な生活を送った。

一九七九年の夏、義邦はヨーロッパに旅した。地中海でクルージングを楽しんでいる時に、自分の故郷長崎は、鎖国下で日本とヨーロッパをつなぐ唯一の窓口であったことに思いを馳せた。その時、電光の如くオランダ村建設のアイデアが義邦の脳裏に閃いた。

しかし、義邦には夢を現実に変える資金がない。自分の生命を三億の生命保険に入れて、それを担保として当座の運転資金二億五千万円の融資を三和銀行から借り入れた。折からの観光ブームと相まってオランダ村は順風満帆の出発をした。

中村さんには、船に乗って対岸の古いオランダの町、ウィレムスタッドを案内していただいた。さらに、ホールンの町、風車と運河とチーズの観光地、ザンス・スカンスと歩いた。花が咲き乱れる、五月の美しい風光の日であった。今でも、その日の写真を取り出すとオランダ村の美しい景観が思い浮かんでくる。

オランダ村が人々であふれるようになると、交通渋滞と駐車場の問題が起こってきた。ある日、神近義邦は夢を見たという。ナイアンローデの城、風を受けてまわる風車、一面のチューリップの畑、運河をゆったりと走る船。神の啓示を受けたかのように、夢から目覚めた義邦は紙に、夢に見たオランダの村を描き続ける。五十二万坪の巨大な針尾工業団地に建てられることになるハウステンボスの最初の計画図は、そのようにして書き上げられた。

義邦の計画通りに、一九九〇年、ハウステンボスの建築工事は始まった。

ハウステンボス・プロジェクトに参加した人には、世界大戦で生き残った人々が多くいる。九死に一生を得て、奇跡の生還をした沖縄特攻生き残りの人も二人いる。フィリピン戦線からの生還者もいる。

敗戦によって厳しい家庭状況に育った一人の聡明な少年が、美しい自然の中に住む大村湾の人々をなんとか豊かにしようとした夢が、かつての日本のために生命を捧げようとした人々の青春の夢を呼び起こした。壮大な夢の結晶がハウステンボスではないか、ぼくには、そんな気がしてならない。

(一九九五・一〇・七)

# 無償の情熱

趣味らしい趣味は、何ももっていない。時折、時間があると古本屋をのぞくことが楽しみといえば、楽しみといえるかもしれない。別に探す目当ての本があって古本屋に立ち寄るのではない。古本屋の棚に並んでいる本を順に見ていく。そうするとおかしなもので、三冊か四冊は、必ず読みたい本が出てくるものだ。時には、思わぬ珍しい本を捜し出すこともある。作家の署名入りの本、初版本の珍しいもの、それを捜し出した時の悦びは、本好きの人間しか味わうことのできない悦楽だ。梅崎春生が山内義雄に献呈した署名本を七十円で、神田の古本屋で掘り出したこともある。古本価格で、現在二十万円はするという鈴木重三の『広重』（日本経済新聞社刊）を鶴舞の古本屋で、その半分位の価格で購入したこともある。

古本マニアの中で珍重されている本がある。毎月、刊行されている「古書通信」という冊子だ。この本には、全国の古本屋の情報が満載されている。古書の案内のほか、絵画、浮世絵、挿し絵などの情報も掲載されている。これらの品は、自分で手にとって、現物を見ることはできないから、依頼をしても、どういう品物が送り届けられてくるか、不安である。手にとって、がっかりする場合が多いが、思いもかけない掘り出し物を手にすることもある。

香川景樹の短冊を見つけ出したのも「古書通信」である。静岡の古本屋の蔵書目録に「桂園の短冊」

と掲載されているものを見つけ出して、葉書で注文を出した。届いたものを手にしてみると、紛れもなく香川景樹のものだ。香川景樹は、賀茂真淵たちの万葉中心の尚古主義に対抗して、古今集の品格ある歌を敬重し、古今調の歌を詠むことを唱えた。景樹を中心とした和歌のグループを桂園派という。桂園派は明治時代まで勢力を保ったが、、その一派に対して、正岡子規が「歌詠みに与ふる書」の中で古今調を排して、万葉集の写実を尊重した「写生」を唱えた。景樹は、歌人としてのみならず、文学史の上からもなおざりにできない作家だ。

景樹の字は、こじんまりとしていて、気品のある字だ。景樹の短冊を中心に置いて、俳人や歌人の短冊を並べた屏風を作った。

疲れた時に、この屏風の前に立つと、妙に心が落ち着くのを感ずる。

静岡の古本屋からは、「古書通信」で新聞の挿し絵の原画を何枚も手に入れている。戦前の日本画家の新聞の挿し絵は、筆に勢いがあり、物語の場面を的確に捉えたすばらしい作品が多い。小村雪岱、山本武夫、岩田専太郎、志村立美、名前をあげても、君たちの知っている作家はいないであろう。しかし、かつては新聞小説は挿し絵の魅力によって部数を増やし、挿し絵を楽しみにして新聞を購読している人が多くいた。

朝日新聞に昭和十二年から掲載された永井荷風の「墨東綺譚」は、木村荘八の挿し絵の魅力によって、満都の読者をわかせた。川口松太郎の「蛇姫様」の成功も岩田専太郎の挿し絵の力に与るところが大きい。川口松太郎に「飯と汁」という自伝的傾向の強い作品がある。飯は小説を、汁は挿し絵のことを例えた表題で両者はきってもきれない関係にあることを言っている。

大阪にKという古本屋がある。この店から新聞の切り抜きを「古書通信」で手にいれた。戦前、戦後十年間の大阪毎日新聞の新聞小説を一日もかかさず切り抜いたものである。菊池寛の「西住戦車隊長」がある。石川達三の「風にそよぐ葦」がある。それが、切り抜かれて、きれいに揃えてある。


新聞を切り抜いたのは、和歌山の人である。十年間、一日もかかすことなく、来る日も、来る日も新聞小説を奇麗に切り抜いていく。なんという根気だ。新聞の切り抜きを作った和歌山の人の、その継続力と根気の強さには、ただ驚嘆するばかりであった。十年間、切り抜きをつくるということを続けた意志と努力には、ただ敬服するだけであった。

一年間、新聞の切り抜きを続けることだけでも、並はずれた根気を要する。たいていの人は、途中で切り抜くのを忘れてしまったり、用事ができて心ならずも諦めてしまうだろう。それをあくことなく続けた、その無償の情熱が非常に尊いものに思われた。

新聞の切り抜きが作られたのは、太平洋戦争の最中である。世の中全体が日本軍の勝利を信じて、軍靴の高らかな響きに喝采を送っていた時代である。国民が沸き立っていたのは、戦争の初期だけであり、長引くに連れて、米軍の空襲に脅えていた時代である。

そんな時代に戦争と関わりなく、来る日も、来る日も、新聞小説の切り抜きを作る。およそ戦争と関係のない、世の中の動きに背を向けて新聞小説だけを切ってゆく、その無償の情熱に和歌山の人を駆り立てたものは、いったいなんであろうと思った。

新聞の切り抜きを作るという無償の情熱は、戦争に対する一つの意思表示ではないか。戦争とかかわりなく、自分一人だけの世界に籠もり、自分だけの宇宙に生きる。

それは、一つの反戦の意思表示ではないか。新聞の切り抜きを見ていて、和歌山の人の孤高の生き方が強く伝わってきた。


（一九九七・五・一四）

## 火車

芥川賞が京都大学在学中の平野啓一郎に決定しました。デビュー作が、そのまま芥川賞を受賞するという希有なことから、文学の世界の話題を越して社会的な事件の様相を呈しています。

話題作が「文芸春秋」の今月号に、掲載されています。さっそく本屋に立ち寄り購入してきて読み始めました。まったく面白くありません。なぜ、この作品が芥川賞なのか疑問すら感じました。

人生や社会が描かれていない文学は、文学ではないという極端な観点から言えば、この作品には不満を覚えます。

毎年、芥川賞の掲載される「文芸春秋」と直木賞の掲載される「オール読物」の、二つの雑誌が発売されるのを楽しみにして待っています。

芥川賞は読みましたが、直木賞の方は、まだ「オール読物」が発売されていないので、読んでいません。


今年の直木賞の受賞者は宮部みゆきです。

宮部みゆきは昭和三十五年生まれですから、今年三十七歳になります。新聞に連載小説を掲載するなど若手の中ではもっとも活躍している女流作家です。直木賞の受賞によって時代の寵児となったといっても過言ではないでしょう。「本所深川ふしぎ草紙」のような時代小説、「レベル7」のような推理小説と領域の異なる分野に挑戦をし、それぞれ水準以上の優れた面白い作品を書き上げています。


本屋に立ち寄り宮部みゆきの小説を何か一冊読もうと探しました。

「年間貸し出し額六十兆円、個人の貸金比率世界一のクレジットカード王国日本。その結果の百万人とも言われる破産予備軍、襲いかかる美味な情報に破れ、富の川を流されていく『生きている幽霊』の素顔！」こんな帯の文句に惹かれて一冊の本を買いました。「火車」（双葉社）という本です。わずか百字たらずのコピーで大量の書物の洪水の中から一冊の本を選択させ、購入させるのですから、書物の帯の文句もけっして侮ることはできません。

六十兆円という貸出総額、百万人という自己破産者、その具体的な数字にまず驚きました。読んでみたいという魅力を強く感じました。クレジット社会といわれる時代にふさわしい具体的な数字に圧倒されました。ローン地獄といわれている現代の社会状況を数字によって巧みに表現した優れたコピーの書き出しだと思います。後半部分は極めて抽象的な表現によって、カードに振り回され貸金を重ねて追い詰められていく現代人の哀れな実態を述べています。

今まで読んだ宮部みゆきの小説の中で、この「火車」はもっとも良いできの作品で彼女の代表作となる小説だと思います。この小説は帯に書かれているように、カードで追い詰められた女性が、自己破産をします。そして、同じような境遇の女性を失踪させ、殺害をするというストーリーです。推理の謎解きトリックやプロット（筋）にはややもの足りない点を感じます。

しかし、この小説に感心したのは、現代という時代の恐ろしい実態を、ごく普通の女性たちが金銭に追い詰められて破滅をしていく姿を通して描いている点にあります。昭和三十年代に推理小説ブームを起こした松本清張の「点と線」、水上勉の「海の牙」、高木彬光の「白昼の死角」の線上にある社会派ミステリーに属する作品であると「火車」はいえるでしょう。

この小説の題名の「火車」とは、もともと仏教用語で、「地獄で死人を運ぶという火の燃えている車」のことです。それが転じて、経済状態の苦しいこと、生計のやりくりに苦しむことの意に使っています。貸金に追い回される状態は火の車に乗せられて、地獄に送られるような酷いものであるということでしょう。消費者金融（サラ金）が一時期、大きな社会問題になりました。高利な金を借りて払えなくなり、一家離散をする人も多く出てきました。サラ金の規制法が敷かれた一九八三年をピークにクレジットやローンによる破産やトラブルは減少してきましたが、クレジットやカードの急激な普及で支払い能力を超えた安易な使用により破産に至るケースが増加しています。カード一枚あれば何でも買える時代です。人間の欲望には限度がありません。知らず知らずのうちにカードで買い物をしているうちに思わぬ金額になり返済不能になっていきます。クレジットカードの発行枚数は一九九〇（平成二）年度末で、一億八七〇〇万枚です。この枚数は赤ちゃんから寝たきりの老人まで含めて人口一人当たり約一・五枚持っていることになります。世帯数は約四千万世帯ですから、一世帯あたり四・七枚持っていることになります。カード時代を象徴するかのように、テレビではクレジット会社のコマーシャルが盛んに流れています。無人の部屋で誰に見られることもなく、簡単に多額の金銭を借りることができることを巧みに宣伝しています。街ではポケットティッシュが無差別に大量に配布されています。クレジット会社の配るティッシュがその中の大部分を占めています。ある会社が配布しているポケットティッシュの中に、カードローンの申し込み用紙が入っていました。この申し込み用紙に記入し、郵送するとカードが戻ってくるそうです。カードがあればＣＤ機でキャッシングができるようになっています。利率は二五％、遅延利率は三九・五％です。今、銀行の普通預金の利率は〇・一％です。クレジット会社の貸出し金利は、銀行金利に比べて二五〇倍から三九〇倍の高利になります。借りることは簡単ですが、返却する時には金銭が足りなくて借りただけに大変な負担になります。カード破産をする人は若い女性に多いようです。なぜ若い女性に自己破産の件数が多いのでしょうか。それは流行のブランド品に対する異常な関心の強さです。二、三年前までは横浜のＫという会社の鞄や財布を持つことが流行していました。しかし、今では何万円というグッチやヴィトンやプラダの鞄が流行しています。海外旅行に出かけて、若い女性が流行品を買いあさっている姿をよく見かけます。流行のブランド品に目の色を変えている高校生は必ず卒業してから買い物ツアーに出かける人になります。

自分で支払える範囲内で買い物をする分にはかまいません。しかし、自己破産をするまで買い物をする人は心を病んでいる人としか言いようがありません。「火車」を読んでいて、現代社会の底知れぬ闇の世界の深淵を覗き見たような思いがしました。金銭に振り回される人間になってはいけません。

直木賞の発表とともに宮部みゆきの本が書店に多く並んでいます。どの小説を読んでも面白い作品ばかりです。一読することをすすめます。読書は人間と社会に対する目を育ててくれます。

（一九九九・二・一七）

## 十二人の怒れる男たち

先日、金山の市民会館で「十二人の怒れる男たち」という芝居を見てきました。この芝居には幕間の休憩時間がありません。しかも、登場人物の十三人のすべてが男性ばかりです。長椅子が置いてあるだけの非常にシンプルな舞台装置の中で山本亘、浜田寅彦という芸歴は長いが、けっして有名とはいえない俳優たちが、二時間を超すあいだ、丁々発止と台詞の白熱したやりとりをします。

地道な舞台ですが、見終わった後に、清々しい感動が残りました。いつまでも快い余韻にひたることができました。

「十二人の怒れる男たち」の舞台は、一人の少年の父親殺しという容疑に、有罪の宣告、死を与えるか、無罪の評決を提出するかの刑事陪審のシーンで終始しています。登場人物十三人のうちの十二人が陪審員で、残りの一人が看守です。

この芝居では陪審員はすべて男性の白人ばかりです。陪審員として女性が登場するようになったのは一九五七年からです。原作者のレオナルド・ローズが、この芝居を書いたのは一九五四年のことですから、舞台は女性の登場しない男性ばかりの舞台となっています。現在ではアメリカの陪審員は十二人中、女性陪審員が過半数を占めることが多くなっています。

陪審制度は英米人が「自由の防塁」として誇りにしている古い制度です。無作為に抽出した一般市民が一定期間、陪審員候補者に指定され、具体的事件の時、五十人、百人と無作為抽出で法廷に召喚され、その中から十二人が陪審員に選ばれます。

陪審員は出廷した日から評決の時まで、缶詰になって帰宅を許されません。評決は全員一致が原則になっています。

陪審員は法廷の証人尋問を検察、弁護、それぞれの陳述を聞いて陪審室に入ります。陪審室に入った陪審員は、勝手に部屋から出ることはできません。また、この部屋での論議の模様は誰も傍聴することはできません。

舞台は、最終陳述が終わり、十二人が陪審室に入ってきたところから始まります。父親殺しの容疑をかけられた少年の罪は、状況から判断して疑う余地はないようです。十二人の男は名前を明らかにされません。陪審番号で呼ばれます。陪審室は少年の有罪は間違いないという空気で支配されています。難しい議論をしなくても、すぐに帰宅できると少しうわついた雰囲気になっています。

高校のフットボールのコーチをしている陪審員一号が会議の司会をします。二号・三号・四号とすべて少年は有罪であると主張します。五号・六号・七号も同じ意見です。七号は早く評決が終わって野球を見に行くことだけを考えています。

八号が「無罪」と発言したために、ざわついていた席が一瞬静まりかえります。「なぜだ」他の陪審員は八号に向かって叫びます。

八号は「もし、私たちの下す評決が間違っていたら、どうしますか。あの少年は死刑になるのです」と言います。他の陪審員は「こんな明白な事実があり、有罪に間違いない」と八号を詰問します。

全員一致で有罪の評決をして、すぐに帰宅できると思っていた陪審員は八号に対していらだち、怒りを表します。

しかし、八号は「一人の少年の生命がかかっているのです。よく考えましょう」と動じる様子はありません。

長い時間をかけて八号は、目撃者の証言に信憑性のないことを説明します。少年の当時の状況が八号によってしだいに明らかにされていきます。

八号の説明によって、評決は一人、二人と少年の無罪の方に傾いていきます。

夜が白々と明ける頃、全員一致で無罪の評決に変わりました。

少年の無罪になっていく過程が非常にドラマチックで固唾をのんで舞台に見入っていました。


この芝居は、アメリカの陪審員制度を通して、真実を見極めることがいかに大切かを教えてくれます。

少年の生命を救うために徹底的に議論をする八号の姿を通して、社会正義に対して深く考えさせられました。


アメリカのような陪審員制度は日本にはありません。日本では裁判所の判決がすべてです。陪審員制度のある英米と異なり日本では裁判所の使命と責任が非常に大きいといえるでしょう。

重い責任と使命が裁判所に課せられているために、日本の裁判の組織と制度は複雑になっています。

日本の裁判所の組織は最高裁判所と下級裁判所に分類されています。下級裁判所は高等裁判所・地方裁判所・家庭裁判所・簡易裁判所の四つに分かれています。

地方裁判所（第一審）から高等裁判所（第二審）に、そして最高裁判所（第三審・終審）による三回の審議が基本となっています。通常の事件は、このルートで審理されます。

家庭裁判所は離婚や相続などの家庭に関する問題や少年法に関する事件について地方裁判所の代わ

りをします。

簡易裁判所は小額の事件（三十万円を超えない罰金）、軽微な事件（罰金以下の事件）について第一審の役割を果たします。罰金以下の事件とは罰金（四千円以上）、拘留（一日以上三十日未満、身体の自由を拘束して拘置場に留置すること）、科料（二十円以上四千円未満）に相当する事件です。

陪審員制度のない日本の裁判所は絶対的な存在であり、裁判官の使命は極めて重いものがあります。

（一九九八・五・一一）

## 星影のワルツ

三月の春休みに、南修造コンサートを聴くために美和町公民館に出かけました。コンサートの合間に舞台と観客とが一体となって星影のワルツを合唱しました。

別れることは辛いけど
仕方がないんだ　君のため
別れに星影のワルツを歌おう

冷たい心じゃないんだよ
冷たい心じゃないんだよ
今でも好きさ　死ぬほどに

遠藤実が作曲し、千昌夫が歌ったこの歌は、今でもNHKの「のど自慢」でよく歌われています。数十年前に流行した歌ですが、今も歌い続けられているのは、なぜでしょうか。遠藤実の曲のすばらしさもあるでしょう。千昌夫の歌唱力もあるでしょう。そして、何よりの理由は、歌詞のすばらしさにあるのではないでしょうか。愛する人と心ならずも別れなければならない悲しみが、歌詞にはせつせつとこめられています。

愛する人が、結婚をする、愛する人が遠い地に離れていく、そんな境遇の恋人たちが、この歌を歌って自分たちの運命をなぐさめあったこともあるでしょう。

この歌を愛する人の前で歌い、それとなく別れの意志を告げて、去っていった人もいるでしょう。歌にドラマがこめられているように、一つの歌もさまざまなドラマを巻き起こします。

しかし、この歌は不思議な歌です。なぜ別れなければならないのか、その理由は書かれていません。なぜ、君のために別れなければならないのか、それもわかりません。別れは、せつないものだということしか、伝わってきません。

なぜ君のために別れるのか、その答えは歌詞には書かれていませんが、この歌の作られた事情によって明らかです。この歌の作詩者は部落の出身の方です。

部落出身であるがゆえに、愛する人と心ならずも別れる、その悲しみが、この歌には凝縮されています。

「星影のワルツ」の作詩者は、今、病の床についてみえます。美和町公民館で、会場が轟くほどに全員で、「星影のワルツ」を歌ったのは、作詩者が一日も早く、快癒されることを願ってのものでした。

カラオケで、何度も「星影のワルツ」は歌っています。この歌を口ずさむと、そこはかとなきロマンチックな気分にかられます。しかし、公民館で合唱を聞いていて、なぜか慄然とした思いにかられました。

現在も部落は、全国に点在しています。そして、そこに住む人は「星影のワルツ」のように、被差別部落の出身であるがゆえに愛する人と別れなければならないという現実もあるということです。その事実に対して、戦慄を感じました。

五月十三日の朝日新聞の朝刊を開くと一つの記事が目にとまりました。福岡県春日市で開かれていた部落開放同盟の第五十五回全国大会で新委員長に組坂繁之氏を選出したという記事です。新聞の「ひと」欄には、彼のことが次のように紹介されていました。

「運動をはじめたのは二十代後半だった。福岡県小郡市で八人兄弟の五番目に生まれ、『寝た子を起こすな』の雰囲気で育った。高校時代、ガールフレンドが部落出身を理由に離れていった。読書好きの文学青年は、大学卒業後は外国行きを夢見た。『当時は丑松的な考えがありましてね』。丑松は島崎藤村の小説『破戒』の主人公。被差別部落出身を隠し、暴かれると米国に逃れる。しかし、外国へは行かなかった。結婚差別にあった若者が相談に来たが、何もできずはがゆかった。地元教師らと勉強を重ねるうち、『部落差別は宿命じゃない。運動で変えられる』と思ったのだ。」

部落差別は宿命ではないという発言には、何か重々しいものを感じます。なぜ、このようなことが起こるのでしょうか。部落のみなもとは江戸時代にまでさかのぼります。江戸時代には士農工商という身分制度がありました。君たちに、士農工商の階級的な差別をつきつけて、どのように思うかと尋ねたら、陳腐なことと一笑に付すことでしょう。

この陳腐な身分制度のさらに、その下に幕府は「えた・非人」という階層を作りました。自分たちのさらにその下に、低い階層のものがいるという差別意識を利用して、優越感を持たせ、幕府への批判を封じようとする意図からです。

明治維新とともに士農工商の身分制度は廃止されました。一八七一（明治五）年政府は太政官布告を出して、えた・非人の呼称を廃止しました。しかし、このとき政府は部落を開放する具体的な施策を何一つ行わなかったために、部落はそのまま残ってしまいました。憲法では法の下の平等が保障されています。しかし、現実には星影のワルツのような悲劇が起こっているのです。今日の講演を聞いて、人権とは何かを、よく考えてください。高知県同和教育研究協議会「かいほう」に次のような詩が掲載されていました。よく読んで、差別について考えて下さい。

## お姉さんへ　村越　洋子

一年前結婚したお姉さん。しあわせでしたか。そして、今、しあわせですか。
お兄さんとの結婚を　部落民だということで反対されたお姉さん。
自分自身の人格もみてもらえず部落民だと反対された。
それでも、あきらめきれずにお姉さん、がんばりましたね。
お兄さんの両親に　手紙を書いていたうしろ姿
なんとかわかってもらおうと　その姿の真剣だったこと　わすれません。

結婚式にもお兄さんの両親は　出席しませんでした。

くやしかった。悲しかった。

思い出すたびにいかりが胸にこみあげてきます。

けれど、お姉さん　あなたは、たえました。くやしかったでしょう。

部落に生まれたことを　どんなにのろったことでしょう。

わたしの何倍も……。花嫁姿は、きれいでした。

しあわせだったでしょう。そのときは。

けれど、暗い思いが　どこかにあったでしょう。なにか、わりきれないものが。差別をして何の
価値があるのでしょう。差別をする人は何もわかってないよね　お姉さん、そう思いませんか。

今は、お姉さん、ほんとに、しあわせですね。
お兄さんと、二人。

道端にならんでいる二つの石のように　なかよくいつまでも……
よかったね。よかったね。

（一九九八・五・一四）

## 「餓死日記」

外国の話ではない。食料不足の終戦直後の話でもない。新聞を開いて「餓死」という文字を見たとき、思わず、わが眼を疑いました。飽食の時代の現代でも、餓死をする人がいるという事実に深い衝撃を受けたのです。新聞には、次のように載っていました。

「警視庁池袋署によると、親子が餓死していたのが見つかったのは、今年四月二十七日。何冊かのノートに書かれた日記は箪笥の引き出しから見つかった。『とうとう今朝までで食事が終わった。明日からは何ひとつ口にするものがない』（三月十一日付）などと苦しい生活ぶりや、区に相談しにくかった、との心境を記す部分もあった。」

餓死したのは、東京都豊島区池袋本町のアパートに住む七十七歳の母親と、四十一歳の息子でした。

二人の遺体が発見されたのは、最後の日記から約一ヵ月半も後のことでした。母親は台所で仰向けに倒れ、息子は布団の中で死んでいたそうです。部屋はきれいに片づけられていて、覚悟の死であったことをうかがわせます。

父親が死亡し、寝たきりの息子を抱える母親は、生活費約一万五千円で、貯金をきりくずしながら暮らしていました。

大学ノートに書かれた日記は、なぜか公開されませんでした。豊島区にとって都合が悪い内容が書かれているから公開しないのではないかと、不信感が区民の間に広がり、六月十日から、その日記が公開されることになりました。

「週刊文春」の六月二十七日号に、その「餓死日記」が掲載されました。

収入は二ヵ月に一度、母親に支給される約八万円の年金だけです。家賃が八万五千円ですから、親子二人が生活していくことは、できません。貯金が日に日に底をついていく様子が日記に詳細に書かれています。そして生活の緊迫と比例するかのように、病気の方は悪くなる一方です。

目を覆いたくなるような記述もありました。一九九五年の七月三日の日記には「朝食の時、吐き気がしたところ、みみず色したはしほどの太さで二十センチ以上ある虫がでた」。

こんな状態でも、医者にかかることもできない。忍び寄る死と戦う気力さえも湧いてきませんでした。

「現状は人間生活ではなく、動物以下の生活で、だれも本当にしないような毎日で、風呂は私は十年ほど入らない。子供は十五年ほど入らない。身体もぜんぜん二人ともふかない。髪も十年ほど洗わない。洗濯も七、八年ぜんぜんしない。電気も昨年からほとんど大きいのはつけないで、豆電球だけである。ガスも昨年からお茶の湯だけを、一回か二回沸かすだけで使わない。節約されるだけしても、食事代は少ししか使われない。ご飯やめん類やおかず等、食べたいが、昨年からほとんど食べられない。軽いお菓子等で一時お腹をふくらせてはいるが、子供も私もひもじくてガマンしているが苦しい。」

これは一九九六年一月十一日の日記です。そして最後の日記は、「子供が先に死ぬのではないかと心配である。一緒に死なせていただきたい、後に残ったものが不幸だから」と書いて終わっています。

週刊文春の「餓死日記」を読んでいて、週末、旅の宿で読んだ一冊の本のことが思い浮かんできました。沢木耕太郎の『人の砂漠』(新潮文庫)という本です。この本には、一九七五年、七十八歳で亡くなった一人の老女のことが記されています。

沢木耕太郎は「ミイラの兄と一年半。老女も餓死」の新聞記事を見て、その老女の過去に興味をもち、その過去を洗い出します。

その老女は、実兄が死んでも葬式を出す金もなく、死体とともに生活をし、自らは餓死し、兄はミイラとなってしまいました。

池袋の老女と『人の砂漠』に記載されている老女は、それぞれ大学ノートに細かく日記を書いています。切迫した様子が、日記を読むことによって、手に取るようによくわかります。

生きるとは、こんなに辛いことでしょうか。こんなにせつないことなのでしょうか。そんな思いを強く持ちました。『人の砂漠』とは、なんとも象徴的な題名です。大都会の華やかなネオンの下で、明かりもつけずに、ひっそりと息を殺すように人目を避けてする暮らし。それは砂漠の中に、ひとり取り残された生活だったでしょう。乾き切った非情な都会に、心やすらぐオアシスはなかったのでしょうか。

年金を細々と使いながら耐乏生活をしている老人は、現在も何百万人いるかわかりません。その老人の中には、餓死寸前の老人も、何人もいらっしゃるでしょう。

君たちの中にも、福祉に興味を持っている人が多くいることだと思います。福祉とは、餓死した二人の老女のように、人の砂漠で生きている人に救いの手を差し伸べることだと思います。

スリムな体型にするために、ダイエットをしている人が多くいます。女子高校生むけの、その種の本も多く出ています。

しかし、餓死した老女のように、食べるものもなくて、都会の中でひっそりとアパートの中に閉じ籠っている人が多くいることをわかってほしいと思います。

ダイエットをして、スリムな体型になった君たちも、いつかは年老いてゆくのです。身寄りもなく、明日の食事を心配しながら、ひっそり生きねばならない日がやってこないとは限らないのです。

（一九九六・六・二七）

## 梅雨の頃

庇を打つ雨の音で目を覚ましてしまった。今日も雨だ。新聞を取りに玄関に出かけ、庭を見ている。そんなに強い雨ではない。傘を差し、下駄をつっかけてそのまま庭に出た。

ぼくの家は古い農家だ。庭には樹齢を重ねた木が何本もある。自慢できるものも、人に誇ることができるものも何一つ持っていないぼくであるが、庭の三本の木だけはどこにも負けない立派な木だ。家に初めての客が見えた場合は、まず庭の中心にあるクロガネモチの下に案内する。庭木には、カリン・カシ・マンサク・センリョウなどのように金銭を貸借しないで、貯蓄ができるようにとの願望をこめ、縁起の良い名前の樹木を植える。モチの木もその典型であるが、ぼくの家の場合は軒の傾いた離れの側に立っているのは、なんとも皮肉な感じだ。モチの木は、何年か前に春日井市の保存樹木に指定されて、仰々しくプレートがはめられている。ぼくの父の代にもあった、祖父の代にもあったというから、樹齢は百年を優に超しているはずだ。高さも三、四十メートルはあるだろう。雨に打たれながら、堂々とそびえている姿は、なかなか立派なものだ。

このモチの木には、赤い小さな実が無数についている。実を狙ってムクドリが、モチの木から離れない。ムクドリの食べ残しの種が地面に落ちて、庭には地生えのモチの木が何本も生育している。

モチの木はぼくの家の歴史の証人だ。平々凡々とした、取るに足らない来し方であったが、それでも人生の悲哀、苦渋ともいうべき場面にはなんども直面した。そのたびに、このモチの木を仰いでなんど勇気づけられたかわからない。

モチの木の植えてある奥は、昔小さな藪があったところだ。そこに大きな桑の木がある。養蚕をしていた頃の名残りの木だ。葉は大きく青々としていて、なかなか美しい。近くの幼稚園で蚕を飼っているのであろうか。園長先生が時期になると葉を取りにみえる。


三本目の自慢できる木は梅だ。樹齢三、四十年はたっているであろう。幹は苔むし、枝は四囲に広く張っている。早春、花の咲く頃はなかなかみごとな眺めとなる。カメラを持って写真を撮りにみえる方も何人かいる。

今朝は梅がどれだけ大きくなっているか見に来た。足元に大きな梅が四つ五つと落ちている。今年は梅の当たり年のような感じだ。いくつもの梅が枝いっぱいに実っている。雨のしずくが葉の間から落ちる。すきまに、所狭しと並んでついている梅は青々として、清々しい感じだ。

青梅を食べるとおなかをこわすと小さい頃から言われ続けているから、近所の子供も梅を取りにやってこない。そのことを鳥も知っているのであろうか。あれほど庭でやかましく鳴いている鳥も、青梅の頃だけは、梅の木には近づかない。

「梅雨」とは、誰が名づけた言葉か知らないが、この時期の季節感を巧みに言い表している言葉だ。来週あたり、梅酒を作るために実を取ろうと思う。


梅雨の頃、学校では学園長室の前の坪庭が好きだ。廊下を歩きながら毎時間、雨の降り続く時期にはこの庭に目がいってしまう。雨に打たれた何匹もの鯉が気持ちよさそうに泳いでいる。梅雨時の鯉は、鮮やかな感じを受ける。蓮の葉の青と鯉の赤の尾ひれとのコントラストが良い。

京都の町家では、どの家にも狭い敷地の中に坪庭がある。なぜであろうか。茶道という日本の伝統文化との関連ではないかと考えていたが、どの家も茶道と関係を持っているわけではない。不思議なことだと思っていた。しかし、雨の降り続く学校の坪庭を見ていて、雨の日の無聊を慰めるためのものだという確信を持った。何もすることもない雨の日、ふと庭を見やると木々は鮮やかな緑だ。日がな一日、雨の日でも庭を見つめていれば心の鬱積が晴れる。こういう知恵が坪庭を作らせたのだ。


上から眺めていると紫陽花が雨をいっぱいに受けて、重そうな感じで咲いている。

雨に咲く紫陽花。それを見ていると、忘れることのできない一つの光景が浮かんでくる。

昭和三十五年六月の下旬であった。下宿の庭に咲く紫陽花の花を見て、ひどく無気力な虚脱感に陥っていた。

雨は降り続いている。今日も大学は授業があるかどうかわからない。この年、日本中は未曽有の大混乱に陥っていた。安保条約の改定をめぐって、国会や首相官邸へのデモが続いている。今では想像もできないことであるが、商店は閉鎖ストをし、大学では何回も集会を開き、教授陣を先頭に立てて国会への請願を繰り返していた。

六月十五日には、右翼の維新行動隊が国会前で学生・新劇人のデモに殴り込んだ。そして国会構内に全学連デモ隊が突入して警官と衝突し、多くの負傷者を出した。この騒動の中で東京大学の学生、樺美智子さんは死亡した。

翌朝の新聞に、樺さんの死亡した国会前に濡れている供花が載っていた。

一週間ほど大学は、物々しい雰囲気に包まれていた。

安保条約は改定され、岸首相は退陣した。大学はいつしか平穏となり、なにごともなかったように推移していった。

血と雨にワイシャツ濡れている無援ひとりへの愛美しくする

安保の時代、国学院大学の学生、岸上大作の詠んだ歌だ。「血と雨」は安保闘争を象徴させるものであった。怒号の中、雨にうたれてスクラムを組んだ。あの熱気はいったい何であったろうかと思う。

美しき誤算のひとつわれのみが昂ぶりて逢ひ重ねしことも

岸上大作は雨の降る日、自分は社会主義に殉じて死ぬのではない。片思いのために死ぬのだと書き残して自殺をしてしまう。

六月、下宿の庭に咲いていた紫陽花の花、雨に濡れている樺さんへの供花、岸上大作、その当時、流行した西田佐知子のアカシアの雨の歌、それらがとりとめもなく降る雨を眺めていると思い浮かんでくる。

雨に濡れている紫陽花、それは安保闘争の時代に学生生活を送った者には鮮烈に焼きついている青春を回想させる花だ。わずか一ヵ月ほどの騒動であったが、生命を燃焼させた唯一の時代であった。その後の挫折感とけだるさは、今も紫陽花の花とともに思い出す。

（一九九五・六・二六）

# 響く

# 待宵月

毎年、仲秋の名月の頃になると、今年はどこで月見をしようかと思案をさまざまにめぐらします。月見の名所があれこれと頭に思い浮かんできます。

養老の行基寺や更級の田毎の月など、山の斜面から平野の上に出た月を眺めるところが、月見の名所としては多いようです。

行基寺のすぐ下には、木曽川と揖斐川が流れています。田毎の月を眺めることのできる更級には、千曲川が流れています。石山の秋月として近江八景の一つに数えあげられる石山寺の下には、宇治川が流れています。

何ひとつさえぎるもののない眺望の中に、満月だけが中空に皓皓と輝いている、真昼のような月の明るさの中を、一条の川が銀色の輝きを放ちながらゆっくりと流れていく、そんな情景の所が月見の名所には多いようです。月だけが輝いてみえる、その広大な展望が月見の名所としては絶対的な条件なのでしょう。

そういう点からいえば、海辺の地も、月見をする場所としては適当かもしれません。小高い丘がある、そこから海の上に輝く月を見る。今年の月見は、どこか海辺に出かけて月見をしようと思い立ちました。

古くからの友人の先生四人と相談をして、蒲郡のプリンスホテルに出かけ、そこで料理を食べながら海上に出た月を眺めようということになりましたが、あいにく一人の先生が仲秋の名月の日に都合がつかなくて、その前日の待宵月を眺めることになりました。

それにしても「待宵月」という言葉には、名月に寄せる日本人の心情がよく表れています。十五夜の月を待ちわびる日の十四日の月、それを待宵月と呼ぶ日本人の月に対する愛着は、十五日が過ぎた後の月の呼び方にも表れています。

出ようか、出まいかためらっている十六日の月は「十六夜《いざよい》の月」です。月の出がやや遅いので、月の出を立って待っている「立待月」が十七日、月の出がしだいに遅くなるにつけ、十八日は居待月、十九日は臥待月となります。

これらの言葉からは、日本人がいかに月見という伝統的な行事を享受してきたかがわかります。

朝から雨がしとしとと降り続いていました。今日の月見はだめかもしれない、料理だけを食べに行くことになるのかと、いささか落胆していました。

学校を出る頃には雨もやんでいましたが、依然として曇り空です。月見は期待できそうにもありません。

兼好法師は「花はさかりに、月はくまなきをのみ見るものかは。雨にむかひて月を恋ひ、たれこめて春の行方知らぬも、なほあはれに情ふかし」と言っています。

桜の花は満開の花だけを、月は影もなく照り渡っているのだけを見るものであろうか。いや、そうではない。仲秋の夜、待ちわびた空を仰いで、雨に対して名月があったらと月を慕い、簾をたれこめた中に閉じ籠もって、うつろいやすい春の景色がどうなっていくのかも知らずにいるのも、やはりしみじみとした趣のあるものだという意味です。

今年の月は徒然草の中にあるように「雨にむかひて月を恋ひ」になるのか、そんな話をしながら岡崎インターを出て、幸田から山の中の道を車を走らせていきました。

対向車と一台も出合わない、ひっそりとした山道です。霧が流れています。両側の秋草もしっとりと霧に濡れているような感じがします。

道はなだらかな下り坂にかかります。白い靄のように霧が立ちこめている、その向こうに海が見えてきました。海はかすかに赤く染まっています。厚い雲の透き間から夕日がさしているのです。この様子だったら月を見ることができるかもしれないと、かすかな期待を抱いてホテルに入りました。

格式のあるホテルだけに、背広姿でネクタイを着用していないと食堂の中に入ることはできません。ワインを飲み、フランス料理をいただきながら話に花が咲きました。

眼下に竹島が見えます。竹島まで架けられている橋の両側には、灯火がつけられ、それは灯りの回廊のようにして竹島まで続いていました。竹島の向こうに漁火が、かすかに点滅をしながら点在しています。ホテルの右手の暗い森の茂みの向こうには、蒲郡の街の夜景が広がっています。

二時間ほど食事をして、ホテルの中庭に出ました。空は晴れわたり、満天の星が空に瞬いていました。中天には待宵月が上っています。松の根元の茂みからは、騒々しいほどの虫の合唱が聞こえてきます。僅かに残された生命の喜びを、精一杯に歌っているように、それは夜の静寂に流れていきます。

海辺に出ると、静かな鏡のようにないだ海に真ん丸な月が浮かんでいました。いつまでも、ぼくたちは、その月を無言で見つめていました。美しいものの前では、人はいつでも無口になるもののようです。

（一九九六・一〇・一）

## 琵琶峠

楓の木が真っ赤に色づいています。何本も植えられている楓の大木が色づき、えもいわれぬ美しさでした。国道十九号線を走って、釜戸から中仙道の大湫の宿に抜けようとして、この光景に出会いました。長い車の列が連なる十九号線を抜けて、山道に入ると車は一台も通りません。車が高度をあげて、山に入っていくにつれ、秋色は深まり、紅葉はいよいよ美しくなります。

竜吟湖の近くまで来て、車を停めました。楓の色づいた葉が一面に舞い散ってきます。鮮やかな秋の彩りに、すっぽりと道は包まれ、楓のトンネルの中を歩いているようです。

道の下を流れている渓流の水音が聞こえてきます。鳥が思わぬ珍客を迎えて、あわてて鳴きだし始めました。

まわりの山肌という山肌は朱色と黄色とに、まぶしく輝いています。わびしい色、華やかな色、輝く色から、くすんだ色まで、さまざまな色が競演しています。この色彩の一大交響曲は圧倒的な迫力でぼくを魅惑します。

遠く、くすんだように流れる霧の上に、なだらかな山裾の恵那山が浮かんで見えます。ここにいるのは、ぼくひとりだけです。ひどくぜいたくな気分になってきます。

山道を登り切ると大湫の宿です。日本橋から数えて四十七番目の中仙道の宿場街として、かつては栄えた所です。今は青々とした田圃が続き、江戸時代に何人もの供を連れての道中が行われていたことが、うたかたの夢であったかのように静まりかえっています。今もその華やかな行列が語り継がれている、和宮ゆかりの本陣跡も、ここに残っています。

大湫から琵琶峠をめざして車を走らせました。東海自然歩道に入る手前の所で、車を停めました。車を降りて、自然歩道に入ると、一里塚がありました。「江戸へ九一里　京都へ四六里」と書いてあります。今の道路標識に比べると、ひどくのどかな感じを受けますが、それでも昔の人は、この標識を見て、はるかな道のりを偲び、これからの旅への思いを強くしたことでしょう。

自然歩道を登って来る人がいました。細久手から歩いてみえたそうです。足取りも軽やかに琵琶峠をめざして、登っていかれます。ぼくも、その後を追って、ゆっくりと石畳を踏みしめて登り始めました。ここの石畳は、自然の丸石をそのまま土の中に埋めこんだようで、いかにも山道の石畳らしい素朴な感じを受けます。

石畳が尽きると金茶、焦茶、朽葉をないまぜた落ち葉が分厚く積もって、ふかふかとした絨毯のような道に変わります。

中仙道の難所といわれた琵琶峠を越えることには、江戸時代の旅人も難渋したことでしょう。

峠の上に着きました。碑が立っています。

「なほ琵琶坂をのぼること数歩、琵琶峠といふ。道に石多し。山の頂きより見ればもろもろの山遠く見わたさる。ここよりは尾張伊勢の海の見ゆといふ。」

江戸時代に狂歌で名をはせた蜀山人、大田南畝の紀行文「壬戌紀行」の一節が刻んでありました。

峠の上から、さまざまな色に鮮やかに色づいた木々が見えます。その向こうにはひっそりと数軒の家並みが並ぶ細久手の部落が見えます。かつては、白山も、御岳も、伊勢の海も、この峠の上から見えたということです。

赤と黄の紅葉もあでやかですが、琵琶峠は杉や檜の常緑樹の中に蔦や楓の赤色、黄色が色をそえて、いっそう彩りも濃く、華やかです。

大田南畝は大坂の銅座の役人でした。享和二年、三月二十一日に大坂を出発し、この琵琶峠を越えたのは、二十七日のことでした。今のあわただしい旅から比べれば信じられないほどのゆったりとした旅行です。

東海道は大井川の川越えなどあって女性には敬遠され、大名の姫君の旅などは、どちらかというと中仙道を通って江戸に出かけたようです。姫君の行列がこの琵琶峠を越していく図は、今ではまったく想像することができないほど、道は荒れ果てています。街道が人から見放された時、みるみるうちに廃道となり、草木が生い茂るままになってしまいます。中仙道はそんな人為のはかなさを教えてくれます。自然だけは錦繡の紅葉に埋もれる秋から、めまいするような新緑の息吹の春へと、死から生への再生をくりかえしています。

琵琶峠の紅葉が、なぜひときわ印象的に目に焼きつくか、それは自然の営みと人の営みとのコントラストによるものでしょう。

琵琶峠からの帰途、峠から眺めた細久手の宿に行きました。細い坂道沿いに古い家並みや、赤壁の土蔵の家が軒を並べています。ウダツの上がった屋根の大黒屋は百四十年前と変わらず、今も旅館を営んでいます。

大黒屋の横の道を上がり、庚申堂に行きました。真っ赤な紅葉で、堂はうずもれていました。縁に腰をおろして、一望の下に見わたせる細久手の宿をながめていました。どこからか時ならぬ鶏の声が聞こえてきます。

人の世は変われども、ここだけは過去の歴史のままに残っているようです。

（一九九六・一一・一二）

# 霧の海

深い霧の海の中から中国山脈が、まるで波の中に浮かぶ小島のように突き出ています。上空は雲一つない快晴です。眼下には果てしなく霧の海が続いています。遠くの霧は入道雲のように、固まって湧き出ています。近くの霧は白く澄んだ波のような感じを与えます。太陽が霧の中から顔を出しています。一瞬この情景を見た人は、飛行機の窓から雲海を見たような錯覚に陥るでしょう。しかし、外界をすっぽりと包み隠しているのは、まがうことなく霧です。それは雲と違って、柔らかく美しい絹の布を敷きつめたような感じです。

眼の前に見えるのは、小島のような中国山脈の山々と霧だけの情景です。じっとその霧の海の醸し出すなんともいえない神秘的な情景に見入っていました。

ここは、広島県の三次の高谷山です。ぼくは高谷山の山頂から三次盆地をすっぽりと霧が包んでいる幻想の世界に圧倒されています。霧は、しだいに下から上に湧き上がってくるようです。それは、遠くに見える島々のような山が霧の中に一つ、二つと消えていくことによってもわかります。

ぼくの隣では運転手のTさんが息を弾ませています。高谷山は標高五百メートルあります。三次の街から三百メートルほどの高さを、Tさんは一気に車を運転してかけ上がってきました。曲がりくねった山道をかなりの速度で、一刻も早く山頂に着きたいと車を走らせてきました。

霧は外界から徐々に上に昇ってきます。山頂が霧に覆われては、幻想的な霧の海を見ることはできません。山道を必死になって運転しているTさんは、どちらが先に山頂に立つか、霧と競争しているようでした。

山道は、対向車とすれ違うことも難しいような細い道です。山頂近くは上りと下りに道はわかれていますが、Tさんは近いからと下り専用の道を逆行して頂上に急ぎました。

林道の中に車を停め、しばらく歩いて頂上から霧の海を眺めていたぼくの横に立つと、Tさんは、

「こんなにみごとな霧の海はめったにでません。よほど運がよいのです。いろいろな条件が重なって、美しい霧の海ができるのです」とおっしゃいました。

息を弾ませてまで夢中になって、深い見通しのきかない山道を運転してきて、美しい霧の情景を見せることのできた喜びで興奮していらっしゃいます。

「NHKの広島放送局が一週間かかって、三次の霧の情景を撮影しようとしましたが、あまりよい映像はできませんでした。二日も三日もホテルに泊り、早朝から霧を見に来る人もいますが、なかなか今日のような霧を見ることはできません。」

展望台でカメラをかまえているぼくの先客は、広島から来た四十年配の男の人です。ぼくとTさんの話を笑いながら聞いています。天気予報と気温をよく調べ、温度差が大きく、一番冷え込む今朝が霧を見る最高の条件だと、三時に広島を出て来たそうです。

Tさんの若い頃は、今日は霧が出そうだという時に、夜中から山に登り始めて山頂で夜明けを待ち、

霧の海の奇観を楽しんだということですが、車で登れる今は、広島県全域から花見や雪見のような感じで、この高谷山に霧見にみえるようです。

三次市は海抜が二百メートル近くあります。街の周囲に聳えたつ高谷山は五百メートル、比熊山は四百メートルほどの高さです。江の川、馬洗川、西城川の三つの川が巴をなして洲の上のこの山峡の街に流れ込んだ時、川の水面の温度がまわりより高くても、低くても、霧になるということでした。

三次の街は霧の海の中に沈んでいます。この海の底で人々は魚のように、じっと霧が晴れるのを待っているのでしょうか。山腹の木々は、赤や黄色に彩りも鮮やかに染まっていました。人が海の中の魚なら、色づいた樹木は海底の珊瑚というところでしょう。

ぼくが三次に来たのは、なんとしても霧を見たいという気持ちからでした。昨日の夜、広島から芸備線の急行に乗りました。漆黒の闇の彼方に、灯りが点滅しているのが見えました。その小さな灯りによって、列車がかなりの勾配を登ってきたのがわかりました。

三次の駅で降りましたが、街は眠ったように静まり返っていました。夜空に星だけが澄んで、冴えわたっていました。ひとり旅がその星を見ているうちに、ひどくせつないものに感じられてきました。

霧くらく　道路にふれり　顔向けて　つぶさに人と　いふがかなしさ

この街の生んだ歌人、中村憲吉の歌ですが、今朝は起きると街全体が、この歌のように霧の中にありました。さっそくフロントでタクシーを頼んでTさんに来ていただきました。

霧を見ながら、昨日からのそんなわびしさはあっさり忘れていました。はるばると遠い旅をやって来てよかったと思いました。

わびしい、せつない人の世の営みの中にあって、この幻想の世界を見ることのできたのは一期一会の喜びかもしれません。季節、時間、温度、すべての条件が整って、偶然にも出会うことのできた神秘の情景でした。

そしてなによりも、その世界に連れていっていただいたTさんに、心から感謝しました。

（一九九六・一一・六）

## 水琴窟

かすかに響いている音が聞こえてきます。あるか、ないかの音で、よほど耳を澄まさないと、その音を聞き分けることはできません。冷たい金属をたたくような音です。

ホンー、ホンーと響いています。さまざまな音が入り交じっている複雑な音色ではなく、雨垂れが軒先を伝って落ちるような単一の音です。音域の幅ではなく、単一の音の繰り返す強弱が、この音の魅力のようです。

市之瀬広太記念館に来ています。記念館には展示室が二部屋あります。二つの部屋の間は、廊下で繋がっています。その廊下の前に小さな庭がありました。「水琴窟の庭」とプレートには書かれています。

庭にはつくばいが置かれています。つくばいの前には、黒い丸い石が無数に敷きつめてあります。黒石は一メートル四方ほどに敷きつめてありますが、その周囲に、腰をおろすことができるように、御影石が二つ置いてありました。つくばいから、柄杓で水を掬い、手を洗いました。水が黒石を濡らすとかすかな音が響き始めました。しばらくかすかな音が続いています。水がなくなると、トン・トン・トンと間をおいて音は消えていきます。

黒石の下には、六メートルほどの深さの穴があります。穴の底には栗石が敷きつめてありその上に砂利が敷いてあります。砂利の上にはサム玉という小石が敷いてあるそうです。二・七ミリほどの水門から落ちる水滴が、水琴窟の中で反響し、その音がかすかに聞こえてくるのです。水琴窟とは、いみじくも名づけられたものです。琴の音色のように、澄んだ水の音は聞こえてきます。

柄杓で、なんども水を掬って、その音色を楽しんでいました。音色を楽しむというよりは、音があるかないかのようにして消えていく、その余韻を楽しんでいたといったほうがよいかもしれません。

水滴と水滴との間を聴きわけて、それを楽しんでいました。水琴窟とは、余韻を楽しむものだということがわかりました。余韻は、心を集中して、一つの音に耳を澄まさなければ味わうことはできません。何も考えず、ただ一つの音に心を集中する。そういう無我の境地を味わうことだと思いました。

水琴窟が、いつの時代から日本の庭に取り入れられたのか、くわしくは知りません。おそらくぼくが心を集中して、一つの音を聴き分けようとしたのと同じように、昔の人々も己を無にして、無我の境地に達しようとして、庭に大きな瓶を埋めて水琴窟を造ったのでしょう。それは日本人が筧の音を楽しみ、松籟を愛することと通じるものを感じます。

水滴の余韻を追っているうちに、限りない静寂が訪れたように感じました。水滴と水滴との間隙の無音、そのしじまを味わうために、水琴窟は造られたものでしょう。そのしじまを愛する心は、「わび」「さび」という日本文化のもとをなす世界だと思いました。閑寂の風趣の「わび」「さび」という概念は、水琴窟を愛する心にもっともよく表れているかもしれません。

「わび」の本来の意味は「思いわびる」「待ちわびる」の「わぶ」と同じで、満たされぬ状態の中で充実を願う痛切な情のことです。

考えてみれば、ぼくも市之瀬広太記念館に「思いわび」「恋いわび」てやって来たのです。けっして静寂を愛する風雅な情からではありません。

水琴窟の庭の、隣にある展示室の中に入りました。市之瀬広太の彫刻が並んでいます。「ものおもう」という作品がありました。裸婦が端座しているブロンズ像です。手は膝の上で組まれています。一見すれば、瞑想しているような静謐な像のように見えます。しかしぼくには、深い悲しみをこらえ、激しい想いにたえているように思えます。それは「ものおもう」の横に置かれている「オモイトドクマデ」と並べてみれば明らかです。「オモイトドクマデ」は裸婦が髪を梳いている像です。髪は身長と同じくらいの丈があります。自分の心を落ち着かせるようにし、一心に髪を梳かしている女性の像からは、恋のひたむきさが伝わってきます。

市之瀬広太の二つの彫刻作品の主題も「思いわび」「恋いわび」ている情であると思いました。

市之瀬広太記念館に来るとロビーに置かれた彼の代表作「浮島の幻想」の前に腰をおろし、いつも長い時間を過ごします。幻想的な裸婦の像を「思いわび」「恋いわび」て見つめています。

記念館を出て、ぼくを幻想から現実の世界に連れ戻す橋の上で立ち止まり、四方の山々を見渡しました。夏の初めに咲いていた合歓の花は散ってしまいました。夏の終わりには、ひまわりの花が、過ぎ行く夏を惜しむかのように記念館の前で咲きほこっているのが見えました。うるさいくらいに聞こえていた蝉しぐれの音も、今はありません。橋の下では、赤とんぼが何匹も飛んでいます。「秋」の「心」、「愁」のもの思う秋がやって来たようです。

（一九九六・九・一九）

# 随縁

中央線沿いの多治見、土岐、瑞浪の三つの街は古くから焼き物の街として栄えてきました。愛知県の瀬戸市の瀬戸物に対して、美濃焼と称せられる織部や志野の焼き物が、この地で桃山時代から焼かれてきました。

東濃の、この三つの街にはそれぞれ焼き物だけを集めた美術館があります。いつ行ってもひっそりとしていて、静かに鑑賞することができます。

この地に一館だけ、これらの公立の美術館と違い、私立の美術館があります。

土岐の陶磁器資料館から可児市の久々利の方に抜けていく途中、大萱という所にある豊蔵資料館です。豊蔵資料館は、昭和六十年、九十一歳で亡くなった人間国宝であり、文化勲章の受賞者である荒川豊蔵の作品を集めた記念館です。

十一月の紅葉の頃、この記念館は黄や赤のさまざまな色彩に彩られます。

紅葉の季節になるのを待ちかねて、この美術館に出かけるのが、ぼくの毎年の恒例行事となりました。

豊蔵資料館は、金、土、日の三日間しか開館していませんので、土曜日にそそくさと出かけました。

道路沿いにある駐車場に車を入れて、資料館の方に歩いていきます。資料館は森の中の高台にあります。森の中の木々はすっかり色づき、鮮やかな化粧をしていました。小川の水の音だけが森の中に響いています。

森の中の小道を歩いていくと茅葺きの家に突き当たります。生前、荒川豊蔵が生活をし、作品を制作していた家です。

この家に三度ほどお邪魔したことがあります。訪問の連絡も何もせず、突然にお伺いしました。荒川豊蔵にはこの家では逢うことができませんでしたが、息子の武夫の仕事場である水月窯では、高台を制作している所を見せていただきました。

もうずいぶん昔のことです。のどかなよい時代でした。

大萱のこの家では、留守を預かっているお弟子さんに、お茶を御馳走になり、作品を見せていただき、仕事場に案内していただきました。

豊蔵の生存中の信条であった来客者を大切にするという精神は、現在も生きています。この資料館は無料です。維持をしていくのは大変なことだと思いますが、昭和五十九年の開館以来、その方針は貫かれています。

なつかしい屋敷の横の石段を登っていきます。豊蔵の家が眼下に見えます。屋根は真っ赤な紅葉に埋め尽くされています。森が一望に見渡せます。森はナラやクヌギの黄葉とカエデやヤマハゼの紅葉が混ざりあって、絢爛たる眺めです。

豊蔵の家の庭にある柿も真っ赤に色づいています。

資料館の前のドウダンツツジも真っ赤な色に燃えています。

荒川豊蔵といえば桃山時代の志野焼を現代に復元した人として知られています。

庭のドウダンツツジを見ていて、豊蔵の志野茶碗の白い長石の釉薬がたっぷりとかかった上に、緋色がはぜるように出ている、いくつかの茶碗を思い浮かべていました。庭の柿を見て、伊万里の磁器に赤色の染付をすることを柿右衛門は発見しました。ドウダンツツジを見て、志野の緋色を出すことを考えたのではないか、そう思われるほど豊蔵独特の志野の緋色は、このドウダンツツジの葉が真っ赤に燃えているような色でした。

荒川豊蔵が、この大萱に窯を開いたのは、昭和八年、三十九歳の時でした。豊蔵がこの地に移り住むについては、奇しき因縁がありました。昭和五年、名古屋の関戸家で豊蔵は志野筍絵碗を見る機会がありました。その時、この絵茶碗と同じ土の破片をどこかで拾った記憶が蘇ってきました。それは若い頃、久々利の大平の古窯跡で織部や天目の破片を拾った所にあったものと同じものです。

豊蔵は当時、北大路魯山人の鎌倉の星ケ丘茶寮にいましたが、大萱に来て、加藤という当時十四歳の少年を道案内人として、この森の中を歩き回って破片を採集しました。小川の中から関戸家で見た茶碗の文様と同じ文様の破片を発見しました。

これは志野焼は瀬戸で焼かれていたという従来の説をくつがえし、美濃で焼かれていたとする証明になるものでした。

その時に発見した破片が展示してありました。ぼくはいつまでも、その破片を見ていました。美しい、あざやかな緋色です。

当時、豊蔵を案内した加藤少年の日記も展示してあります。

豊蔵は、志野の破片を見つけたことにより、この地の土で、この地の松で、桃山の志野と同じ志野を焼きたいという情熱で、窯を大萱の地に開きました。そして、桃山の志野の復元に成功しました。一つの縁によって、豊蔵は志野の焼かれた地を発見し、その地で桃山の志野の再現に成功しました。豊蔵の家に入る森に、「随縁」という自筆の石碑が立っています。

今、考えてみれば、見も知らぬ非常識な若者に対して誠意で応対するという態度は、一つの縁を大切にするという姿勢であったのでしょう。

見えない運命、不思議な縁で、人は結ばれています。

（一九九六・一一・一四）

## 観音寺の十一面観音

久恋の観音像がある。京都の田辺にある観音寺の十一面観音を長いこと拝見したいものだと念じていた。

京都で近鉄電車に乗り換え、田辺に行く、そこから観音寺には、どのように行ったらよいのか、旅の本をひもといても、どの本にも観音寺は記載されていない。

とにかく出かけようと思い、地図を見て観音寺にもっとも近い田辺の一つ向こうの大山木の駅に降り立った。

駅の改札口で「観音寺は、この駅から近いですか」と聞いてみたが、若い駅員は観音寺の所在を知らない。奥にいた年老いた駅員に聞いて、観音寺の所在を知ることができた。駅員でさえも観音寺を知らない。観音寺に行くことはできても、十一面観音は予約なしでは拝見できないかもしれないと、いささか心細い気持ちになってきた。


観光寺院ならば拝観料を払えば、誰でも入ることができる。しかし、かたくなに門を閉じて観光客が入ることを謝絶している寺院もある。旅の本に記載がない所から観音寺は、頑固な住職がいて、観光客を拒んでいる寺ではないかと不安な思いにかられてきた。


心細い思いを抱いて、駅前にあるタクシー乗り場に行って、客待ちをしている運転手に「観音寺の十一面観音は拝見させていただけますか」と聞いてみる。「住職が丁寧に説明して下さいますよ」と言われるので、そのタクシーに乗り、住宅街の中を走っていく。

「田圃の中の寺かと思っていたが、ずいぶんと開けていますね。」

「同志社大学が京都から、ここに移ってきて、このあたりも変わってきましたが、昔は辺鄙な所でしたよ」と言われる。広大な同志社大学の敷地が見える。

「駅員も観音寺を知らないほどですが、観音寺の十一面観音といえば世間によく知られている美しい仏様です。住職はそれを売り物にする気持ちはありませんか」と聞くと、「まったくありません。壇家もなくて、寺の経営も苦しいはずですが、あれほど商売気のない人も珍しいです」と即座に言われた。

運転手の住職に対する並み並みならぬ親しみと好意が少し話しただけで伝わってくる。

国宝の十一面観音は六体ある。法華寺、室生寺はいうに及ばず、昔は村の人々がお守りをしていた琵琶湖の湖畔にある渡岸寺も、今は観光バスの停まる観光寺院になってしまった。聖林寺、道明寺も同じだ。

六体の十一面観音の中で、もっとも美しいといわれる観音寺の仏だけが、観光の対象とならずに、ひっそりと今も田辺の村はずれに鎮座している。そのことが何か奇跡に近いことに思えてきた。それは、ひとえに住職の観音像に対する意識と姿勢のためであろう。そんな住職を人々は敬い、親しみを込めて接している。運転手と話していてそのことを強く感じた。

田植えが終わったばかりの、車がすれ違うことができないほどの細い田圃の中の道に入っていく。森の中に隠れるようにして観音寺は、ひっそりと佇んでいた。

運転手が庫裏の中に入っていって拝観を依頼してくれる。

参道を上り、本堂に入っていく。住職が厨子の扉を開けてくれる。扉を開くと十一面観音が、まばゆいほどの蛍光灯に照らされて姿を現した。

息を飲むほどの美しさであった。

しばらく佇んで観音像をじっと見つめていた。


この像は、聖林寺の十一面観音とまったく同じ形で、同じ姿だ。観音寺の十一面観音の方が、やや小じんまりとした感じだ。顔の表情も聖林寺の十一面観音が厳しく、荘厳であるのに比して、この像は丸顔で親しみやすさを受ける。

金箔はすっかり欠落して、黒光りがしている。

聖林寺の十一面観音が畏敬の像なら、この像は慈悲の像だ。聖林寺が瞑想の像なら、この像は親愛の像だ。


観音像に性別があるならば法華寺の十一面観音は、光明皇后をモデルとした像といわれているだけに女性的な像だ。室生寺の十一面観音は妊婦のような感じで、子どもを身籠った女性の優しさが漂っているような、まがうことなき女性の像だ。渡岸寺の十一面観音も女性的だ。

ところが聖林寺と観音寺の十一面観音は、明らかに男性像だ。聖林寺の観音が壮年の智者の像なら、観音寺の像は青年の初々しさが溢れている像だ。この像から受ける親しみやすさは、そんなところに原因があるのかもしれない。

「あまり下からばかり仰いでいないで、ちょっとこちらに来て御覧なさい」と言って、住職が少し離れた箇所から見ることを勧めてくださる。対峙して眺めると、仏像の慈悲の眼差しで見つめられているような感じになる。

聖林寺と観音寺の十一面観音は、同じ工房で、同じ仏師によって作られたものかもしれない、ふとそんな想像が頭をよぎった。住職に、そのことを話すと、「この寺は東大寺の大仏造営を実質的に取り仕切った実忠が創設したとされています。広大な伽藍でした。実忠は、この像とも何らかの関係があるはずです。聖林寺も実忠との関係で調べたら面白いでしょうね」と言われる。

ひっそりとした本堂で住職の話を聞いていた。タクシーをあまり待たせては迷惑であろう。尽きせぬ思いで本堂を後にした。

住職は「またご縁があったらお逢いしましょう」と言ってタクシーの所まで送って下さる。

快い余韻がいつまでも心に残っていた。それは美しい物を見た喜びであり、清々しい人に出会った喜びであった。出会いは求める心が強ければ、強いほどその喜びは大きい。

君たちも多くの出会いを果たしてほしい。美しいもの、美しい人との出会いを実現してほしい。それは求める心がなければ実現しない。美しいものを希求する心を持ってほしい。

（一九九八・六・一七）

## 薪能

暗い夜を彩る薪能の篝火を、いつも思い浮かべていました。

金剛流四代の大夫孫次郎が、亡き美しい妻を偲んで打たせたという「孫次郎」という能面、その面のような優雅と気品を秘めた美しい人から岩村の薪能の話を聞いたのは、春の昼下がりのことでした。その日から蒼空ばかり眺めて暮らしていたように思います。虚空を見上げるとその一角に赤い火が見えてきます。その燃える炎を背にして孫次郎の面をつけたシテが「夕顔」を舞っている。いつしかその星空が篝火の幾重にもゆらめく闇夜と変わり、その中で孫次郎の面が「班女」を舞っている。そんな幻想にいつもふけっていました。

幻想の能に憧れの美を見続け、孫次郎の面とみまごうような美しい人に永遠の美を見ていました。

太鼓の音が聞こえてくる。地謡の澄みきった声も聞こえてくる。小鼓の音と気合いのこもった裂声にあわせて乱拍子をふんでシテが現れてくる。それはまた岩村の城が滅亡した時に、亡くなった武将の亡霊のようにもみえてくる。そんな思いにいつもかられていました。

苔むした石垣をわずかに残し、夏草が一面に生い茂った廃城。その廃城を背にして繰り広げられる能の舞台を、なんとかして見たい。岩村に行けば、なんとかなるだろうと、江戸時代の町並みが今も残る、その町に出かけたのは六月でした。

女城主として名高い信長の叔母お直の方や、森蘭丸が城主となった岩村城は、別名を霧ケ城と呼ばれています。いかにも城が残っていたころには、霧の中に浮かぶ古城といったたたずまいを感じさせる山城です。

城の麓の太鼓櫓のすぐ前にある、岩村山荘で聞くと、今年の城址薪能は八月の二十四日に行われるということでした。当日の宿泊を予約しましたが、もう一年前からの予約で満員です、ということでした。役場に頼めば前売り券を郵送してくれるとのことでしたので、さっそく依頼しておきました。


薪能は岩村城藩主邸跡で行われます。二時半頃には、観客が並び始めるということでしたので、早めに岩村高校に車を止めて会場に向かいました。なだらかな坂道を登ってゆくと、真っ赤な百日紅が夏の陽を浴びて、あざやかに咲いています。

石段を上り、大きな門をくぐると会場です。眼下には岩村の町並みが広がって見えてきます。


丸に二本線、おそらく岩村藩の紋だと思いますが、その紋が染め付けられた幕の中には緋の毛氈が敷いてあり、その毛氈の上に持参した座布団を敷いて坐ります。

五時半開演なので、かなりの時間がありました。弁当を食べたり、お茶を飲んだり、にぎやかな光景が展開しています。能楽堂での厳粛な雰囲気は、ここにはまったくありません。団扇をあおいで、能が始まるのを観客は気楽に待っています。もともとの能見物は、こういう形のもので、地面にござを敷いて、気楽に見ていたのでしょう。

舞台は小高い山を背景にして造られています。舞台のすぐ後ろに植えられた、年輪を経た何本もの赤松。松は赤い幹をくねらせて、高く伸び、さわやかな風にかすかにその葉を揺らしています。見上げた空には、白く丸い大きな雲が浮かんでいました。

差し込んでくる西陽を浴びて、松が大きく影を落としています。風が一瞬止まったと思った時、火入れ式が始まりました。成田山の五人の僧が法螺貝を鳴らして入場してきました。舞台に向かって祈祷し、弓を大きく放つと矢は孤を描いて幕を越え、赤松に命中しました。印をきり、刀を払ってから篝火に火が入れられました。夜空に赤い火の粉が散っていきます。

笛の切々とした響きが聞こえてきます。笛の音色にまじって、蝉しぐれの声も聞こえてきます。能の「花月」の始まりです。橋懸りを通って、旅僧が登場します。それにあわせて、地謡の声が響きます。


――風に流るる浮雲の　風に流るる……

地謡が終わると旅僧が観客に向かって身の上話を始めます。「これは筑紫彦山を出でたる者にて候」と名のり、天狗にさらわれて行方不明になった子をさがして、はるばる京の都に来たことを語ります。そこにシテの花月が登場して、小歌を謡ったり、花を散らすうぐいすを追ったりしています。僧がつくづくとその少年を見てみると、失くした自分の子に相違ないので、再会を喜び合って二人はともに修業の旅に出ます。

「花月」が終わる頃には、松の上に美しい半月が姿を見せ、星も一つ、二つと空に瞬いていました。次の狂言は「千鳥」です。太郎冠者の茂山千五郎は、まごうかたなく現代の名人であると思いました。舞台の最後は能の「殺生石」です。玄翁和尚が奥州の帰途、那須野を通りかかると、ひとりの女が一塊の石を見ている和尚に「その石に近づき給ふな」と言います。その石は殺生石といって、人間はもとより動物にいたるまでも、その石に触れるものは、ことごとく生命を落としてしまうという恐ろしい石だというのです。この女こそ野干の精といって、昔、宮中で禍をなした怨霊でした。和尚が一喝すると再び悪事はしないと約束をして、野干の精は姿を消します。

暗い夜道を歩きながら、今見てきた三時間の舞台を思い浮かべていました。いつしか半月は中天に輝いています。つかの間の夢のような一瞬でした。人生もこのように夢幻のうちに移ろって行くのでしょうか。

（一九九六・九・七）

# 文楽

大阪、日本橋の文楽劇場に行きました。文楽の四月公演を見るためです。三月は竹本綱太夫の襲名披露で、文楽は地方公演をして、各地を巡業していました。久しぶりの大阪公演なので、会場は大変な人込みでした。文楽といえば、忘れられない人がいます。それは、先代の綱太夫です。先代の綱太夫は、堂々とした押し出しの、張りのある美声の持ち主でした。今でも、その声と風貌が、鮮やかに思い浮かんできます。まぎれもない名人の一人でした。

襲名したばかりの綱太夫が、浄瑠璃を語る。人形は人間国宝の吉田玉男が操る。これを見逃す手はないと、四月公演を以前から楽しみにしていました。ぼくと同じような思いの人がロビーに満ちあふれています。外国人の姿も多く見受けられました。

一幕目は「祇園祭礼信仰記」。複雑に筋が入り組み、登場人物も数多く、文楽としては難しいレパートリーの一つでしょう。しかけも大がかりなものです。

人形を操るのは大変です。人形を、あたかも生きた人間であるかのように操る。血も通っていない、手や足はもちろん動かない人形に、血を通わせ、心を通わせる人形浄瑠璃。それは、並みの修練ではできない技です。

昨年の七月、卒業生の結婚式があり、大阪に出かけました。披露宴で吉田玉男の弟子が「三番叟」を演じてくれました。広い劇場の後方の席で見るのと異なり、目と鼻の先で操られる人形の動きは衝撃的でした。想像以上に大きな人形が、吉田玉男の弟子の手の動きひとつによって、さまざまな変化を遂げるのです。

冷房のよく利いたホテルであるにもかかわらず、玉男の弟子の額からは、汗が滴り落ちていました。人形を操ることは、それほどに重労働なのです。

休憩でロビーにでました。緋の毛氈を敷いた台の上で、弁当を食べている人の姿が多く見受けられました。名古屋の御園座や中日劇場では、ちょっと信じられないような光景です。

「文楽とは、伝統芸能という、肩の張る、しかめっ面しいものではない。自分達の生活の中に入った庶民的な芸能だ」そういう大阪の人たちの意識のあらわれが、台の上で弁当を食べお茶を飲む、という行為になって表れてきているのではないかと思いました。

国立文楽劇場が日本橋にできるまでは、文楽は道頓堀の朝日座で演じられていました。下駄履きで買い物客が往来するような繁華街の真ん中で演じられ、それを落語や漫才を楽しむような感覚で、楽しむ。なんの気取りもない気楽さで出かけ、今月はどういう出し物が出るかを心待ちにする。

大阪の人にとっては、文楽は生活の中に入っている芸能でした。幼い時から母親に手を引かれ、朝日座に通う。そのなじみの芸能が文楽ではないかと、弁当をおいしそうに食べている人々を見て感じました。

「伝統とは、庶民の生活の中に入り込み、庶民とともに育ってくるものだ。一部の有閑階級だけの娯楽ではない」とロビーにいる人々の楽しそうな表情を見て感じました。

お目当ての吉田玉男は『義士銘々伝』のうち「弥作の鎌腹」で「弥作」の人形を操りました。摂津国の萱野村の百姓弥作が、大恩受けた芝村七太夫から、弟の和助を代官の養子にと世話をされました。和助からは仇討ちという大望を打ち明けられて養子縁組の破談を頼まれ、七太夫にその旨を話すのですが、仇討ちの一件を吉良方に注進しようとする七太夫に、弥作は進退窮まって、彼を殺してしまい、自らも草刈り鎌で自害するというのが、「弥作の鎌腹」の話です。赤穂浪士、四十七人の討ち入りは、それこそ日本人であれば、誰でも知っている有名な話です。おなじみの話で、結末がわかっているのに、浄瑠璃の語りと人形によって切々と訴えられると、思わず涙ぐんでしまう。文楽とは、三味線の音曲とともに、日本人の情に訴える芸能であるといえましょう。

それは「弥作の鎌腹」の次に演じられた「日高川入相花王」でも同じことが言えます。

「ここは紀の国日高川、清き流れも清姫が、松吹く風に誘はれて、只さへいとど物凄し。女心の一筋に、脛もあらはにやうやうと、日高の川をここかしこ」という出だしで始まる、有名な安珍、清姫の話です。

文楽はいうまでもなく、語りである浄瑠璃と、しぐさである人形と、音楽である三味線の三者が一体となって初めて観客を魅了させる芸能となります。どの一つの芸がまずくても、それは観るに堪えないものになってしまうでしょう。

それは、なにも文楽だけに限らず、人間の生活すべてにあてはまることかもしれません。文楽を観ていると、調和ということの大切さがよくわかります。


（一九九六・五・二）

## 鈴木重三先生

名古屋市博物館の「国芳展」の展覧会場で、一つひとつの作品を鑑賞しながら、いささかの感慨にふけっていた。立錐の余地もない超満員である。今年、最高の人数を動員した展覧会ではないであろうか。現在、もっとも人気の高い平山郁夫や加山又造の展覧会でも、これだけの人を集めることはできないであろう。国芳という、一般にはなじみのない絵師の展覧会だ。今まで浮世絵といえば、春信・清長・写楽・歌麿・北斎・広重の六大絵師と呼ばれる人たちが評価され、後の作家が大きく取り上げられることはなかった。六大絵師の展覧会は、毎年のように開催されている。彼らの研究書は数多く出版され、画集も枚挙に暇のないほど出されている。

国芳は、六大絵師の影にかくれ目立たない存在であった。その彼の展覧会で、このように多くの人が熱心に彼の浮世絵に見入っている。

国芳が人気の高い作家になったのは、一人の浮世絵研究家の熱心な研究成果の賜物である。その人の名を鈴木重三先生という。

鈴木先生は東京大学の学生時代に上野の古書店で一枚の浮世絵を手に取られた。それが国芳であった。その後も、国芳の浮世絵に魅せられ何枚も収集されるようになる。先生の浮世絵研究のかかわりは国芳から始まった。

国芳に関する研究をいくつか発表される。自分の所蔵されている作品の展覧会をサントリー美術館で開かれる。国芳の愛好家は、しだいに広まっていった。

六大浮世絵師の研究は、戦前からかなりすすんでいた。写楽などは、その作品の枚数、所有者などすべて判明しているといってよい。歌麿や北斎などのような数多くの作品を残している作家についても、研究はし尽くされているといってよいであろう。

鈴木先生は、歌麿についても、写楽についても研究書を出版されている。

広重については、日本経済新聞社から『広重』という膨大な研究書を出版された。今では、その本の古本価格は二十万円はするであろう。ぼくは上前津の古本屋で、運よく数年前に、その半分位の価格で、手に入れることができた。

写楽についても、現在は写楽は誰だという視点でしか取り上げられていないが、先生は数十年前、講談社の『写楽』という本で、実証的にすべての作品の考証を完成された。

先生に初めてお会いしたのは、もう十数年も前のことだ。ぼくが浮世絵を収集し始めたころであった。最初に小遣いをはたいて買った浮世絵が国芳であった。「正札付現金男」というシリーズの二枚を手にいれた。正札とは、掛け値をしていないという意味だ。掛け値なしのよい男である江戸の侠客、白井権八や幡随長兵衛を描いたものである。こんな美しいものが、この世に現存しているのか、しかも何百年も前の作品である。信じられないような思いであった。このシリーズは、全部で十枚あるが、ずいぶんの時間をかけてすべて手にいれることができた。

最初の国芳との出会いは強烈であった。今まで、展覧会場で額縁の中に入っているガラス越しの絵ばかりを見てきたが、じかに手に取って見る感じは、まったく違ったものであった。

一度、魅せられたならば際限がなくなる。美しい女に恋をするのと同じ症状だ。寝ても、覚めても浮世絵が気になるという重症になってしまった。遠くまで、探しに出かけたものだ。ぼくの小遣いで買える程度のものだからたかが知れている。しかし、熱意だけは誰にもまけないから、かなりのものを買うことができた。

今から思えば信じられないような作品を当時は手にいれることができた。運もよかったであろう。国芳・国貞・英泉という幕末の作家は、一部の作品を除いては、手にいれるのがそんなに難しい時代ではなかった。

写楽の浮世絵といえば何千万円もする。専門の浮世絵業者でも、写楽の作品を売買することのできる人はかぎられている。個人で、その浮世絵を収集するというのは不可能に近い。神戸のNさんのように、家屋敷をすべて手放して、写楽を十数枚所蔵しているコレクターもみえるが、それは希有な人だ。歌麿にしても、北斎にしても同じことがいえる。いい作品は何千万円、ちょっとした作品でも何百万円はする。個人が、小遣いで買えるような代物ではない。しかし、幕末の三人の絵師は、そんなに高い金額をださなくても買うことができた。

ぼくのコレクションは、彼らの作品が中心となった。

昭和四十年に講談社から出版された「後期浮世絵」という本がある。その中に岡畏三郎が次のように記している。

「江戸の文化は天明、寛政期をすぎるとしだいに廃頽の色をみせる。浮世絵もその例にもれず、天明、寛政期の写楽や歌麿の仕事を頂点として、文化文政のころから下り坂になり、文化以降の浮世絵は、従来末期とか頽廃期ということばを冠して呼ばれている。この間にあって北斎、広重が風景版画を完成して浮世絵の掉尾を飾ったが、これまでの一般浮世絵書では役者絵、美人画については僅かに初代豊国が注目されるだけで、化政以後の国貞、英泉、国芳等はあまり問題にされなかったようである。

また、一部の人をのぞいては、一般に末期浮世絵とか幕末浮世絵といえば、文字通り幕末のあの色彩のどぎつい、類型的な役者絵とか敵討、あくどい殺し場、様式化されていじけた女絵、なにかごてごてと頽廃的で卑俗な、多少のやりきれなさを伴うところの錦絵が、まず頭に浮かぶようである。つまり最末期の版画の印象なのである。」

国芳に対する認識は、当時この程度であった。鈴木重三先生は、この「後期浮世絵」で作家評伝と作品解説を担当してみえる。この本で紹介してみえる作品のいくつかは、今回の展覧会でも出品されている。

「後期浮世絵」が国芳の作品紹介に果たした役割は大きい。先生とは、東京でなんどもお会いした。先生がこの本で紹介された浮世絵を、何点もみせていただいた。先生は浮世絵のことになると時間のたつのを忘れてしまわれる。先生はじつに記憶力のよい方だ。ぼくが見てきた浮世絵の話をすると「その所の色はどうなっていますか。そこの刷りはどうですか」とたたみかけるように質問される。

三年ほど前、平凡社から『国芳』という大冊が先生の手によって出版された。国芳に関する本を出して下さいとお逢いするたびにお願いしていた。『国芳』は現在の国芳研究の一応の到達点をしめす大変な力作である。先生は謙虚な方だ。まだ、この本では十分ではない。研究は緒についたばかりだとおっしゃる。

国立国会図書館司書監、白百合女子大学の教授等を歴任され、先生は現在、浮世絵研究三昧の生活を送っていらっしゃる。今度の名古屋市博物館の展覧会も先生の監修によって開かれたものである。先生の存在がなければ、国芳は、現在のように多くの人に認められることはなかったであろう。国芳生誕二百年を記念しての今回の展覧会だ。今回の展覧会を先生は、どのような感慨で迎えられたのであろうか。一度、ゆっくりとおうかがいしたいと思っている。

（一九九六・一二・四）

# 落語の中の百人一首

冬休みになると早々に膝の関節炎で動けなくなってしまった。休み中の旅行の計画もすべてキャンセルをした。無念の思いで、年の暮れも、正月もベッドの上で過ごしていた。

身体を横にひねるだけで、痛みが走るので、テレビを見ることもできない。何もすることができないので、本を読むことと、テープで落語を聞くことだけがささやかな楽しみであった。本は、一日に一冊を読み終わった。落語も目を瞑り、何本も聞いた。

落語は、立派な話芸である。名人といわれた落語家の話は臨場感に溢れている。動けないで、ベッドの上での寝たきりの情けない自分が落語を聞いていると、江戸時代の庶民の生活の中に入っていける。おなじみの長屋の八っつぁんや、熊さんやご隠居さんが繰り広げる愚かで、滑稽な出来事に痛みを忘れて聞き入っていた。したたかに生きる江戸時代の庶民の生活は、なんともほほえましい。今では、なくなってしまっている住民の連帯感がある。親切のし過ぎの御節介や過剰なまでの干渉に落語の主人公は振り回される。

志ん生、文楽、円生、三木助、テープで聞いた名人上手の落語を高座で今は聞くことができない。故人となった人ばかりだ。一度、その高座姿を見たかった。実際に、その声を聞くことができないのは、なんとも残念だ。もっとも多く聞いた落語家は、志ん生だ。天衣無縫の芸風で人気のあった人だ。蛞蝓《なめくじ》が何匹も出るので、借り手のないただ同然の蛞蝓長屋に住んでいた時代、なにもすることがないので、ひたすら落語の稽古をしたというエピソードを持つ落語家だ。

十八番の「火炎太鼓」「黄金餅」などは何度きいても面白い。その話の運び方、間の取り方は、聞けば聞くほど感心をする。

座布団の上に座り、男と女、殿様から長屋の住人まで、ありとあらゆる人物をたった一人で演じ分ける。話の世界の情景が彷彿と話を聞いている目の前にうかんでくる。その話芸は、並大抵のものではない。

テープで聞いた志ん生の話の中に「千早振る」という落語があった。百人一首にちなむ話だ。娘に百人一首の在原業平の「千早振る神代も聞かず竜田川からくれないに水くくるとは」の歌の意味を聞かれて、返事に困った父親は、横丁の隠居の所に尋ねに出かける。隠居は、町内のまとめ役であるから、面子からも知らないとは言えない。困ってしまって、徹底的にこじつけて歌を解釈する。

「竜田川というのは、お前さん、川の名だとお思いだろうが、これは大間違い。竜田川という名前の相撲取りだ。この竜田川が吉原の遊女千早という花魁に惚れた。ところが千早は竜田川になびこうとしない。竜田川は千早に振られたのだ。『千早振る』だ。千早の妹に神代という遊女がいた。竜田川は千早がだめなので、その妹の神代を口説いた。ところが神代も言うことを聞かない。『神代も聞かず』だ。

二人の女に振られた竜田川は、相撲取りを廃業して故郷に帰り、豆腐屋を開いた。

何年かたって、豆腐屋に一人の女乞食がやってきた。『おからをくれ』と頼まれる。よく見てみると、この女乞食は千早のなれの果ての姿であった。竜田川は『お前には、おからはやれない』と断る。『(お)からくれない』だ。そこで千早は、井戸に身を投げて死んでしまう。『水くぐる』だ。これで『千早振る神代も聞かず竜田川からくれないに水くぐるとは』だ。」

それを聞いた父親が「なるほど『水くぐる』までは解りました。後の『とは』てえのは何です」と聞く。

「いいじゃないか『とは』ぐらいは負けておきなよ」と隠居さんは言う。「いいや負かりません」「うん、そうそう『とは』は千早の本名だ。」

知らないとは言えないので、隠居は徹底的にこじつける。そのこじつけが妙に説得力があるので、思わず笑ってしまう。

この「千早振る」の解釈を教室でして、それを信じた生徒がいたそうだ。いくらなんでも平安時代の貴公子、在原業平が江戸時代の遊廓、吉原に通うことはない。

業平の歌の意味は、「神代から、このようなことは聞いたことがない。竜田川の流れが唐紅色のあでやかな色で、このように括り染めにされたということは」という艶やかな紅葉に染まった竜田川の情景を詠んだ歌だ。百人一首では、「水くくる」と清音で詠むのが一般的だが、志ん生の落語では、「水くぐる」と濁音になっている。

小円遊という人気のある落語家がいた。「笑点」のレギュラーできざを売りものにしていたが、早世してしまった。

小円遊の得意のネタに「崇徳院」という話がある。これも百人一首を題材とした落語だ。テープで、この「崇徳院」の話もなんども聞いた。清水寺に参拝に行った若旦那が、そこの茶店で偶然に出あった娘に心惹かれてしまう。その日から恋わずらいにかかった若旦那は飯も喉に通らない。屋敷に出入りをしている熊さんが、手がかりの、娘さんが若旦那に渡した「瀬を早み岩にせかるる滝川の」と書いた短冊を持って、あちら、こちらと探し回る。やっと、ある床屋で、これも若旦那のために恋わずらいにかかっている娘さんの使いの者と出会う。

崇徳院の和歌の下の句は「われても末にあはむとぞ思ふ」だ。娘さんの方も、一目見ただけの若旦那に恋焦がれてしまった。苦しい思いを百人一首によって訴えたのだ。

今は、滝川が岩のために二つの流れに分れているが、いつかは、流れが一つになるように、私もあなたと添い遂げたいという崇徳院の歌にこめて、若旦那に対する切ない思いを短冊にしたためて訴えた。若旦那と娘さんは百人一首によって結ばれるという落語だ。

江戸時代からの大衆芸能である落語を聞く人は、業平や崇徳院の和歌をよく知っていて、この話を聞いて笑いこけた。百人一首は、庶民の生活の中にとけこんだ遊びであったことが、この二つの落語を聞くことによってもわかるであろう。

四日は「クラス対抗のカルタ大会」だ。カルタの枚数をたくさん取ることのできる人は、歌を暗記している人だ。上の句を聞いただけで、下の句の札を素早く取ることができる人だ。歌を覚えること、それは又、古典の世界になじむことである。

（一九九九・二・二）

## 桜桃忌

六月十九日は「桜桃忌」です。桜桃は、桜の一種で白い花を咲かせ、丁度、六月の今ごろ、真っ赤なさくらんぼを実らせます。

梅雨に濡れながら、真っ赤に熟れたさくらんぼが、まるで泣き濡れているような感じで、青々とした葉の透き間から姿を見せている情景には、えもいわれぬ風情があります。

戦後を代表する作家、太宰治が自殺したのは、この六月十九日でした。彼の死を惜しむ愛読者たちが、彼を偲び、毎年この日を「桜桃忌」と名づけて、彼の墓のある三鷹の禅林寺に集まります。

太宰治は昭和二十三年、名古屋出身の山崎富栄と心中しました。ちょうど彼の誕生日にあたる六月十九日に遺体が玉川上水から発見されました。いつかテレビで、その当時の遺体捜査のニュース映画が放映されていましたが、雨の中で、おびただしい人々を出して、玉川上水を浚っている場面でした。

一昨日の朝刊に、遺体が発見された場所に碑を建てる計画が、遺族の反対で建てられなくなったと書いてありました。太宰の死が、いかに家族にもファンにも衝撃的であったかが、よくわかるような記事です。太宰には根強いファンがいて、その人たちは、枕の下にも、彼の小説を置いて寝たということです。

大学受験のために、東京に出かけてぶらぶらしていた時期があります。今のように新幹線であわただしく上京して、何校も受験をして、すぐにまた名古屋に引き返すのではなく、一ヵ月ほど東京で暮らし、一つの大学の一つの学部だけをねらうというのが、当時の東京の大学を受けるという学生の一般的なパターンでした。大学受験も、あくせくしたところのない、のんびりとしたよい時代でした。

六月十九日になると、その大学受験のために上京していた昭和三十二年のことを、いつも思い出します。

二月の中旬でした。ふと思いついて、小雪の舞い散っている中を三鷹の禅林寺に出かけました。閑静な住宅地の中に鬱蒼と茂った森があり、その中に禅林寺はありました。太宰の墓は、白い御影石で作られた二メートルほどの高さのこじんまりとした墓でした。墓の裏面には、建立者として、津島美知子と書かれていました。津島美知子は「富嶽百景」の小説のモデルで、井伏鱒二の紹介で知り合い結婚した人でした。カーネーションの赤い花が墓前に供えてありました。彼の死後、十年近くたった当時もなおファンが訪れ、花を供えていることがわかり、太宰の愛読者のたえないことを物語っています。

太宰治の墓のすぐ前に森鷗外の墓がありました。太宰治の墓の三倍ほどもある立派な墓でした。「森林太郎墓」と、明治を代表する書家であり画家であった中村不折の字で刻まれていました。太宰治は本名を津島修治といいます。墓は彼のペンネームである太宰治と書かれているだけです。森鷗外は本名の森林太郎と墓碑に刻まれています。鷗外は死の直前に親友の医者である賀古鶴所に「余ハ石見人森林太郎トシテ死セント欲ス。墓ハ森林太郎墓ノ外一字モホルベカラズ」という、死後のいっさいの栄誉を拒絶するような遺言を口述して、大正十一年、六十歳で亡くなりました。細い通路を挟んで、向かい合って立っている二人の文学者の墓。一方はペンネームで死者の名の書かれた小さな墓、一方は本名が大きな字で書かれたいかめしい墓。なんとも対照的な二人の墓です。

対照的なのは、墓だけではありません。人生のあり方そのものも対照的でした。そして、その作品も対極をなすものばかりです。太宰は破滅型の作家です。鷗外は和漢洋の教養を修めた上昇志向型の作家です。太宰は津軽屈指の大地主で、金持ちで、貴族院議員の息子として、何ひとつ不自由のない環境の中で育ちました。生まれ育った環境への反発として、非合法運動を東大在学中に行ない、検挙されたこともありました。鷗外は貧しい山陰の津和野藩の藩医の息子として生まれ、粉骨砕身の努力の結果、文学者としてのみならず、医者としても軍医総監となって最高の地位につきました。二人の自伝ともいうべき作品に「思い出」「人間失格」が太宰に、「ヰタ・セクスアリス」「青年」が鷗外にあります。

二人の波乱に富んだ人生も、今は彼らの書物を通してしか、窺い知ることはできません。生前、あい見ることも、あい知ることもなかった二人の文学者が、死後向かい合って眠っています。互いに何をぼくたちに語りかけているのでしょうか。

（一九九六・六・一九）

## 遠くて近い人

ソファにだらしのない格好で寝転がり、小説を呼んでいる時間ほど、満ち足りたひとときはない。寝転んで読む本は、できるかぎり気楽に読める軽い内容の本がよい。池波正太郎、司馬遼太郎、隆慶一郎、これらの作者の小説は、ほとんどソファの上で読んだ本ばかりだ。考えてみれば、ソファの上で読むのは、いずれも時代小説ばかりだ。

時代小説の中には、現代の生活の中ではありえない活劇があり、ロマンがあり、冒険があった。わずらわしい現実の生活を、これらの小説を読むことによって、ひとときは忘れることができた。

空想の世界の中で伸び伸びと生きる長谷川平蔵（鬼平犯科帳の主人公）や秋山小兵衛（剣客商売の主人公）の活躍に胸を躍らせ、喝采を送っている。これは、自分のうらぶれた、だらしのない生活と正反対の颯爽とした人生に対するあこがれからであろうか。

しかし、好きな作家が、ここ二、三年の間に次から次へと亡くなっていくのは、どういうことであろうか。心寂しいかぎりである。

ソファに寝転がって読む作家は、ぼくにとっては遠くて近い人ばかりだ。見も知らぬ逢ったこともない作家は、現実の生活の中ではもっとも遠い存在の人だ。しかし作品を通して毎日接している、これらの作家はもっとも近い存在の人であり、もっとも親しみを感ずる人ばかりである。

亡き池波正太郎も、司馬遼太郎も、作品を読んでいる時は、今も生命ある人のように語りかけてくれる。めぐりあい、縁あって親しくなり、しかし心ならずも死という形での無残な別れを告げた人たちは、日に日にその存在感は薄れてゆく。いつまでも、人々に読み続けられる作品を書いた作家は、なんという幸運な人たちであろうと、その作品を読むたびに感ずる。


藤沢周平という作家も、ぼくにとっては遠くて近い存在の人だ。好きな作家は、みな急逝してしまう。藤沢周平は今年の一月二十六日、六十九歳の生涯を閉じた。作家として大輪の花を開かせるのは、これからではなかったであろうか。あまりにも、あっけない感じを与える死であった。

彼が小説を書き始めたのは三十代の半ばを過ぎてからだ。直木賞を受賞したのは昭和四十八年、四十六歳の時のことである。作家としての文壇への登場は、遅い部類に属するであろう。作家になってからも、小説家としての道のりはけっして平坦なものではなかった。小説を書くのは、うまいが、作風が地味すぎて大衆的な人気がなかなかでないのだ。

藤沢周平は長編小説よりも短編小説の方ができのよいものが多いように思う。短編小説には、さらっと描きあげた水彩画のような味のある作品が多い。彼の小説には凡作は一つもまじっていない。小説として、構成的によくまとまった作品ばかりだ。文章も非常に手なれた、うまいもので、いつも感心して読んでいる。清雅という印象を彼の作品を読むたびに受ける。

日曜日、朝からソファに寝転び、本が出たばかりの頃、さっそく買って来て読んだ『本所しぐれ町物語』(新潮社)を書棚から取り出して読み始めた。しぐれ町というのは架空の町の名前だ。江戸の下町、本所のしぐれ町で暮らす、名もない市井の人々の善意に満ちた精一杯の生活を描いた作品である。読み始めていって、次のような文章が目にとまった。

「——商人は……。

いや、商人にかぎらず、人間辛抱ほど大切なものはない、と新蔵はいつものように、これまでの人生から得たたった一つの教訓を胸の中に呼び返した。切なく辛いことがあっても、じっと辛抱してしのいでゆくうちに、何とか格好がついて来るものだ。世の中がちょっぴり見えた、と思うのもそんなときだ。途中で投げ出してしまえば、見えるものだって見えはしない。」

人間辛抱ほど大切なものはないという新蔵の教訓は、そのまま藤沢周平の自分自身に対する戒めの言葉であったかもしれない。この箇所を読んでいて、ふとそんなことを思った。藤沢周平は、じっと辛抱することによって、一流作家の地位を手に入れたのだ。辛抱を強いられたのは、作家として生きていく仕事上のことだけではない。彼の人生そのものが、辛抱の連続であった。

藤沢周平は昭和二十四年、山形師範学校（現在の山形大学）を卒業後、山形県の中学校に教師として赴任した。昭和二十六年に集団検診で肺結核が発見され、東京の東村山の病院に入院する。その病院で右肺上葉切除、肋骨五本を切除するという大手術を行う。九死に一生を得て退院したのは昭和三十二年のことであるから、七年間近い闘病生活を強いられたことになる。退院しても郷里に帰り、教職に復職することはできない。つてを頼り、日本加工食品新聞に入社する。生活が安定し、昭和三十四年には結婚し、一女を設けるが、その妻も昭和三十八年には亡くなってしまう。


東北人独特のねばり強さで、彼は次から次にと襲う人生の試練に耐えた。じっと辛抱することによって、人生の花開く時を待っていた。雪間を割って咲く、雪割草のように、長い冬の苦闘の時代を経て直木賞を受賞し、一流作家の仲間入りをすることができたのである。

もし結核にならなかったなら、彼は山形で田舎教師として平凡な人生を終えたであろう。彼が小説家として大成することができたのは、七年間の思索と読書の療養生活があったからだ。

人生、何が幸福となるかわからない。彼は辛抱によって、不幸を幸福な人生に変換させた人だ。

彼は平成八年、司馬遼太郎の死去にあたり「遠くて近い人」というエッセーをしたためた。それから一年後、藤沢周平は帰らぬ人となり、ぼくたちにとっても「遠くて近い人」となってしまった。

（一九九七・六・七）

# 司馬遼太郎のこと

作家の司馬遼太郎が亡くなりました。つい先日、発売されたばかりの文芸春秋の三月号で、「この国のかたち」を読んだばかりなので、その死はいささか突然で驚きを禁ずることができませんでした。昭和の歴史に光芒を放った巨人が、またしても一人姿を消していきました。

歴史上の人物を描いた小説を読むのが好きなので、多くの司馬作品に今まで親しんできました。「竜馬がゆく」を読んだのは、夏休み、伊豆の湯ケ島の宿でした。今ものんびりと過ごした、その伊豆の旅が思い浮かんできます。そして、縁あって「竜馬がゆく」の挿絵の原画を、ある画廊で見つけて手に入れることができました。昭和三十三年から産経新聞に掲載された「竜馬がゆく」は、岩田専太郎の流麗な筆致による挿絵と相まって、発表当時から大変な評判を呼んでいました。

そんなおり、京都の思文閣美術館で、挿絵原画展が開かれました。「竜馬がゆく」の原画も十枚ほど展示されていました。その時に、専太郎の描く、若き日の竜馬の颯爽とした姿や数々の戦闘場面に、すっかり魅せられてしまいました。

当時、こつこつと挿絵の原画を収集していただけに、なんとか「竜馬がゆく」の原画を一枚だけでもよいから、手に入れることはできないかと思案をしていました。

そんな時だけに、「竜馬がゆく」の原画を画廊で見つけた時には飛び上がりたいほどの喜びでした。

遼太郎の訃報に接して、久しぶりにその原画を取り出して眺めています。さすが、挿絵で一世を風靡した専太郎だけに、たくみに「竜馬がゆく」の世界をとらえています。

一度だけ司馬遼太郎の講演を聞きに行ったことがあります。今は学校を変わられたS先生が、新潮社主催の講演会が名古屋市公会堂で開催される、その整理券を手に入れられたので、誘われて出かけたのでした。立錐の余地のないほどの聴衆で、司馬ファンの多さに驚きました。一時間半ほどの講演でしたが、遼太郎は座ったままでした。そして、一度も聴衆の方を振り向こうとはしませんでした。今まで何人もの文学者の講演を聞いていますが、腰をおろしたままの講演会は遼太郎が初めてでした。そして、首を下に下ろしたままの姿勢で、ゆっくりと話をするのです。考えてみれば、ずいぶんと奇異な講演会ですが、聴衆の方を見ないのは傲慢でも無礼でもなく、極端な羞恥心の為せる業であると思いました。腰をおろして話をするのは、彼の病弱なためでなく、もっとも楽な姿勢で、自由に話をしたいという彼の意志の表明であると思いました。

もう数年も前の講演会でしたが、今も鮮やかに、その内容は覚えています。取材の方法を、当時、彼が発表したばかりの「殉死」を例に取り上げての話でした。

桃山や江戸の時代の話は、資料をふくらまして、自分の自由な想像で作品を書くことができる。ところが現代のものは、よほど入念に取材をしないと相手に迷惑がかかるというのです。「殉死」は乃木希典（一八四九〜一九一二）を主人公とした小説です。乃木大将は、日露戦争で第三軍事司令官となり、旅順攻略にあたりました。その後、学習院長を歴任、明治天皇の死にさいしては夫人静子とともに殉死をした人です。明治の人にとっては、国民的な英雄で、神様のような存在でした。

司馬遼太郎が「殉死」で描いた乃木希典は英雄ではなく、軍略も何も持たない凡将として書かれています。小説の中の乃木将軍は作戦の失敗のために多くの部下を亡くし、ただおろおろするだけの軍人です。遼太郎は、そういう人柄のきわめて素朴な、政治的野心のまったくない純朴な乃木将軍に温かい眼差しを注いで、一編の小説としてまとめあげました。

乃木将軍は私たちと近い時代に生きていた人物です。今も神様のように敬っている人が全国に数多くいるはずです。そのために、乃木将軍に関して徹底した取材を遼太郎はしました。乃木大将の子孫を尋ねる。その糸を手がかりに、全国各地にいる近親者に電話をかける。そういう取材方法によって、乃木将軍の実像を作り遼太郎は小説に書いたという話でした。また神田の古書店街にある乃木将軍関係の書物すべてダンボールで三十箱もの資料が遼太郎のもとに届けられたといいます。このような徹底した取材と資料の検索によって彼の小説は成り立っているのでした。


朝日新聞の「天声人語」に遼太郎のことが載っていました。「司馬さんの思考の原点は、兵役の体験である。敗戦の日を、司馬さんは二十二歳の一兵卒として迎えた。『終戦の放送を聞いた後、何という愚かな国に生まれたことかと思った。昔はそうではなかったのではないか、と思った。』その疑問を作家活動の後半、司馬さんは『二十二歳の自分への手紙を書くようにして』作品にした。言うべきことをきちんと言っておく、との姿勢であった」。

司馬遼太郎が、ぼくたちに書き残しておきたいと願った手紙を、もう読むことはできません。おびただしい小説のエッセー、紀行を通して遼太郎がぼくたちに訴えたかったことはいったい何であったのでしょうか。

彼の描く小説の主人公は、「竜馬がゆく」の坂本竜馬にしろ「花神」の大村益次郎にしろ、志を持つ、さわやかな人物ばかりです。彼が憎むのは権謀術数を弄する政治的な人間です。

限られた人生をさわやかに生きよ、そのことを遼太郎は、ぼくたちに教えてくれているのではないでしょうか。

（一九九六・二・一七）

## 二つの祖国を持つ男

池袋の駅前はいつ出かけても混雑している。ＪＲに乗ろうとすると改札口を探すのが一苦労だ。西武と東武とがＪＲを挟んで、乗客の獲得のために壮烈にしのぎを削っている。大企業の巨大な力の前に、ＪＲは母屋を取られたようなかたちで存在感をなくしてしまっている。西武と東武は鉄道だけの競走をしているのではない。百貨店も東口と西口とに、それぞれ大規模な店を構えて、相手に一歩も引けを取らないように競っている。

鉄道と百貨店の争いに加えて、西武と東武とは、美術館においても競争をしている。東武は東武美術館を、西武はセゾン美術館を作り、毎月、新しい企画と客を動員するための激しい戦いをしている。

池袋には、二つの美術館でどういう催しが行われているかをのぞくために、よく出かける。

先週、出かけた時には「イサム・ノグチと北大路魯山人展」がセゾン美術館で開かれていた。池袋の西口は、昼夜を問わず、いつも大変な人ごみで溢れている。しかし、美術館の中は、ここが喧騒きわまりない池袋の一角であることが、まるで嘘であるかのような静けさに充ちている。

イサム・ノグチは彫刻家である。北大路魯山人は陶芸家であり、著名な料理研究家だ。この分野がまるで違う二人の芸術家の展覧会を開催するという企画が面白い。

異質な二人の接点は、名古屋の八事の八勝館から始まる。八勝館の料理は、魯山人の制作した器に彩りも鮮やかに盛られてだされる。一九五〇年、来日したノグチは、名古屋に遊びに来て、八勝館で食事をした。その時、出された器の美しさに驚く。すぐさま、名古屋から鎌倉に行き、その器の作者、北大路魯山人に面会をし、陶器を習うことになる。

女優の山口淑子と出会ったのも、この頃のことだ。ノグチは、魯山人から提供された北鎌倉の二百何年も前に建てられたという旧家に淑子と二人で住むことになる。彫刻に興味のない人にとっては、ノグチは芸術家であるよりも、山口淑子と結婚していたという点で有名であるかもしれない。彫刻家のノグチが焼き物に挑戦したのは、鎌倉で淑子と結婚生活を送っていた四年間の間でしかない。鎌倉を離れた後のノグチは、土に二度と手を触れることはなかったという。魯山人に対する私淑と淑子に対する愛を、このことからも感ずる。

会場ではまず「私のアリゾナ」「この責め苦しめられた地球」という二つの抽象的な彫刻作品に魅せられた。「私のアリゾナ」「この責め苦しめられた地球」はいずれも一九四三年の制作だ。太平洋戦争のただ中に制作された「この責め苦しめられた地球」は、石膏をひねって造ったものだ。この作品は、まるで泣きくずれている人間の顔だ。ハーフで日系二世のアメリカ人だったノグチの第二次世界大戦下における自分の顔を彫ったものではないか。ぼくには、そのようにしか見えなかった。

母の国と父の国とが戦争をする。自分には、アメリカ人の血と日本人の血が流れている。ゆがみ、泣きくずれているような、このブロンズの彫刻は、第二次大戦に対するノグチの苦しみと悲しみの姿そのものではないか。

「私のアリゾナ」は、二つの突起の間に、四角いファイバーグラスが置かれている。この四角いグラスの部分は、日本人収容所を表しているのではないかと思った。日本人収容所といっても知らない人が多いであろう。第二次世界大戦下の歴史の秘部として封印されたものである。

アメリカは真珠湾攻撃に対する報復としてカリフォルニア・ワシントン・オレゴン・アリゾナの各

州に居留している日系人十一万人を西海岸十六ヵ所に仮設された収容所に閉じ込めた。そこには監視塔が置かれ、鉄条網が張られ、銃を持ったＦＢＩの監視の目がたえず光っていた。

ノグチは、日系人という立場から収容所で美術教育を行い、アメリカ政府に貢献しようとして、アリゾナ州ポストン収容所に自分から入所を希望した。しかし、数週間の滞在で、それは甘い幻想でしかないことを悟る。収容所の中に学校を開設し、美術教育を行うことは、戦争という現実下では夢でしかなかった。ファイバーグラスの中は、のぞくことができる。監視されている収容所を「私のアリゾナ」で象徴して描こうとしたのであろう。

昨年の八月、東京都立庭園美術館で「アメリカに生きた日系人画家たち」という展覧会が開かれた。ここに、展示されている多くの画家たちの絵が、今もぼくの脳裏に焼きついていて離れない。収容所を描いた絵が何枚も展示されていた。日比松三郎の「砂漠から現れたコヨーテ」は、海抜一八〇〇メートルの高地にあり、冬はマイナス三十度にもなるという、その上コヨーテまで現れるトパズ収容所を描いたものだ。

小圃千浦「Ｍ・Ｐに撃たれたハッキ・ワカサ」は、収容所から脱走をしようとして撃たれたワカサを描いたものだ。同じ千浦の「悲しい窮状」には、寄り添うように一枚の毛布にくるまっている家族を描き、その上に彼の詞書が添えられている。「屋根もなく、電灯もなく、ストーブもなく、土凍る高原の夜の寒さ肌を刺す。夜具も足らず、みぞれ降る微宵。とらわれの身に心身ともに疲れ果てたるサニタナの人々」。

収容所の生活を描いた何枚もの絵の中には、砂嵐が吹き荒れ、コヨーテの遠ぼえに脅える砂漠の中の収容所を描いたものや、鉄条網に包囲され、監視塔では武装した兵士が睨みをきかせている絵もあった。

ドイツでユダヤ人を強制連行し、収容したのと同じようなことがアメリカでも第二次世界大戦下で日本人に対して行われていたのだ。

苛酷な収容所生活は美しい主義、理想のみでは乗り越えることはできず、結局ノグチは挫折をしてしまう。

「私のアリゾナ」は、そんな彼の収容所生活の体験を抽象化した作品だ。

会場を巡っていて、ヒロシマと名づけた作品の多いのに気づいた。「広島の鐘の塔」という作品がある。組み立てられた木組みの中に、四つの鐘が吊るされている。一番上の鐘は原爆を表しているのではないだろうか。

原爆慰霊碑の模型も展示してあった。

ヒロシマは、ノグチにとって原爆投下という点で、深い罪の意識を感ずる土地であったろう。

ノグチは、慰霊碑の設計を広島市から依頼された。精力的に、その模型を造ったが、広島に実際に建てることはできなかった。彼がアメリカ人であるというのが、その理由である。

アリゾナでは、日本人の血が流れているという理由で、収容所での生活を余儀なくされ、広島では、アメリカ人の血が流れているという理由で慰霊碑の制作を拒否される。戦争とはつくづくむごいものだと思う。

（一九九六・四・二三）

## 宇野千代

作家の宇野千代が六月十日に亡くなった。九十八歳という高齢であった。

宇野千代といえば、岐阜県の根尾村にある淡墨桜を思い出す。淡墨桜は、宇野千代が一九六七年、初めてこの地を訪れ枯死寸前の桜を見て、当時、岐阜県知事であった平野三郎に手紙を送り、保存を訴える。そして、自らも仲間の作家、水上勉たちに呼びかけ保存活動を始める。サクの設置、支柱の増加、周辺の整備などの朽木防止作業を始める。保存活動の盛り上がりによって、淡墨桜は、みごとに蘇った。

宇野千代の死を報ずる各新聞は、いずれも淡墨桜の再生に尽力したことを大きく書き立てていた。毎日新聞に、宇野千代が根尾村に泊まった時の宿屋の主人の談話が載っていた。

「桜を一目見て、宇野さんは、まだまだ生き残れる木なのに、どうして手入れをしないの。お金でなく、心の問題でしょと嘆いておられた。」

金ではなく、心の問題だといったところに宇野千代の面目が躍如している。

「帰途、私は岐阜へ寄って、太田町の前田産婦人科を訪ねた。なんのために寄ったのか分らない。とにかく利行氏に会って、と思ひ受附で訊くと、『老先生はつい去年の暮れにお亡くなりになりました。』と言う。私は嗣子の前田洲氏に会ひ、話のあとで、あの桜にまたもう一度根継ぎをすることが可能かどうか訊いた。おや、もし可能だとしたら、私がそれをやりたいと言ふのかと怪しみ乍ら、『あのときの大工も植木屋もまだ生きています。いまなら、父のやったあの方法でやれると思います。』とのことであった。

費用は百万もあったら足りると言ふ。酸化した古い土を運び出し、新しい土を入れる。かかるのは山までのその運び賃だけだと言ふ。桜のすぐ傍らに水田がある。あの水田を畑に変へると湿気が防げる。害虫を除去し、必要なら、あの青々と繁茂しているつげの木も取り払って、もう一度、根継ぎが必要かどうか調べる。いまなら、それが出来る。ないのは金ではなく、この淡墨の桜に、もう一度花を咲かせたいという渇望である。」

（宇野千代『親しい仲』講談社刊）

この文は、彼女が淡墨桜を見た帰途すぐに書いた文章である。この文が端緒になって、淡墨桜の保存活動がもりあがる。自分の見た桜を後代に残したい、思いついたら、すぐに実行に移すところが凄い。とにかく活動的だ。その日から、精力的に淡墨桜保存のために全国を動き回る。前田利行氏は、淡墨桜の老木に若木を根継ぎして、桜の命を救った人だ。淡墨桜を見て、帰途、すぐに前田医院を訪ねる。そういう実行力がなかったならば、淡墨桜は、今ごろ、見るも無残な姿になりはてていたであろう。宇野千代は、淡墨桜の命の恩人だ。

宇野千代は淡墨桜を再生させたが、自らの命を再生させることはできなかった。

今年の春、淡墨桜は、淡い、美しい花を咲かせた。来年の春もまた、いつもの年と同じように、多くの人の目を喜ばせることであろう。

しかし、桜を再生させた宇野千代は、もう、この世にはいない。

宇野千代は亡くなったが、淡墨桜が花開くかぎり、彼女のことは思い出され、語り継がれることであろう。

宇野千代といえば、また、恋多き女性としても有名だ。一九二〇年、従兄と結婚、そして、すぐに離婚する。その後、華やかな恋愛絵巻を繰り広げる。「人生劇場」の作家、尾崎士郎、洋画家の東郷青児、作家の北原武夫との恋愛遍歴だ。

宇野千代の死後、多くの作家が彼女の死についての感想を新聞に寄稿している。十二日の読売新聞に載った瀬戸内寂聴の記事が、いちばん印象深かった。

「宇野さんは、『生きていく私』の中に書かれたように、さまざまな男性と恋をし、人間の決めた道徳など、まるで意にも介さないような、大胆不敵な行動をとられている。そんな男たちとのいきさつだけを見て、宇野さんが恋だけに生きた女性と見たら大きな見当違いであろう。宇野さんにとっては、恋もまた、小説の肥料なのであった。宇野さんは超一流の男しか相手に選んでいない。夫も恋人も男友だちも、すべてが超一流なのであった。彼らから、思想も、美意識も、小説の技術まで吸い上げて、自分の文学の肥料にしている。別れの苦渋さえも、小説の中で甘美な思い出に昇華させてしまうのだ。別れも愉しくさせてしまう、そんな魔法の杖を持っている宇野さんの、生きていく道には恐ろしいものはなかった。」

男を選ぶ目のある人、それは賢さの証明であろう。

（一九九六・六・一五）

## 運命に接吻された女

芸術家の宿命とは、なんと厳しく、むごいものであろう。ここまで表現しなくてはならないのか。こんな形で表現しなくても、もっと異なった発表の方法もあったのに。慨嘆しながら、一つひとつの作品を見て回った。なんとも切ない気持ちになってきた。

カミーユ・クローデルの展覧会が、渋谷のザ・ミュージアムで開かれている。なんとしても見たいと思った。土曜日の授業が終わるのを、待ち受けるようにして渋谷に出かけた。

渋谷の街は、人の波だ。その渦の中を漂うようにして、ザ・ミュージアムに辿り着いた。場内の薄暗い照明の中に、カミーユ・クローデル、そして、彼女の師であり、愛人であったロダンの彫刻が展示されている。

いたましすぎる。悲しすぎる。今まで彫刻作品を見て、こんな感想を持ったことはなかった。カミーユは彫刻に自分の人生を投影しすぎたのだ。彼女は、彫刻に自分の人生の一齣、一齣を刻んでいった。大理石の上に、石膏の上に、自分の姿を刻みつけていった。

彫刻は造形芸術だ。綿密に計算された構図で、完全に、揺るぎなく対象を刻み続けていく芸術だ。対象を冷静に凝視し、把握した形象を、寸分の狂いもなく彫っていく。

カミーユが彫り、刻んだ対象は、自分自身の人生であった。計ることのできない予測できない運命を彼女は自分で刻んでいく。

彼女の彫刻は、一八八八年、ロダンとの愛の生活を始める二十四歳から、破局する一八九八年までの十年間の愛の軌跡を刻んだものだ。痛ましすぎる愛の結末は彼女に精神錯乱のような状態に陥らせた。そして彼女は、後半の人生の三十年間を精神病院の個室の中で過ごすことになる。それは格子のない牢獄であった。彼女は四十九歳の一九一三年から、一九四三年、七十八歳で亡くなるまで、隔離された病室で過ごした。

カミーユの人生は、師であるロダンとの出会い、濃厚な愛の一時、そして別離。貧窮と孤独の中での発狂に至るまでの時期と、病院での三十年間という長い時期との二つの期間に分けることができる。

こんなに厳しく自分を見つめなくても、もっと違った人生を送ることができたのではないか。三角関係の苦渋は、いつの世でもあるのだ。なにゆえ、そんなにまで厳しく自分を見つめるのだ。

見ていて息苦しくなるような彼女の訴え。運命を運命のままに受け止めることができない彼女の理性と感覚。それを作品として刻めば、刻むほど彼女の精神も肉体も傷ついていくのは、わかっているのに、彼女は彫り続けていく。それは芸術家の業というものだ。

三十年間の精神病院での生活の中で、彼女は、皮のついた馬鈴薯と殻のままの卵しか手にしなかったという。愛人であったロダンに毒殺されることを脅えていたのだ。ロダンとの愛の破局の後に作品を発表しても、世間はロダンの手の加えられたものとしか評価しない。作品の依頼はこないし公募展に応募しても落選ばかりだ。貧窮の度は、ますますひどくなる。彼女は、これらのことが、すべてロダンの差しがねであると誤解する。愛情は日に日に憎悪に変わっていく。そして、ついには、かつての愛人に殺されるとまで思い込むようになる。愛とは、なんと悲しいものであろう。

三十年間の気の遠くなるような狂った精神病院での生活。ロダンは治療費の負担はするが、ついぞ病んだ彼女を見舞おうとはしなかった。

一八九四年、彼女が三十歳の時に製作された二点の裸婦像がある。

「嘆願する女」の裸婦は対象を持たずに差し出された腕が空しく宙にとどまったままだ。

「飛び去った神」の裸婦も、両手を祈るように空に差し出したままだ。

二つの作品の作られた意図は、その題名からも明らかだ。ロダンに彼女は愛を嘆願するが、神《ロダン》は飛びさってしまう。

二つの作品は、なだらかな曲線によって形づくられる。いかにも女流彫刻家らしい作品だ。髪は凝固したようにこわばったままだ。

髪は女性の生命であるという。この凝固した髪は、彼女の精神の象徴以外のなにものでもない。二つの作品の前で、慄然とした思いで、いつまでもぼくは佇んでいた。

「分別盛り」（一八九八）というブロンズ作品がある。醜い男、それをかかえこむようにして連れ去ろうとする老婆、男に手を差し出す女。しかし、その手は男には届かない。これは、男はロダン、若い女はカミーユ、そして、老婆は、ロダンの内縁の妻ローズを表していることは明らかだ。カミーユとロダンの破局を、これだけ端的に表現した作品はないであろう。それにしても大彫刻家のロダンが、この彫刻ではなんと醜く、弱々しい男として表現されていることであろう。

やりきれないような思いで、一つひとつの彫刻を見ていった。これは、まるでカミーユが狂うための過程を作品化していったものだ。

そんな中で心休まる作品があった。もっとも好きな作品だ。「心からの信頼」（一九〇二）という作品だ。裸で膝をついている男が、上から身体を預けた若い女を支えている。女は身体を委ねきって目を瞑り、安堵のために右手を胸にあてている。男はもたせかけた女の顔にくちづけしている。

愛のかたちとして、こんなに美しく、清らかな像を見たことがない。信頼し合った男女の美しくも清い愛の姿。それは崇高な精神の世界だ。

師であるロダンに「接吻」という一八八六年に制作された作品がある。カミーユの「心からの信頼」は、ロダンの「接吻」から触発されたもの、影響を受けたものという指摘が根強くある。ロダンの作品は、固く、力強い。官能的な要素が色濃く漂っている。カミーユの作品は柔らかく、穏やかな印象を受ける。崇高な精神性をうかがわせるものだ。

生きるとはなんと悲しいことであろう。カミーユの作品の前で、ため息をつきながら、そんな思いを強く感じた。自らが狂うまでに、一人の男を激しく愛したカミーユ・クローデル。彼女の人生は幸福であったろうか。

彼女は運命に接吻され、自らの人生を狂わせてしまったのだ。


（一九九七・六・一八）

## おさげ髪の少女

一日に行われる校外分散学習の打合せのために、名古屋市美術館に出かけた。打合せが終わった後、美術館側の担当者、江崎先生に常設展示場を案内していただいた。江崎先生は、昨年まで名塚中学校の校長をしていらっしゃった方だ。今年から美術館に勤めていらっしゃるが、とても定年退職をされた方とは思えないほど若々しく、お元気だ。

笑顔を絶やさず、丁寧に応対をしていただいた。名古屋市美術館の収集の基本は、エコール・ド・パリの作家、メキシコの絵画、そして地元の作家の作品だ。先生は、公立中学校で長年勤めていらっしゃっただけに、生徒の実態をよくご存じだ。

「常設展示場の作品は、興味がよほどないとじっくり見ることはできないでしょう。オランジュリーの方は、今日もたくさんの人が来ていますが、生徒は関心を持って鑑賞するでしょう。両方、ご覧になるとよいと思います」

「それでも、そこにあるモディリアーニの『おさげ髪の少女』などは、生徒は喜ぶのではないでしょうか」というと、

「あの絵は、名古屋市美術館の目玉の作品です。中学校一年の美術の教科書の表紙には、『おさげ髪の少女』が使われています。高一の生徒は、四年前に教科書で見て、よく知っているはずです。『おさげ髪の少女』は、生徒によく見てほしい絵です。」と言われた。

そんな会話をしながら、先生とモディリアーニの絵に見入っていた。モディリアーニは、学生時代から大好きな画家だった。彼の描く裸婦の複製画を部屋に飾って、いつも、その絵を見ていた。退廃的で、どこかもの憂い表情のモディリアーニの裸婦は、下宿生活をしている貧乏な学生になにか訴え

るものがあったのだろう。

昭和三十年の半ばに学生生活を送った若者は、安保騒動の余波の大きな学生運動の渦に巻き込まれた。そして、それはあえなく挫折した。そんな時、当時の学生の心情に訴える流行歌が、いつもラジオから流れていた。

「アカシアの雨にうたれて、このまま死んでしまいたい」という西田佐知子の歌であった。「アカシアの雨」とモディリアーニの絵は、当時の学生の心情をもっともよく反映させていたものであった。「アカシアの雨」がラジオから聞こえなくなるころ、いつかモディリアーニの絵に対する熱も冷めてしまっていた。モディリアーニは学生時代の一つの熱病であったかもしれない。


名古屋市美術館が開館されて、モディリアーニの「おさげ髪の少女」が入るとすぐ見に行った。それから、何十回もこの絵と対面している。

最初、この絵を見たとき、モディリアーニらしからぬ絵だと思った。

モディリアーニの絵は、誰が見ても、一目で彼のものだとわかるほど特色のある絵だ。

それは卵形に還元された顔であり、幾分首を傾げた表情であり、細長いデフォルメされた首である。鼻も思い切り垂直に切り取った形で描かれている。彼の描く眼は、どこを見ているかわからない。放心状態の人のようだ。

ところが、このおさげ髪の少女の絵では、少女の眼は大きく開かれている。強い視線で、正面を見据えている。鼻も曲線に描かれていていてデフォルメされていない。首は、おそらくモディリアーニの描いた肖像画の中で、もっとも太く、短く描かれているものだ。

裸婦像にみられる、くずれた線や、肖像画にみられるデフォルメされた表情、そして薄い、淡い色彩。そんなモディリアーニの造形や構成とは、まったく異なった絵が、「おさげ髪の少女」だ。

身体のくずれた線は、退廃的な雰囲気を濃厚に表している。傾げた長い首は、もの憂い病的な感じを与えるものだ。細い眉、どこを見つめているかわからない放心状態の眼からは、なんともいえない、やるせなさが伝わってくる。淡い、薄い色彩で描かれた人物からは、なにか痛々しいほど弱々しい感じを受ける。


この「おさげ髪の少女」は、そんなモディリアーニの描く人物像とは、まったく無縁であるかのように、りりしい表情で正面を見据えている。

なぜモディリアーニは、このような少女を描く気持ちになったのだろうか。しばらく絵の前で考えていた。


退廃的で病的なモディリアーニの描く人物像は、酒と麻薬で身を持ち崩し、わずか三十五歳で亡くなった伝説の画家が描いたものだけに、いっそう強く、見る人に訴える力がある。

モディリアーニが亡くなったのは、一九二〇年一月二十四日だ。死因は結核性の脳膜炎であるが、酒と麻薬が彼の命を縮めたことは明らかだ。

モディリアーニの亡くなった翌日、彼の妻、ジャンヌは、二番目の子供を身籠ったまま、実家の六階の窓から身を投げて自殺した。

彼が描く病的な弱々しい人物像は、モンマルトルやモンパルナスの街で酒と麻薬に身を持ち崩した、幻想の中で描かれたものではないだろうか。

弱い、薄い色彩は、彼の絵に対する執念の欠如ではないかと思っている。彼が、この「おさげ髪の少女」を描いたのは、一九一八年、三十四歳の時だ。

酒と麻薬びたりの彼の健康を心配した画商ズボロフスキーが、この年、彼を南仏に転地療養に行かせた。ズボロフスキーは、今、開かれている「オランジュリー美術館展」の作品を収集したギョームの後を継いでモディリアーニの絵を専属に扱った画商だ。モディリアーニは転地先のコート・ダ・ジュールで、「おさげ髪の少女」を描いたのであろう。

この絵にみられる明るさ、重厚さは、それは少女の衣服の赤の色とバックの塗り潰された青の色とによく表れている。モディリアーニの絵を見ていると天才が才能にまかせて一気に描き上げたような感じを受ける。しかし、このおさげ髪の少女はじつに丁寧に、根気よく描き上げられた絵だ。

モディリアーニは、健康なおさげ髪の少女を、自分の再生の願いをこめて描いたのではないか。

江崎先生に、そのことを話して感想をうかがいたいと思ったが、先生はモディリアーニの絵の前を離れてメキシコ絵画の方に向かわれた。一度、先生に、そのことについて聞いてみたいと思っている。

モディリアーニらしからぬお下げ髪の少女像の前には、今日も多くの人が立って、じっと見入っている。

（一九九九・三・八）

## シベリアの王女

いつも気にかかっている絵があります。なんでもない情景を描いた絵ですが、ふと、その絵が心に浮かんでくる時があります。初めて、この絵を見た時から強烈な印象を受けました。

その絵は名古屋市美術館の企画展示室に飾ってあるドイツの現代画家アンゼルム・キーファーの「シベリアの王女」という絵です。

初めて、この絵を見たのは「モネ展」の時ですから、もう四年も前のことです。その年、「シベリアの王女」を名古屋市美術館が収蔵しました。その時以来、美術館の地下にある企画展示室で、いつも、この絵の前で立ち尽くしていました。

企画展示室には、モディリアーニの「おさげ髪の少女」やユトリロの「マルカデ通り」という有名なエコール・ド・パリの作品が展示してあります。しかし、それらの有名な作品の前はあわただしく通り過ぎるだけです。「シベリアの王女」だけが心を惹きつけて離しません。そして、この絵の前に、じっと立ち尽くすのが習慣となってしまいました。

「シベリアの王女」は横五〇〇センチメートル、縦二八〇センチメートルの大きな絵です。第一室の壁面いっぱいに、この絵は飾られています。

二本の鉄路が画面の中央に描かれています。

鉄路を挟むようにして、軒の低い家並みが続いています。この絵には人物は一人も描かれていません。人物が一人も描かれていないにもかかわらず、題名が「シベリアの王女」と名づけられているところに、作者キーファーのねらいがあるようです。

シベリア鉄道の終着駅を描いただけでは、どうもないようです。

荒涼として、果てしないシベリア鉄道の終着駅のもの寂しい情景に、なぜ「シベリアの王女」と名づけたのか、しばらく、いつもそのことを絵の前に立って考えていました。大きな謎として、心に引っかかっていました。絵をよく見てみると終着駅の情景とは、まったく関係のないものが、二つ描かれています。

シベリアの凍てついた終着駅の情景が写実的に、丁寧に描いてあるこの絵に、挟雑物としかいいようのないものが二つ描かれています。

一つは右の端に、実物の女性用の靴が、無造作に下げられています。その靴は血塗られています。

もう一つは、鉄路の奥、右と左に立ち並んでいる人家の上に、四角い旗のような茶褐色のものが聳えています。

この絵は鉛を張り詰めた上に、シベリアの終着駅の情景だけを、四角に切り抜いたキャンバスに油彩で描いたように見えます。鉄路の脇からは、はみだした鉛が見えます。鉄道の上には、ざらざらとした砂が剥き出しになっています。

鏝で画布を焼いたところ、布がはみ出ている所、この絵を近くで見た時は、何を描いたものか、とまどうばかりです。

鉛と砂という素材の与える印象のためかもしれませんが、無機質な乾いた感じを、この絵から受けます。


近くで見ると砂や画布がはみ出て、盛り上がっている所、低い所と画面は起伏に富んでいます。遠くからこの絵を見ていると、二本の鉄路の上にライトが輝いているように明るく見えます。旗のように見えるものは、離れてみると竜巻のように見えます。

ちょうど、この絵から十メートルも離れたところに、腰掛けが置いてあります。そこに腰をおろし、この絵を見ていました。

シベリアの終着駅、血塗られた靴と二つ並べれば「シベリアの王女」はロシアの最後の皇帝ニコライ二世の皇后アレクサンドラを指していることは、明らかです。

血塗られた靴は、エカチェリンブルグ（現スヴェルドロブスク）で一九一八年七月十七日に処刑されたアレクサンドラのものでしょう。

二つの竜巻のようなものは、ニコライ二世とアレクサンドラの昇天していく様子を描いたものとも読み取れます。

ニコライ二世とアレクサンドラの処刑は、二十世紀初頭のことでした。レーニン、トロツキーの率いるボリシェビキ（社会民主労働党）がネバ川に停泊中の巡洋艦、オーロラ号の砲声を合図に武装蜂起を起こし、首都ペテログラード（現サンクトペテルブルク）の冬宮に立てこもっていた、時のロシア臨時政府（ケレンスキー首相）を打倒しました。レーニンはそのときソビエト政権樹立を宣言しました。

ニコライ二世とアレクサンドラの死、レーニンの十月革命の成功は、世界史上最初の社会主義国家をロシアに樹立しました。それは、「人類史の新しい黎明」と称せられました。

しかし、二十世紀末の現在、ロシアの状況はどのようになっているのでしょうか。かつてのソ連は崩壊し、ロシア国内の政治・経済体制は不安定な状況が続いています。

ロシア革命がもたらした社会主義神話は、もろくも八十年たった現在崩れてしまったように感じます。

人物が一人も描かれていないシベリア鉄道の終着駅。血塗られた靴が一つぶら下がっていて、砂や鉛が剥き出しになっている、この絵を通して、キーファーは何をぼくたちに訴えているかを、しきりに考えていました。

非情の画面に描かれているのは不毛の光景です。

不毛の光景は、シベリア鉄道だけではない。十月革命そのものが不毛ではなかったか。キーファーはそのように問いかけているように思います。

多くの人が革命によって亡くなりました。血によってもたらされた代償はスターリンの暗黒政治だけです。十月革命は何であったか。キーファーは、この絵を通して、ぼくたちに、そのように訴えているように思います。

二十世紀がまもなく終わります。ユートピアを希求した革命は、大量の虐殺をもたらしました。血にまみれた内戦は、現在も終わることなく世界の各地で起こっています。

キーファーの「シベリアの女王」は、人間が、同じ人間を殺しあうという愚かさを告発しているものだと、この絵を見ていて感じました。

それにしてもキーファーの描く不毛のシベリアの地は、なんともいえず不気味です。

（一九九九・二・二〇）

## 源氏物語絵巻

公孫樹の木の葉が、木枯らしの中を乱舞して歩道に舞い散っていた。金色にきらめきながら夕陽をうけて散ってゆく公孫樹の葉は、さながら生命のときめきを最後にきらめかしているかのようであった。このぶんでは、明日の朝には、公孫樹は裸木になっているかもしれない。散りぎわの美しさでは、公孫樹に勝るものはないであろう。木枯らしが一晩、吹き荒れれば、公孫樹は一本の木すべてがきれいに葉を落としてしまう。公孫樹が裸木になった時には、外はもう冬の装いだ。ぼくたちは暦によって、季節の推移を知るのではない。身の回りにある一本の木、一本の草によって、時の移り変わりを実感するのだ。

葉を落とした裸木を見るとき、明日からは寒くなるだろうと、しみじみと冬の到来を感ずる。

十一月の半ばになると、ぼくはいつも車の中から、注意深く公孫樹の木を観察する。一本の公孫樹の大木が葉を落としている。その様子を見に行く日を決めるためだ。

一本の公孫樹の大木。それは徳川美術館の正面玄関の前にある木だ。一年に一度だけ、この大木は正装してぼくたちを迎えてくれる。音もなく、無数の木の葉が日の光を浴びて、ゆっくりと散ってゆく様子は、まことにみごとな眺めだ。その眺めに出会うことができるのは、一年に一日か二日しかないであろう。散る前でもいけない、散った後でもいけない。木の葉が散っている。その瞬間でなければならないのだ。

その僥倖の一日を見計らって、徳川美術館に出かけることは、ぼくの年中行事の一つとなっている。

日曜日の朝、今日あたりは公孫樹の乱舞が見えるかもしれないと、美術館に出かけた。今年は開館六十周年記念で、源氏物語絵巻の全巻が展示されている。徳川美術館所蔵のものだけではない。東京国立博物館の若紫の段が、五島美術館の鈴虫・夕霧・御法の段も展示されている。現在、日本に現存している源氏物語絵巻のすべてが一堂に会したわけだ。

会場は大変な混雑であった。源氏物語絵巻が展示されている部屋の前では、長い列ができている。若紫の段は、初めて見るものだが、あとのものは今までに、何回か見ているなじみのものばかりだ。

絵巻の中では、ぼくは柏木の巻が大好きだ。柏木の巻は、三段残っているが、いずれの段も極めて色鮮やかなものばかりだ。

第一段の絵は、源氏の館、六条院の一室の光景だ。源氏の妻、女三の宮は、柏木と過ちを犯し、不義の子、薫を出産する。おのれの罪におののき、女三の宮は出家を決意する。それを引き止めようと父親の朱雀院が見舞う場面である。

第二段の絵は、今は生きる術を失った柏木の息を引き取る寸前の図である。

第三段の絵は、薫の誕生、五十日目を祝う御五十日の儀の場面だ。源氏が祝膳の前で、白襲ねの冠、直衣姿で薫を抱き、顔を傾けてしみじみと薫の顔に見入っている場面だ。華やかなはずの儀式もひっそりとし、ただ源氏の悲痛な首を傾けた表情だけが痛々しい。

源氏の胸を去来する感慨はなんであろうか。自責の念にかられて病状がしだいに重くなった、不義の子の父柏木の薄幸をしのんでのものであろうか。良心の呵責に悩み、出家を決意している妻、女三の宮の心情を慮ってのものであろうか。あるいは薫の将来を心配してのものであろうか。

わが実の子ではないのに、わが子として薫を抱かねばならぬ。源氏の胸にある思いは、おそらくわが身の昔の秘め事を思ってのことであろう。源氏は、義母、藤壺の女御とただ一度だけ過ちを犯した。

桐壺の帝は、そのことを知らず、藤壺の女御と源氏との間に生まれた子を春宮とした。後に、冷泉帝となられた方だ。自分の犯した罪と同じ過ちによって生まれた子を、わが子として育てねばならない。なんという運命の皮肉であろうと源氏は思っているに違いない。

源氏物語絵巻とその名前を聞いただけで、華やかな王朝の雅の世界を想像する。しかし、現実の絵巻から、ぼくの受けた印象は、悲哀と寂寥に包まれた人間の運命だ。人間の持って生まれた寂しさだ。美術館の椅子に腰をかけながら、飽きることなく、陽光を浴びて散る公孫樹の葉を眺めていた。源氏物語絵巻も、あの公孫樹の木のように、美しく散る人間の姿を描いたものだ。

こぶりな黄色い葉が、ゆったりと空で舞いながら地上に降りてゆく。一枚、二枚散ってゆくその葉が、いつかぼくには日めくりのように見えてきた。あのようにして人間は一つひとつ日を重ね、年を重ねて、死んでゆくのであろうか。人間は罪を犯し、人を苦しめて生きていく。源氏物語絵巻そのものの世界だ。しかし、それでも美しく華やかなものに出会うことが、この世に生あるときだけだと公孫樹の木は教えてくれているような感じがした。

（一九九五・一一・二九）

# 考える

# 時は流れ、川は流れる

名古屋の中央を縦断して堀川が流れている。

中学も、高校も堀川の近くに学校があり、堀川を渡って、通学していた。電車が堀川に近づくにつれ、いつも、なにか張り詰めたような思いと気怠さが漂うような気分に陥った。授業が終わり、市電がゆっくりと堀川の上を越していく時、ほっとした解放感を味わった。

学生時代、映画が大好きだった。納屋橋界隈には、映画館が何軒もあった。映画館は、いつも超満員だった。今も、心に残っている名画のいくつかは、納屋橋界隈で見たものだ。

当時、広小路通りは、散歩をする人で、大変な賑いであった。納屋橋からは、行き交う人が途切れることはなかった。

友だちと落ち合うのも納屋橋の上であった。映画を見終わった後、納屋橋の上からネオンの瞬く堀川を眺めていると、満ち足りた思いが込み上げてくるのであった。

大学時代、毎年、休暇になると城西県税事務所でアルバイトをしていた。瀬戸電の堀川駅から堀川端を歩いて、城西県税事務所に通った。

今は瀬戸電が栄まで入り、堀川駅は跡形もなくなっている。

無くなったのは、瀬戸電の堀川駅だけではない。無二の親友までも亡くしている。中学時代からの親友は、円頓寺の老舗の呉服屋の一人息子であった。大学を卒業し、彼は呉服屋を引き継いだが、堀川に睡眠不足と疲労のため誤って、自家用車ごと飛び込み帰らぬ人となってしまった。彼が亡くなった後、店はまもなくたたまれ、今は空き地になっている。

彼とは、円頓寺の喫茶店で時間を忘れて話し合ったが、今は、その喫茶店も無くなっている。円頓寺の通りそのものが、当時とは比較にならないほど寂れてしまった。堀川界隈は、青春の名残りをとどめる地であり、堀川は、青春の悩みと悲しみを漂わせて流れる川であった。

時は流れ、川は流れる。

今、堀川は瀕死の川になっている。ゴミが漂い、ヘドロにまみれた川になってしまった。かつては、家庭の生活汚水が堀川に垂れ流され、塵芥が堀川に投げ捨てられていた。

堀川は、名古屋の街を造るにあたり、その資材を運搬する川として福島正則によって掘削された川だ。名古屋の歴史とともに歩んできた川であり、名古屋の母なる川と呼ばれている川だ。

人間の手によって汚れた川は、人間の手によって再び浄化しなければならない。堀川浄化の機運が、今、盛り上がってきている。

昨年度、担任をした高一の生徒は堀川を文化祭で取り上げた。クラスで話し合い、堀川が、今どのような状態であるかを、自分たちで歩いて確かめることにした。

一学期中間試験が終わった後、上飯田の夫婦橋から城西橋まで歩いた。

夫婦橋から猿投橋までの間は、御用水跡街園として遊歩道になっている。堀川の両岸は桜並木で、花見どきには、大変な賑いとなる。

北清水橋の下は親水公園になっていて、両岸は整備されている。北清水橋を跨ぐようにして高速道路の黒川ランプウェイがある。

期末試験の終了後、城西橋から納屋橋まで歩いた。

城西橋の下には、大きな鯉が何匹も泳いでいた。亀も水面に首をもたげて、悠々と川面を泳いでいた。汚れた川の中でも、鯉や亀が生息している。人間が見向きもしなくなった川に生息している鯉や亀を見て、生徒たちは歓声をあげていた。

鷹匠橋の付近には何台もの自転車が放置されている。幅下橋では、橋げたにヘドロがこびりついているのを見た。

円頓寺の商店街を越すと四間道《しけみち》だ。白壁が続いている。格子造りの家の前では、鉢植えの花が陽光にきらめいていた。時計が止まったかのようなのどかな通りであった。

桜橋を越すと堀川沿いに空き地が目立つようになった。駐車場になっている所もある。堀川端に住んでいた人が、あまりの悪臭に堪えかねて引っ越しをしたのであろう。

夏休み前の短縮授業中に、納屋橋から尾頭橋まで歩いた。納屋橋界隈は風俗営業の店とラブホテルが軒を連ねている。人間の欲望が剥き出しになっている原色の街だ。けばけばしい通りを歩くのは気がひけるように感じた。おとなでもそうであるから子供や学生はなおさらのことであろう。

堀川端を何人もの人が、肩を落としながら歩いているのに出会った。なにごとかと見てみると場外馬券場から帰ってくる人の群れであった。

現代の堀川は、性と金という人間の本能を映す川になっている。

終業式の後、尾頭橋から七里の渡しまで歩いた。材木が堀川を覆うようにして浮かんでいる。なぜ、堀川に材木をうかべるのか。疑問に思った生徒が材木置き場の人に尋ねた。「木を腐らせないために川に浮かべている」という返事だ。「堀川が汚れませんか」と尋ねると「今、堀川は汚れた川になっているから、多少汚れてもしかたがない」という答えであった。

堀川端の公園では、ホームレスがテントを張って生活をしている。

今、当時のことを振り返って考えると、よくぞ、あの暑い中を歩いたものだと思う。しかし、ひたすら歩くことにより、堀川の流れを見て、そこから多くのことを感じたであろう。歩くことにより、現代の都市が抱えている多くの問題を認識することができた。それは、ゴミの問題であり、ホームレスの問題であり、放置自転車の問題であり、風俗営業の問題だ。

堀川は何も語らず流れていく。しかし、川は現代の社会を映している。川を見ることによって現代の社会を知ることができる。

堀川は訴えている。今、瀕死の状態であると。堀川を瀕死の状態から救うには、一人ひとりが堀川に関心を寄せることだ。

（一九九九・一・二六）

## マイリバー・マイタウン

東京の隅田川、福岡の紫川、そして名古屋の堀川は建設省のマイリバー・マイタウン計画に指定された。名古屋でデザイン博が開催されたころであると記憶している。三つの川は、いずれも都会の中を流れる川で、川を浄化し、その周辺を整備することによって、都市の美化をはかろうとする計画であった。

かつて、都民から見向きもされなかった隅田川は、利根川の水を導入することによって甦った。今では、水上バスが走り、納涼船が浮かぶ川に変わってきた。

福岡県の紫川も、すっかり変貌し、都会のオアシスとなっている。

堀川のマイリバー・マイタウン計画は黒川、納屋橋、白鳥橋の三地区で整備事業が行われた。長い年月と膨大な費用をかけての事業だ。三つの地域には、なんども立ち寄り、工事の進捗状況を見てきた。

二十二日の土曜日、春のような穏やかな天気だ。堀川を歩くには絶好の日和だ。地下鉄の黒川で降りて、北清水橋の親水公園に行く。

対岸の護岸工事も終わり、遊歩道も北清水橋の下を抜けて作られ、すっかり整備されている。親水公園の中には、新聞紙が散乱していた。煙草の吸殻が何本も捨てられている。植え込みの中には空缶が投げ捨てられている。

造成されたばかりの公園が、すっかり荒れ果てた公園になっている。

公園は子供たちの遊び場だ。公園は人々が憩う場所だ。

対岸には、アパートやマンションが見える。穏やかな土曜日の昼下がりだ。狭い部屋の中に閉じ籠もっているより、公園で親子連れが遊んでいる情景が見られてもよいと思うが、一人の姿も見られない。

なぜだろう。堀川を見つめて、その理由がすぐわかった。堀川が汚れているからだ。悪臭が漂っているからだ。

黒く淀んだ川からはメタンガスの不気味な渦がひっきりなしに湧き出ている。

黒い淀みの中で、何かうごめくものがいる。目を凝らして見ていると大きな鯉だ。

昨年の秋、この親水公園に立ち寄った時のことだ。地元の中学生が釣糸を垂れていた。

「何が釣れるの」と聞いてみると「大きな鯉が釣れるよ」という返事であった。

濁った川の中にいる鯉は、もちろん食べることはできない。釣りそのものを楽しんでいるのだ。

メタンガスがわき、油が浮き、ゴミが漂う川でも、鯉は生息できるのだ。


川は死んだ状態であっても、魚は生きている。

川が死んでいるから、親水公園で遊んでいる親子連れは見当たらない。川から悪臭が漂い、汚れているから遊歩道を散歩する人はいない。

堀川に水が流れ、浄化されないかぎり、公園も遊歩道も誰からも見向きされず、放置されているだけだ。

親水公園という名前はつけられているが、堀川が汚れているから、川に親しむという公園にはなっていない。


北清水橋から、納屋橋に移る。納屋橋の下にも、狭い遊歩道が完成している。しかし、今は川辺に降りることはできない。

納屋橋界隈は、川岸に多くの人家が密集している。両岸に遊歩道を作るとなると大幅な都市計画が必要だ。風俗営業の店も納屋橋近辺には多い。完成された遊歩道を、子供連れで歩くことができるであろうかと、いささか心もとない感じになった。

納屋橋まで水上バスを走らせるという計画がある。川の汚れと悪臭がなくならないかぎり、バスに乗る人はいないであろう。

納屋橋の上を多くの人が往来している。立ち止まる人も、納屋橋の上で佇む人もいない。かつての情緒や風情は、今の納屋橋からすっかり姿を消している。

今の納屋橋は原色の街であり、乾いた街だ。性と金がうごめいている街だ。

大正時代、納屋橋を作った中島彦作は、採算のあわない仕事を受け持ったために倒産したという。名古屋の誇りになるような橋を造りたいという意図で仕事をしたために、採算を度外視したからだ。

今の納屋橋は、名古屋の誇りといえるであろうか。名古屋の恥として他県の人から笑われるということはないであろうか。


納屋橋から白鳥橋に移る。

千年プロムナードに入っていく。プロムナードの入り口が、どこにあるのか、なんの標識もない。地元の人しか、この遊歩道を知っている人はいないであろう。愛知時計の裏塀沿いに遊歩道は作られている。街灯は、愛知時計の中に設置され、工場の中を照らすようになっている。遊歩道は夜ともなれば、真っ暗の夜道となるであろう。

遊歩道が白鳥橋で途切れてしまい、白鳥公園の方に行けないのも不便だ。一時間ほど堀川の流れを見つめていたが、地元の人が自転車で通られるだけだ。

堀川が美しい流れにならないかぎり、マイタウンは生まれない。黒川、納屋橋、白鳥橋と三つの整備地域は、本当にマイタウンになっているであろうか。堀川を、本当にマイリバーといえる人がいるであろうか。

歩く人のいない遊歩道、遊ぶ人のいない公園になっているのは、堀川が汚れた川であり、悪臭がたちこめている川であるからだ。

堀川が、美しい流れにならないかぎり堀川端を散歩する人も、堀川に遊ぶ人もいないであろう。いや、死んだ川である堀川の名前さえも、人々から忘れさられていくであろう。

マイリバー・マイタウン計画が隅田川や紫川では、なぜ成功したのか。なぜ、人々が背を向けた川から、人々に親しまれる川になったのか。

それは、東京や福岡の人たちが、自分たちの街を流れる川を美しい川にしたいという強い熱意があったからだ。

二十一世紀は、君たちの時代だ。そして環境の時代だ。自分たちの街を流れる堀川が今のままの状態でよい道理はない。

そのことを考えると堀川の再生は急務を要することだ。堀川に関心を寄せることだ。

(一九九九・一・二七)

# 白い壁の道

白い土蔵の並ぶ道が、はるか遠くまで続いている。土蔵を挟んですぐ東側を、黒い水の堀川が流れている。白い壁の道は、町並み保存地域に指定され、一本の美しい通りとなって桜通まで続いている。白い壁を挟んで、整然とした美しい街並みの通りと汚れた流れの堀川とはなんとも対照的な眺めである。

白い壁に反射するかのように、暑い日差しが道に照りつけている。円頓寺の商店街の一本北の通りを乳母車を引きながら老婆がゆっくりと、こちらに向かって歩いてくる。

腰が曲がって歩行が困難になったので、乳母車を押しながら、歩いていらっしゃるのであろう。

白い壁の土蔵に見入っているぼくに、丁寧にお辞儀をされる。なんとなく、その老婆について行くような格好で、肩を並べながら円頓寺の商店街の方に歩いていった。

「このあたりに住んでいらっしゃいますか」と聞いてみる。

「もう五十年も、堀川端に住んでいます」。

「堀川の汚れは、ひどいですね」と言うと、

「それでも昔に比べると、ずいぶんきれいになりました。その昔は、ここで水泳ぎをしたものです。川にはまって亡くなった子も何人もいますよ」とおっしゃる。

このどぶ川と化してしまった堀川も、その昔は水泳ができたきれいな川であったという。

「堀川はえといって、堀川で取れたはえを佃煮としたものが名物でした」。魚が泳ぎ、子供たちが水遊びをするような清流であった時代が、何十年も前には堀川にあったということだ。

円頓寺通りに買い物にでも、老婆は行かれるのであろうか。「あそこの橋が五条橋です」と言って、円頓寺の通りの中に消えていかれた。

五条橋は石畳が敷きつめてある橋だ。その橋の上を車輪をきしませながら、何台もの車が通って行く。橋の上にたたずんで、しばらく堀川の流れを見つめていた。橋の両側に、黄色い実をつけた木が見える。八朔《はっさく》の木であろうか。黒い水の流れの上に、たわわに実った大きな黄色の八朔が影を落としている。汚れた川の辺に、色あざやかな黄色の八朔が、美しく実っている。なにか異様な感じを受ける眺めであった。

八朔の下に、放置された自転車が浮かんでいる。心ない人が、自転車を乗り捨てて、堀川に投げ込んだのであろうか。

五条橋の西北の隅に、今は使われなくなった交番がある。その交番の前に立て札がしてあった。慶長年間の「清須越し」の時に、この五条橋は架けられたもので、その擬宝珠は名古屋城に今は保管してあると書かれている。

「清須越し」の時に、橋梁の一部や擬宝珠は、清洲の町の五条川にかかる五条橋のものを持って来て、それをそのまま使用したという。五条橋という橋の由来は、清洲の五条橋から来ていることはいうまでもない。

徳川家康が名古屋に城を建てるまで、尾張の中心は清洲であった。当時の清洲の人口は、戦国の世でありながら六、七万人であったといわれている。家康は、清洲の城を取り壊し、清洲の町を、そっくりそのまま名古屋に移すことを考えた。

城の櫓や門、神社、寺、民家すべてを解体して名古屋に運ばせた。清洲の町から五条川を船で下り、庄内川に入り、伊勢湾から熱田に行く。そこから船で堀川を上って荷物を運んだといわれている。

慶長十四（一六〇九）年のことだ。

これを「清須越し」という。

この大移動が成功したのは、清洲と同じ町名、本町・長者町を名古屋の町でも使い、同じ橋の名前、五条橋を使って、新しい名古屋の町を、自分たちの住んでいた古い町と同じような町にしたからだ。七万人の人々が大移動し、それが成功したのはかつて例のなかったことであろう。

五条橋のたもとから桜通に向かって白い土蔵の並ぶ道を四間道《しけみち》という。元禄十三（一七〇〇）年に名古屋の街に大火が起きて、それを機に堀川端の道を拡張して、四間（約七・二メートル）の幅の道にしたところから四間道と呼ばれている。

四間道の堀川沿いには、白い土蔵の家が立ち並んでいる。かつては堀川の水運を利用して、この土蔵におびただしい物資が運ばれてきた。土蔵にいったん入れられた物資は、また大八車に積まれて四間道を走り、名古屋のいたるところに運ばれていったのであろう。
四間道に残る白壁の豪商たちは、「清須越し」の商人たちであるところから、四間道を名古屋の商人のふるさとと呼んでいる人もいる。

しばらく四間道を歩いて行くと白壁の土蔵が四棟建ち並んでいる家があった。川伊藤家である。松坂屋の社主である伊藤家に対して、この堀川端の伊藤家は川伊藤家と呼ばれている。川伊藤家は昭和三十九年に名古屋市指定の文化財となっている。

川伊藤家のような「清須越し」の御用商人の白壁は、かつては桜通まで建ち並んでいたが、今は浅間神社のところで途切れている。

その昔は漆喰の土蔵が続いていた道であったが、維持することの困難と漆喰を塗る職人が不足しているためであろうか、今は土蔵にさわってみるとコンクリートの白壁に変わってきている。板塀の家にはモルタルが塗られている。白色の土蔵も、黒い板塀も、今、塗り替えられたかのように色あざやかだ。

土蔵の前に建てられている街灯も、古色蒼然たるものだ。自動車が通らなければ、この道は、江戸時代の昔そのままのたたずまいだ。

誰も通らない昼下がりの四間道を歩いてゆく。この一画は、時代から取り残されているかのような静けさだ。

浅間神社の森の中から鳥のさえずりが聞こえてくる。

江戸の昔そのままの四間道と、時代の流れの中で、すっかり変わって、どぶの川となってしまった堀川とあまりにも対照的な違いは、どこに原因があるのであろうかとしばらく考え込んでいた。


（一九九七・六・一二）

## 御嵩町から

岐阜県御嵩町の柳川喜郎町長が、自宅マンション前で二人組の男に襲撃をされ、瀕死の重傷を負ってから丸一年たちました。いまだに犯人は検挙されず、真相は藪の中で、事件の究明は一向になされておりません。

町長が襲撃されてから、この一年の間に御嵩町には、なんども出かけました。小和沢の産業廃棄物処理場計画が持ち上がっている現場にも、いくども足を運びました。

その中で、いくつものことを学んできました。その一つは、問題の発端となった産業廃棄物を初めとするゴミの問題です。どういう所がゴミ処分場として、業者から目をつけられるのかが、現地に行ってよく理解できました。山間の傾斜地で、自動車が入ることができ、人目につきにくい所という条件が必要のようです。そこに、次から次にとゴミ処理場ができていったならば、東濃の山は、そのうちゴミで埋め尽くされてしまう日がくるかもしれません。

厚生省の調べによると、九四年度の一般廃棄物の排出量は五〇五四万トン（八五年度比約一六％増）だったのに対し、産業廃棄物の排出量は四億五百万トン（同約三〇％増）で約八倍にものぼっています。これは、大量生産・大量消費の社会システムをよく反映している数字だと思います。最終処分場の残余年数は九三年度末現在で、一般廃棄物で八・二年、産業廃棄物は二・三年しかないそうです。名古屋市のゴミ処分場である多治見市の愛岐処分場も、あと二、三年で満杯になるということです。増え続けるゴミをどのように処分するか、ゴミを減量化し、資源化していくにはどのようにするか、早急に解決しなければならない問題であると思います。

御嵩町の産業廃棄物処分場をめぐる一連の騒動は、ゴミ問題や産廃問題に大きな一石を投じました。

次に、御嵩町から地方自治のあり方を学んできました。

全国で最初の産廃処分場の是非をめぐる住民投票が御嵩町で七月に実施されました。住民自身が町のことを自分で考え、それを投票という形で自分の意見を表しました。

町民の住民投票に対する取り組みには悲壮感さえ漂っていました。

陶器会社を経営し、住民投票実施の署名集めの中心であったTさんは「命がけでした。いつ町長のようにテロにあうかわからないので、防弾チョッキをつけていました」と投票が終わってから語ってみえました。

「署名は、いつ自分が倒れるかわからないので、妻にも話さず、家の金庫に大事に保管していました」と投票が終わってから笑いながら、その当時のことを話して下さいました。住民投票に向けて、かたわらからはわからない事情の中での命がけの取り組みであったと思います。

Tさんと同じように署名集めを当初から積極的に行ってみえたOさんは、「私のような普通の主婦が、子供たちのことを考えて、産廃の街にしたくないと訴えたところに、今度の住民投票の意味があると思います」と言われました。特定の政治や思想の持ち主ではない、無私の精神で、産廃の街にしたくないという純粋な気持ちから住民投票という運動を起こした人たちからは、さわやかな感じをいつも受けました。産廃が現世のもっとも象徴的な出来事であるにもかかわらず、それに取り組む人が金銭や名誉という俗世の欲望とはまったく無縁であったからでしょう。

御嵩町で出会ったTさん、Oさん、その他多くの人たちの柳川町長に対する信頼は、なみなみならぬものがありました。

その柳川町長からも、いろいろなことを学び、お世話になりました。

七月二十日に、私学サマーセミナーのフィールドワークを御嵩で開催するにあたり、せっかくの機会であるから町長に講演をお願いできないかと考え、手紙を出して依頼をしました。

快く、忙しい中を引き受けていただき、一時間あまり熱心に話していただきました。

「NHKの解説委員をしていたから、話をするのはうまいです」と冗談を交えながら、黒板を使い、生徒によく理解できるようにゴミの問題を話していただきました。

「私は、今年で六十四歳です。余命少ししかありません。自分で正しいと思ったことは、あくまでやり遂げます。恥ずかしいようなことはできません」という清廉な心情を吐露された時には、深い感動を生徒たちも受けたことと思います。

その柳川町長の講演を聞く機会が、「環境保全都市づくり」のシンポジウムの席でありました。会場も七月二十日と同じ御嵩公民館です。

「御嵩町は、二本の十字架を背負っている。戦争中は国策に沿って、亜炭の街になってしまった。街は穴だらけで、その穴の上に住宅が建っているのが現状です。亜炭を掘るために井戸水が枯れてしまい、水脈がなくなり、簡易水道が始められた。それが御嵩の水道の始まりです。そして、今度の産廃です」と負の遺産を背負った御嵩町のことから町長は話し始められました。

「産業廃棄物の処分場建設に反対するのは、なにも地域エゴからではない。木曽川の下流住民のことを思ってのことである。御嵩町は、水道の水を一滴も木曽川から取っていない。飛騨川からパイプを使って取っている。そのために水道料は名古屋市の倍も高いです」と亜炭に続いて、今回の迷惑施設に反対する理由を話されます。

「木曽川は岐阜県、愛知県のライフ・ラインです。同じ目で、同じ責任で見ていかなければならない。上流の人は、下流の人のことを考え、下流の人は上流の人のことを考えなければならない。」

例として、ヨーロッパの河川を持ち出されました。ヨーロッパでは国境を越えて川が流れている。その川を汚さないために、各国が共同して努力している。木曽川のことも岐阜県だけの問題ではない。

愛知県も、三重県も考えなければならないことだと語られました。

もっとも同感を覚えたのは、水利権の問題です。

「木曽川には織田信長の命令が、まだ残っていると建設省の役人が驚いている」と言われました。昔からのしがらみ、しきたりによって木曽川の水利権が守られている。御嵩町の中を流れている木曽川の水を、なぜ飲料水にできないのか、不条理ではないかというのが町長の論旨です。

産廃も、木曽川の水も不条理によって、問題が起こり、不条理のまま放置されている。町長の話から、そんなことを考えていました。

（一九九七・一一・二九）

## 藤前干潟の蟹

十月一日のことであった。教室の中は、明日から始まる文化祭の準備で騒然としている。生徒たちはあわただしく教室の中をかけずりまわっていた。

人工干潟を教室の中につくるために、大きなシートを車に積んで運んできた。砂を入れ、水を入れるために床に敷くためのものだ。

その人工干潟の中に藤前干潟の蟹を入れたいと思った。

藤前干潟の中で、多くの生き物が懸命に生きている。そのメッセージとして教室に作る干潟に蟹は絶対に必要だと思った。

干潟は、堤防の上から眺めるだけなら、潮が寄せたり、引いたりする場所でしかない。汚れた典型的な都会の海でしかないだろう。しかし、干潟におりて、泥土の上を観察したり、岩のすきまをみたら、そこに無数の生き物が生息していることに驚くであろう。渡り鳥は、藤前干潟に無数の生き物がいるために、ここを休息所としているのだ。

文化祭では、蟹によって、藤前干潟に無数の生き物が生息していることを知ってほしいと思った。

雑然としている教室に佇んで、今日一日かかって、はたして展示は完成するだろうかと、いささか不安な思いにかられてきた。

「先生、早く蟹を取りに行きましょう」、学級委員のIさんが言う。

雨は間断なく降り続いている。人工干潟には藤前干潟の泥土を入れたい。できたら堤防の上に生えている葦も切り取ってきて、人工干潟の縁に植えたい。しかし、この雨では、泥土を掘り取ることも、葦を切り取ることも無理ではないか。雨の中を出かけることに、ためらいを覚えた。

その理由ばかりではない。教室の展示の他に被爆者たちが描いた原爆の絵画の展示をしなければならない。シベリアから命がけで、日本に持ち帰られた絵画の展示の準備もある。あれや、これやと考えていると、Iさんの「出かけましょう」という催促に、おいそれとはのれなかった。

蟹を取ることよりも、三つの教室の展示の準備をすることの方が先決ではないか。

そんなためらいの気持ちを押し切るようにIさんが、重ねて「早く出かけましょう。今、出ないと昼からは、そんな余裕はなくなります」と強く言う。

蟹は藤前干潟のメッセージだと言い続けてきたことを、今さら撤回することはできない。あとはなんとかなるだろう。思い切って、十時にIさんたち四人を車に乗せて藤前干潟に向かった。明日から始まる文化祭の準備のための貴重な時間を四時間も取って、蟹を取るために藤前干潟に出かけるのは、粋狂といえば、これほど粋狂なこともないだろう。雨は、いっそう強く降り始めた。

藤前干潟に着いて、さっそく泥土を掘り取るためのスコップ、葦を切り取るための鎌を取り出した。堤防の上に立つと、ちょうど満潮であった。干潟は姿を隠していた。

「土を掘るのは無理だ。蟹だけを取ろう」と海を見つめて言った。

「先生は、ここで待っていて下さい。私たちで蟹を取ってきます」。そう言って、生徒たちは元気よく堤防を下りていく。

藤前干潟には、アシハラガニ・チゴガニ・アリアケモドキ・ヒライソガニ・アカテガニなど多くの蟹が生息している。中でももっとも多くいるのがヤマトオサガニだ。傘を差しながら岩の間をのぞき込む。のんびりと岩のすきまから顔をだし、捕まえられるのを待っているようなドジな蟹は一匹もいない。

五分、十分と時間はむなしく過ぎていく。Kさんが大きな声で「先生いた」と叫ぶ。声に驚いたのか、蟹は素早く岩の間にはいりこんでしまった。大小さまざまな岩の間に、蟹は無数にいるが素早く隠れてしまう。

生徒たちは蟹を追い回しているうちに、捕えるコツを会得したようだ。雨に濡れながら、Iさんたちは夢中で蟹を取っている。バケツの中には捕えた蟹が二十匹近くになった。

教室に蟹を持ち帰り、人工干潟の中に入れる。干潟は大きく、蟹はあまりにも小さい。藤前干潟から持ち帰った小さな岩の間に隠れてしまう。

教室の中に、蟹に関する掲示はいっさい貼ってない。

思いがけなく、教室の中にいる蟹を見て「こんなかわいい生き物が藤前干潟で懸命に生きている。蟹の生息場所をゴミ捨て場にしてよいのか」と考えてくれるはずだ。

蟹よ。おまえたちは、自分のねぐらを守るために文化祭では、精一杯アピールするのだ。蟹を見ながら、ふとそんな言葉をかけたい思いになった。

地球は、人間だけの生息場所ではない。生きとし生けるものすべてが生活する場所だ。人間も、鳥も、昆虫も、虫も、すべてが、地球の恩恵をうけて生きているのだ。

藤前干潟の他にどこに名古屋の街の中に何匹もの蟹が生息している場所があるのだろうか。藤前干潟は、なにも渡り鳥の観察場所だけではない。蟹や底生生物が無数に観察できる場所だ。岩のすきまから姿を現す蟹を見たら、誰しも童心にかえるであろう。

蟹のなんとも言えないユーモラスな姿を見たら、心は和らぐであろう。

藤前干潟は、周囲を整備したら、鳥や底生生物とふれあうことのできる立派な公園になるではないか、人工干潟の中でうごめいている蟹を見ながら、そんなことを考えていた。

文化祭が終わってからも蟹は、Iさんたちの手によって教室の中で大事に飼われていた。ご飯粒などの餌も与えられ、いつも岩の間を元気よく蟹は動き回っていた。

中間試験中、バケツの中の蟹を覗いてみた。なんとなく小さなバケツの中では居心地が悪そうだ。

「試験が終わったら、蟹を藤前干潟に戻してこよう。文化祭も無事終わってありがとうと言って帰してやろうよ」。

Iさんが、大きくうなずいた。Iさんもきっと、この蟹が何年も藤前干潟で生息できることを願っているのだろう。

（一九九八・一〇・一九）

## 海上の森と少年

海上の森に出かけた。雲ひとつない晴れ上がった秋日和の日曜日だった。リュックを背負った多くの人が、愛環鉄道の山口駅で降りて、海上の森をめざす。

今まで、なんの変哲もない、里山であった海上の森が、万博の候補地となって、がぜん、注目を浴びるようになった。地元の人は、ある日突然に万博の候補地になっていることを聞いて、信じられないような思いであったろう。

五人、十人のグループ連れが、狭い森の中の小道を歩いて行く。自然を大事に守らなければならない、一度、破壊した森は二度と元の森には戻らない。そんな悲壮感を漂わせて海上の森を歩いている人もいるかもしれない。森の中に入り、森の生態を、この目で確かめて来よう、そんな思いを抱いて来た人もいるであろう。海上の森に来る人は、観光地に出かける物見遊山の人たちと違っていることだけは確かだ。

万博に賛成の人も、反対の人も、海上の森にやってきた人たちは、ある思いを抱いてやって来ていることは明らかだ。観光地を歩くときには、景色の方が向こうから、ぼくたちに語りかけてくれる。ところが、海上の森を歩くときには、ぼくたちの方から森に語りかけなければならない。いったい、この森をどうしたら一番よいのであろうと。

矢田川にかかる屋戸橋のところから田圃の中の道を堰堤の方に向かって歩いて行く。稲の穂がたわわに実っている。蜻蛉《とんぼ》が、穂の上をゆったりと飛んでいる。人家が、田圃の向こうに五軒、六軒とかたまって建っているのが見える。どこの里山の麓でも見ることのできる眺めだ。のどかで、静かな景色だ。

どこの村でも眺めることのできる景色は、なにも田圃の眺めだけではない。矢田川の流れも、他の村を流れている川の流れと少しも変わっていない。

杉の林の中を歩き、四ツ澤の辺まで来ると、人家もまばらになってくる。森の中に点在している家は、ひっそりとしていて、息をひそめて万博のなりゆきを見守っているかのようだ。森の中の生活を捨て、この村から去っていったとしか思えない生活の痕跡の見られない家もある。これも全国、どこの山村にでもみられる風景だ。村を捨て、家を捨て、一家で都会に移住する。住む人のいない、荒れ果てた家が山の中に点在している、そんな眺めは、よく見かける光景だ。

四ツ澤から、道を左に折れ、すすきが生い茂っている、ゆるやかな坂道を上っていく。

三十人ほどのグループ連れで来た人たちのひとりが、ガムを噛み捨てて森の中に投げ捨てる。自然を大事にしよう、汚れた自然は二度と戻らないと声高に叫んでいる人たちも、森の中に入れば、塵芥の投げ捨てを平気でするのだ。一部の心ない人の破廉恥な行為であるが、憤りにかられて睨みつけると照れたような笑いをして足早で通り過ぎていった。

万博の賛成・反対ののぼりや立て札もずいぶん目ざわりだ。なぜ森の中に美感をそこねるような、こんなものを立てるのだ。賛成か、反対かは自分の足で海上の森を歩き、自分の目で森を見て決めればよいことだ。他人から強制されることでも、教えられることでもない。森の中に立て看板を立てるよりも、もっと他の方法があるはずだ。

しばらく、小暗い森の中を歩き、瀬戸大正池に着いた。


瀬戸大正池は、上高地の大正池に景観が似ているところからこの名がつけられた。大正池は焼岳の噴火により、枯れた樹木が池の中に林立し、幻想的な景色を作っている。瀬戸大正池も、枯れた樹木が何本も池の中に林立している。周囲は鬱蒼とした森林だ。太陽が池面に反射し、きらめいている。森の中を歩いてきて、この景色に出会った人は、誰しも幻想的な景観に驚くであろう。


池の辺にテントが張ってあった。釣り竿が池に垂れている。誰が、この池でキャンプをしているのだろう。いぶかしく思って、そちらの方に歩いていった。

一人の少年がいた。飯盒炊飯の準備をしている。昼食はカレーライスだ。大盛りのカレーが飯盒に一杯盛られている。

少年とテントの前に座って、話をした。三人で前夜からキャンプをしているということだ。小学校時代からの仲間で、他の二人は、今、家に戻っているが、もうすぐ帰ってくるということであった。

「昨日の夜は、星がきれいだったろう」

静かな森の上に浮かぶ星の瞬きを想像して少年に聞いた。

「三十は星がでていたよ。半月も池に浮かんで、それは神秘的な眺めだったよ」。少年は、小声で、ぼそぼそと話す。朴訥な感じだ。

「いつごろから、この池に来てあそぶようになったの」

「もう、八年にもなるよ。小学校の二年生の時に、親父に連れられて、この森の中にミヤマクワガタを取りにきたんだ。それから、昆虫を取りに、いつも、この森に入ってきているよ」

少年は昆虫博士のようだ。池の上を飛んでいる蜻蛉の名前を聞く。たちどころに教えてくれる。向こう岸に咲いているあざみの花を指差し、その上にとまっている蝶の名を聞く。これも、すぐに教えてくれる。

「魚は、たくさん釣れるの」

「うん。はえや鮒が釣れるよ。真鯉の三十センチ位のものも釣ったことがある。四ツ手の網を、そこに仕かけて魚を捕ることもあるんだ」

八年間、この森の中で遊び、夏は毎週のように瀬戸大正池でキャンプをする。

この八年間で、なにがもっとも変わったかと聞いてみた。「人がたくさん、来るようになったよ」と即座に答えた。万博の騒ぎがあってから多くの人が押しかけるようになった。その異常な騒ぎのことをいっているのは間違いない。

それは、大人社会を皮肉っているようにも、風刺しているようにも思えた。少年と話をしていて、彼の生き方に羨望を感じた。小さい時から海上の森で遊び、海上の森のことを誰よりもよく知っているのは、この少年だ。森がなくなることを一番心配しているのも、この少年だ。来週の土曜日、少年と再会することを約束して別れた。

瀬戸大正池の辺では、全国で数ヵ所しか見ることのできないキイムヨウラン・エンショウムヨウランを見ることができる。生きた化石といわれるムカシヤンマが、池の上を飛んでいる。

以前、瀬戸の山に入るとイカリソウやチゴユリを見つけることができた。シデコブシなどは山のいたるところに咲いていた。今はギフチョウを、この山で探そうと思ったら大変なことであろう。ジュンサイを池で見つけようとしても大変なことだ。

帰途、海上の森を一望の下に見下ろすことのできる桜公園に出かけた。以前は海上の森と同じような里山であった所を宅地造成した、その中の公園だ。もし、万博が海上の森で開催されたとしたならば、その終わった後は、森も、この団地のように姿を変えるであろう。

海上の森は、木々が青々と生い茂り、ぼくの目の前に広がっていた。

（一九九六・九・二〇）

## 街の美化

春日井市の八田浄水場から、名古屋市の鍋屋上野浄水場まで水道の管が埋められ、地下を木曽川から導入された水が流れている。水道が通っている上の道は遊歩道になっていて、車で走ることはできない。

八田浄水場から、春日井市松新町の中央線の踏切まで、十数年前に桜が植えられ、今は市内有数の桜の名所になっている。花見ごろには、引きも切らさず、人々がこの道に桜見物にやってくる。桜は、わずか一週間ほどで散ってしまう。水道道の桜が満開のころは、自家用車で学校に行くのをやめて、桜を愛でながら歩くことにしている。

今日もうららかな春日和だ。陽光を浴びて、薄い桜の花びらがきらめいている。頭上には、たわむほどに花をつけた枝が左右から伸びて交叉している。

一本の道に果てしなく、満開の桜並木が続いている。この道は花の回廊だ。歩けども、歩けども、花の回廊は続く。

桜の木の上ではかしましく雀がさえずっている。紋白蝶が花の下をゆっくりと飛んでいく。

十九号線まで歩いてくると床屋のKさんが、道端に腰をおろして、黙々と草を取っている。電器屋のMさんは、道に捨てられている空缶を拾っている。

KさんとMさんは桜が花を開かない若木のころから水を注いだり、下草を取ったりして、桜がここまで育つまで面倒を見てこられた方だ。水道道は桜守りのKさんやMさんの丹精のおかげで、桜の名所になったのだ。

Kさんが「あれは、ちょっと片づけることができないね」と指をさされる方を眺めると、昨日の花見客がバーベキューをしたブロックが放置してある。Mさんも「空缶がいっぱい捨ててあるので拾うのが大変です」と言われる。

Kさんも、Mさんも十数年にわたって桜をわが子のようにして守ってみえた方だ。まだ花開かない桜に水を注いだり、下草を取ることは誰に言われてしたことでもない。桜を植えて、そのまま放っておいたら枯れてしまうと自発的に進んで行われたことだ。

それだけに、心ない花見客の行為が情けなく、悲しく思えてくるのであろう。

大曽根駅で下りて、学校まで歩いていく。古出来町の交差点にさしかかると萱場町の町内会長のNさんに出会った。久しぶりに出会ったので、長い時間立ち話に興じてしまった。

Nさんは、町内の塵芥や空缶をひろうことを早朝の日課にされている。

「朝、一回の掃除で、すごい量の塵芥や空缶になります。自動車の中から道路に投げ捨てていくのでしょうか」。Nさんの街を汚す人に対する憤りは激しい。

「企業は、商売で儲けることばかりを考えていて、自分の店から出した塵芥の始末ひとつできません。店の前に放り出しておいて平気ですからひどいものです」。

Nさんは萱場町で生まれ、この街で七十数年を送ってみえた方だ。一度も、この街から離れることなく、この街の歴史とともに生きてみえた方だ。萱場町のことは誰よりも詳しく知っていらっしゃる。

萱場町を愛する心は誰よりも強い。
それだけに、街を汚す人々の心ない行為が許せないのであろう。

Nさんと話しながら、先日、伊良湖岬に菜の花を見に出かけた時のことを思い出していた。岬に続く道の両側は見わたすかぎりの菜の花畑であった。黄色の絨毯を一面に敷きつめたように菜の花畑が続いていた。

丘の上のホテルで食事をした。砂浜に打ち寄せる波がきらきらと陽光にきらめいているのをあきることなく眺めていた。神島の手前を何隻もの船が航行していた。のどかな美しい光景であった。ホテルを出て、恋路ケ浜から灯台まで歩いた。砂浜には無数の空缶が散乱していた。ゴミを片づける人がいないのであろうか、紙屑が砂浜の上に舞い上がっていた。Nさんに、その情景を話した。

「Nさんのように、街を愛する人がいるから街は美しくなるのです。伊良湖岬は通り過ぎていく観光客と観光客相手に商売をする人だけで、伊良湖岬を愛する人がいないから汚れているのです」。

古出来町から振甫中学校の前のコミュニティー道路を通って学校に向かう。道の両側に皐月の植え込みがある。その植え込みの中に紙屑が投げ捨ててある。空缶が放置してある。道を歩きながら捨てて行ったのであろうか。学校までの道路の塵芥を拾うだけでも、相当の分量になるであろう。

自分の家に塵芥が散乱していて平気な人はいない。自分の家をたえず奇麗にしておきたいという人が道路に平然と塵芥を投げ捨てていく。

町の美化は、一人ひとりのモラルの問題だ。ちょっとした心遣いで町を美しくすることができる。町を美しくする心、それは水道道の桜守りのKさんやMさんのように、萱場町のNさんのように、自分の町は自分たちで率先して美化していこうとする心だ。自分の町を愛する心だ。


（一九九八・四・一四）

## 春の坂道

奈良の街の賑やかな通りを抜けて、バスはゆるやかな坂道にかかりました。奈良坂と呼ばれ、京都と奈良とを結ぶ交通の要所となっている坂です。右手に東大寺の大きな伽藍が見えます。伽藍の上には金色の蚩尾《しび》が燦然と輝いています。

左手の斜面には墓地が無数に立ち並んでいます。奈良坂の左手にある北山の地は天平の昔から死者を葬る地として知られていた土地です。

今では墓地を取り囲むようにして住宅が並んでいますが、その昔は般若寺があるだけの辺鄙なところでした。

墓地と般若寺だけがあるこの地に住んでいた人たちは、癩病で、社会から隔離された人たちです。

社会から疎外された癩病の患者たちは、草叢の中に自分たちの部落を形成しました。彼らは死者を葬ることによって生計を成り立たせていました。奈良の街から運ばれてくる死人を埋める墓を掘り、埋葬することが彼らの仕事でした。

不治の病にかかり、社会から隔離され、この地に辿り着いた人々は、お互いにいたわり合うようにして暮らしていました。治ることのない、日々悪くなるばかりの癩病患者の部落は、死を待つ人の集う場所でした。彼らは非人と呼ばれ、柿色の衣を着て、白い布で覆面をして、一目で他の身分の人々と見分けがつくような服装をしていました。

非人と呼ばれ、社会体制の外側に排除、疎外されていた人たちに米などの食料や檜笠、浅鍋などの乞食道具を施し、自らの身を律する戒律を教えた人がいます。十三世紀の初め、廃寺となっていた般若寺を再興した叡尊と、その弟子たちです。弟子の忍性は、癩病のため足腰の立たなくなった患者を毎日、奈良の街まで背負って送り迎えをし、物乞いで、生活ができるようにしました。良恵は、十八間の棟割長屋を作りました。その中に風呂を作り、非人の垢すりを行いました。

社会から疎外されていた非人に叡尊たちは、同じ立場の人間として接しました。

バスの中から般若寺のあたりを眺めながら、その昔の叡尊たちの慈善活動に思いをはせていました。

奈良坂をバスはゆっくりと上って行きます。バスに揺られて、のんびりと奈良の隠れ里と呼ばれている柳生の円成寺まで出かけようという物好きな人はいないのでしょうか。乗客はぼくひとりだけです。

京都街道から離れて、バスは若草山の裏手を走っていきます。

細い山道を抜けると目の前に赤い橋が現れてきました。道を挟んでできているゴルフ場の橋でした。ゴルフ場を抜けると両側に雑木の生い茂る森林の中の曲がりくねった坂道をバスは上っていきます。いたるところに建築会社の立て看板が立っています。こんな山中に、なぜ建築会社があるのかといぶかしく思いましたが、その理由はすぐ氷解しました。産業廃棄物の処理場になっていたのです。古い建材がすてられています。残土がつまれています。バスの中からも、それを見ることができるのですから、森の中に入っていけば、どのようになっているかは、想像するに難くありません。

なだらかな斜面の土地は、ゴルフ場と産業廃棄物の処分場を造成するのに絶好の地となっています。今、バスの走っている柳生の地に至る国道二六五号線のみならず、斜面のゆるやかな、交通の便のよい土地はゴルフ場と産業廃棄物の処分場として狙われています。その結果、森林は破壊され、山は削られてしまいました。

産業廃棄物の処分場が続く、坂道を越え、昔ながらの田園の中をバスは三十分ほどかけて大柳生の忍辱山、円成寺に到着しました。

NHKの大河ドラマで「春の坂道」という番組が二十数年前に放映されました。柳生が舞台になっていたので、その年は大勢の観光客が、この地を訪れました。今は、訪れる人もなく、ひっそりとしています。「春の坂道」というドラマに便乗して作られた銘酒の宣伝の幟がわびしく風に揺らめいていました。

「春の坂道」は、徳川家を裏側から支えた柳生宗矩を主人公としたドラマです。柳生の地の剣士が、徳川家の剣術師範となり、大名にまでのぼりつめた生涯は、春の暖かい日差しが差しこむ坂道を上るようなものであったのでしょう。

そんな柳生一族と出会いそうな鬱蒼と樹木の茂る木立の中を歩いて円成寺に向かいました。


本堂の前に広大な庭園があります。浄土式の庭園で苔が庭一面に密生しています。苑池の中には二つの島があります。

境内に入り、誰もいない本堂に腰をおろし、庭を見つめていました。

鳥のさえずりだけが聞こえてきます。

この庭は明治の初めに破壊され、庭の真ん中を国道が走りました。戦後は、トラックが何台も地響きをたてて、本堂の前を通り過ぎていきました。住職の粘り強い働きかけがあったのでしょう。昭和五十一年に庭園は十二世紀の頃と変わらない姿で再興されました。


浄土とまがうほどの静寂に満ちた庭園を破壊し、国道を通すという暴挙をなしたのは、明治の初頭の廃仏毀釈です。

本堂から庭を眺めながら、目的のためには手段を選ばず庭園を国道にかえるという狂気の廃仏毀釈のことを考えていました。

その現代の廃仏毀釈が産業廃棄物の処分場ではないかと思いました。一度、破壊された自然を元に戻すことが大変なことは円成寺の庭をみれば明らかです。春の坂道と呼ばれた柳生の坂は、今は産業廃棄物の処分場が続く坂と変わってしまいました。

奈良坂の非人に慈悲を施した人々と廃仏毀釈で円成寺の庭を破壊した人々との違いは、後世に何を残すかという意識の違いではないでしょうか。

二十一世紀に残さなければならないのは、ゴルフ場と産業廃棄物の処分場でしょうか。山を削り、森を壊すことでしょうか。

今、必要なこと、それは社会的な弱者に対する福祉の精神ではないでしょうか。そして、美しい自然を、これ以上に破壊しないという心です。

奈良坂から、柳生の地に足を運ぶだけでも、現代に求められているものが何であるかがよくわかります。福祉の心と自然を愛する心、それを忘れない人になってほしいと思います。

（一九九八・一〇・二二）

# 伝える

# 石蕗の花

市電の走っている街は、なんとなくのどかで、落ち着いた雰囲気が漂っている。広島の街は、バスよりも市電の方が市民の足としてよく利用されているようで、街を縦横に、そして頻繁に市電が走っている。

三年前に開館されたばかりの広島県立美術館に、広島駅から出かけた。美術館は三階建ての豪華なもので、三階では企画展、二階では常設展が開かれていた。企画展を見終わり、疲れた身体を休めようとロビーの椅子に腰をおろして、ぼんやりと外の景色を見るともなく見つめていた。

この美術館は、隣接の縮景園を借景として取り入れている。縮景園の真っ赤に紅葉した木々が、疲れた目を癒してくれる。芝生の間の小道を多くの人々が、秋の日差しを浴びながら、のんびりと歩いている。ロビーから縮景園を眺めていて、自分も、その景色の中に飛び込みたい気持ちにかられてきた。

縮景園は、広島藩主の浅野氏の別邸であったが、昭和十五年に広島県が寄贈をうけ、今では市民の憩いの場としての公園になっている。

縮景園という名称は、幾多の勝景を集め縮めて表現した庭という意味だ。この庭園は回遊式になっていて、園の中央にある広大な池を中心として、その周囲に築山が作られ、いくつもの四阿《あずまや》が立てられている。よく手入れされた松が築山に何本も植えられている。青い松の木を覆うようにして、今を盛りと赤色、黄色に色づいた木々が陽光に輝いている。

広島藩主の浅野氏が金銭にあかして、全国から集めた名石が、庭のいたるところに、巧みに配置してある。

その石の下に黄色い花が咲いていた。石蕗《つわぶき》の花だ。十二、三枚の小さな花びらが、空に立ち向かうようにして付いている。風に吹かれれば、すぐに散ってしまうようなもろい感じの花だが、凛としたきびしさが花には漂っている。花びらの一つひとつが散らないように、強く一つの花となって結びついているような感じだ。花の弱くもろい感じに対して葉は大きく、濃い緑色で、強く、たくましい感じをうける。石蕗の咲いている庭を歩いていて、

つわぶきの花は日ざしをかうむりて至福のごとき黄の時間あり

という小中英之の歌を思い出した。「至福のごとき時間」とは、まさしく、このような時間のことであろう。

春咲く花は、あでやかで美しい花が多いが、冬咲く花はもろく、弱い感じの花が多い。しかし、冷気の中に咲く花だけに、そこには凛とした厳しさが漂っている。厳しい逆境の中で、強く、たくましく生きる、けなげな女性の姿を、冬の庭の石蕗の花は想像させる。

庭の中には石蕗の花が咲き乱れている。櫨やななかまどが色鮮やかに紅葉している。池の水面に落ちた葉の下で、何匹もの鯉が泳いでいる。

築山の下には有年場という小さな田圃がある。君主が農民の苦労をわかちあうために、小さな田圃を作り、自らそこで農作業をした場所だ。


その有年場の横に、一本の大きな公孫樹の木が聳えている。公孫樹の木は、空高くまっすぐに伸びるものだが、この木は大きく傾いている。樹齢三百年もあろうかという大きな木だ。その大木が危なっかしい感じで池の方に向かって傾いている。公孫樹の葉は、黄色に輝いている。


昭和二十年八月六日、天からふりかかる災厄に一日のうちに滅びたという古代オリエントの都市のように、一発の原子爆弾によって市民の大半の生命が奪われるという惨劇が広島で起こった。広島の街は、この惨禍によって、焦土と化してしまった。縮景園も建物、樹木すべて灰塵となってしまった。荒廃した土地には、数十年、草木が生えぬといわれた。

しかし、その原爆にも負けぬ強い生命力が広島の街にもあった。焼け爛れた瓦礫の中から甦った木々だ。

この公孫樹の木も、原爆の惨禍にあいながら奇跡的に生き残った木だ。

すべてが灰になってしまった縮景園の中で、この公孫樹だけは、辛うじて傾きながらも踏み止まり、そのまま五十三年、生き長らえてきた。

公孫樹の木に負担をかけぬように枝は取り払われている。

原爆の惨禍の中から、傾きながらも空高く聳え立つ公孫樹の木を見て、広島の人たちは縮景園の再建を思い立った。戦後六年目の昭和二十六年のことだ。爆心地の平和公園の方に向かって傾いている公孫樹の木、それを見るたびに広島の人は廃墟の中から立ち上がる勇気を与えられたであろう。傾いて立っている公孫樹の木、それを見るたびに、人々は、あの日のことを思い出し、二度と戦争を起こしてはならぬと思ったことであろう。

縮景園のさまざまな角度から、この公孫樹の木を眺めた。いびつな形ながらも堂々と、その存在を誇示している公孫樹の木は縮景園の主人のようであった。

京橋川が縮景園の下を流れている。

京橋川沿いの木陰に「慰霊」と書かれた小さな石碑がひっそりと立っていた。京橋川に焼け爛れた身体を横たえて亡くなった人たちを慰めるための石碑であることはいうまでもない。石碑には、何の説明も書かれていない。「慰霊」の二文字だけだ。この石碑を見ただけで、いやでも五十三年前のいまわしい出来事を思い出さずにはいられない。

石碑を見ながら沢田昭二先生のことを思い浮かべていた。先生は、燃え盛る炎の中で、身動きできない母親が「私はいいから、お前だけは逃げて行きなさい」と強く言われて、火の手が迫ってきたので、一人だけ逃げ伸び、京橋川に辿り着かれた。川を泳いで、対岸の燃え盛るわが家をながめて母親のことをしのばれていた。どんな思いで、いられたのか、考えるだけでも無残な思いがする。

沢田先生だけではない。多くの人が、この京橋川をめがけて逃げのびてきた。遺体収容にあたられた暁部隊の方は、この川に無数の死体が浮かんでいたといわれる。水を飲むために、この川に飛び込み、そこで命つきた人も多くみえたであろう。

平和公園が原爆の悲惨さを直視する公園であるならば、縮景園は、それとなく原爆の酷さを訴えている公園であるかもしれない。

凜とした気品の漂う石蕗の花の咲き乱れる庭を見ながら、あの日のことを考えていた。

（一九九八・一二・五）

## 被爆の五十年――ある市民の証言

人は、それぞれ自分の歴史を持っている。永久に秘めたまま語られない歴史もあれば、人に語らずにはいられない、知ってほしいという歴史を持っている人もいる。これからぼくが、君たちに知ってほしいと思う人は後者の人だ。

岐阜県各務原市本郷町に渡辺安夫さんという老人がみえる。ぼくの、東郷町に住む知人の父親だ。知人から渡辺さんのことは、しばしば聞いていた。この方はニューギニア島のもっとも空襲の激しかったラバウルとウェワクの戦場で多くの戦友を敵弾で亡くしたが、奇跡的に自分だけは生き残られた。そして、昭和十九年七月三十一日には陸軍輸送船、扶桑丸で南方基地に向かって出航中、台湾とフィリピンの境、バシー海で米軍潜水艦に砲撃された。扶桑丸は沈没、いかだに一昼夜つかまって助かるという体験をされた。

九死に一生を得るという体験は、それだけではない。渡辺さんは、広島に原爆が投下された昭和二十年八月六日には爆心地から二キロほど離れた広島市宇品地区にみえた。

宇品には陸軍の連隊が駐屯していて、渡辺さんは、そこで被服係の上等兵とした勤務してみえた。七月の終わりの大雨で、駐屯地の被服が多く濡れてしまった。宇品から十キロほど離れた小学校に濡れた被服を乾かすために、毎日電車に乗って通ってみえた。電車は毎朝七時四十分に宇品を出発する。隊長は、兵隊は何をおいてもまず朝礼で皇居遥拝をすることが第一である、仕事は第二だと常々広言し、渡辺さんが朝礼に出ないで、小学校に行くのを苦々しく思っていた。原爆投下の八月六日、その日は隊長の叱責のために朝礼に出席し、七時四十分の電車に乗ることは取り止められた。

なんという運命の皮肉であったろう。もし、七時四十分に電車に乗っていたならば、原爆投下地点を電車は通っている。電車は黒焦げになり、乗っていた人は、すべて亡くなっている。生死の分岐は、このようなことによって左右されることがあるだろうか。

ニューギニアの戦場で、バシー海で、広島で九死に一生を得られた渡辺さんは、原爆の後遺症とこんどは長い年月闘うことになる。戦場での恐怖は一瞬だ。しかし、病気との戦いは長く辛いものだ。肝炎・白血球減少・パーキンソン氏病が渡辺さんの病名だ。昭和四十一年の被爆の認定申請書には、体がだるい、関節が痛い、頭痛・軽いめまいを覚えるという病状が昭和二十三年より起こりはじめたと書いてある。名大病院、多治見病院を転々と藁をもすがる思いで訪ねる。もとより被爆の後遺症であるので、完全に治るはずもない。悪くなるばかりだ。

渡辺さんは、今のJRの前身、国鉄に戦前より勤めてみえた。国鉄の職員は全国のいたるところパスで自由に行けるという。ぼくの知人は、いつも言っていた。「お父さんが病気でなかったら、お母さんとのんびり旅行ができるのに」。しかし、それも入退院を繰り返す生活では、かなえられない夢だ。

今の渡辺さんは、まったく歩けなくなり、寝たきりの生活だ。白血球が減少し、血液の三センチほどの固まりが足・腰にできているという。ちょっと触れただけでも激痛が走る。知人が、実家を訪ね、渡辺さんと会うときには、丁寧に、そっと足を長い時間かけて撫でる。血液は流れ、体は軽くなり、非常に喜ばれるという。

ぼくの知人が小学校の一年のときに、戦争は終わった。知人を初め、三人の子供が渡辺さんにはいる。父親の病気のために、高等学校に進学したくても、口に出していうことはできない。縫製工として名古屋に出て、知人は働きはじめた。

渡辺さんは、知人になんども繰り返し戦争体験を語られた。記憶が薄れないうちに大学ノートに戦後十年ほどたった後、体験を書き綴られた。その大学ノートが井深町に住む大島美子さんの目に留まり、井深町自治会から百部の限定で、ワープロで印刷され、町内に配布された。この手記には、事実だけが忠実に書かれてあって、どこにも愚痴や批判は書かれていない。事実を冷静に受け止める確かな目があるだけである。渡辺さんを学校に呼んで、戦争体験を聞きたいと思ったが、今はそれもできない。原爆当日の生々しい証言を次に記してみよう。

「思い起こす、昭和二十年八月六日八時十五分。よく晴れ渡った広島市の上空に、B29三機が侵入して、早朝から旋回飛行を続けていた。そのために空襲警報が発令されて、市民は爆撃か、銃撃か、やがて受ける痛手を覚悟して避難していた。しかし敵機は一向にその様子はなく、戦争なんかは知らないぞという様な態度で飛行をしている。何だ、別に逃げることはないんではないかと皆安心して、空襲警報は警戒警報と変わり、それもいつしか解除となって、市民は別に気にもとめないといったような有様であった。(中略)敵三機は、相変わらず去りもしない。暁二九三五部隊は一斉に朝礼を開始している。松崎隊も整列して皇居遥拝を終わったのが、八時十五分。普通なれば解散のところを、副官は、今日は三十分間敬礼練習を実施せよと命令し各班毎に実施していた。しばらくして副官が、『あれを見よ』と東の空を指されたので、何だろうと眼を向けるとB29の中の一機が、何か白いものを落としたところだった。よく晴れた空。朝日にキラキラと。『あっ！　何だろう？』と思った瞬間、轟然たる大音響とともに紫の煙。一瞬に空を覆い、目の前は真暗くなってしまった。顔面は熱くて仕方がなくなり、やったなと思うと同時に、傍の用水池に飛び込んで、首だけを出して様子を見ていた。思うにこの時の白いものは落下傘で、途中で爆弾が破裂するようにしてあったのだ。広島の街は一瞬にして火災を起こして燃え始めた。その後は最早夢の如く、煙も薄らいだので、池から出て倉庫に来てみれば、爆風の為に傾き、中は滅茶苦茶になっている。エンエンたる火災は天を焦がし、モウモウたる黒煙は空を覆う。時には物凄い爆発音。真に広島の街は地獄と化して、三日三晩、燃えに燃えたのであった。負傷者は数知れず。この憐れな犠牲者をトラックに乗せて走る。その途中、痛さに耐えかねて泣きわめく者、あるいは死ぬ者。でも、あの時は原爆にやられたとは知らぬ故、何とか手当てをすれば助かると思い、病院に運んで、薬も、赤チンかヨーチンを塗り、これで平癒を願ったものだ。実に残酷非道な一発であった。当時広島市民四十万人。この半数の人々が尊い犠牲となってしまわれたのである。」

なんという惨状であろう。生きた地獄とはこのことだ。今から五十年前に、現実にこのようなことがあったのだ。歴史の事実を厳粛に受け止めて欲しい。

（一九九五・五・一一）

# はるかに叫ぶ声

著名な原子物理学者で、名古屋大学の教授であった沢田昭二先生から分厚い封筒をいただいた。何が入っているだろうと開けてみると、中から先生の原爆体験記と父親の沢田章さんの手記が入っていた。章さんのものには「『木の葉のように焼かれて』（一九九八）に掲載された父の手記から抜粋します」と前書きが書かれている。章さんは、今年九十一歳になられるということだ。

とすれば、五十三年前の、あの日、章さんは四十五歳であった。先生は広島県立第一中学校の生徒で、十三歳であった。

運命の、あの日、先生は前夜から頭が痛いので学校を休まれた。弟の圭五さんは、東白島町の自宅近くの電車の停車場まで、そのことを友人に知らせるために家を出た。

章さんは、島根県に出張のため七時四十五分発の芸備線に乗るために、東練兵場にあるプラットホームに向かわれた。家に残っているのは、母親と先生の二人だけであった。

時として、人間は思いもかけない運命に遭遇する。その一瞬によって、人の運命は大きく左右される。多くの人の生命を奪った原爆投下の、あの日のことを先生は、次のように記されている。

「『早く逃げなさい』

『ご免なさい。お母さん』

迫ってくる炎の中で、母とかわした最後の言葉は、今も私の耳の中に、そのまま残っている。

原子爆弾が広島に投下され、母を失ったのは、私が中学二年の時、母は三十六歳だった。

母は身体が丈夫な方ではなかった。むしろ、よく病気をしていた。しかし、今、思い返してみると、しっかりした女性だったのではないかと思う。戦時中のことだから、何もとりたてて御馳走をするわけではなかったが、父や母の郷里から広島に来て働いていた若い人たちが、次々と母を慕って遊びに来た。私たちの教育にも細かく気を配っていたようだが、直接、机の側に来て嘴を入れてはこなかった。どうやら、近ごろの教育ママのようでもなかったらしい。そのために、私は学校の成績など気にかけず、好きなものだけのびのびと勉強することができた。

戦争が激しくなってきて、配給の食糧は少なかったけれど、父は不思議に徴兵から逃れていたし、限られた中での幸福な暮らしがしばらくは続くように思えた。

原子爆弾が炸裂した時、母と私とは同じ部屋にいた。同じ部屋にいて私は眠っていた。ピカッと光ったのも、倒壊した家の下敷きになったのも、全く知らぬ一瞬の出来事であった。折り重なる壁土や材木の中から、やっとのことで這い出したところは、あたり一面、黄色い空気の立ちこめた、不気味な廃墟の世界だった。ところどころ小さな炎が燃えていた。

茫然として立ち上がったその時、はるか下の方から私の名を呼ぶ母の声がした。距離がそんなにあるはずはないから、潰れた屋根や、幾重にも重なった壁土が声をさえぎっているらしかった。母は足を太い梁か柱に挟まれて、動きが取れないでいることがわかった。折れた柱を引き抜こうとした。壁土をめくりとろうと力いっぱい押し上げてみた。しかし、とても手に負えなかった。大人に助けを求めたが駄目だった。負傷した人々は逃げ出すのが精一杯であった。

初めは小さく燃えていた炎は、次第に大きく広がってきた。あたりに火が迫ってきた時、

『あきらめなさい。かあさんはいいから、早く逃げなさい』

遠いが、きっぱりとしたこの言葉が、私に母を残して立ち去る覚悟をさせた。

跡形もなく破壊された建物の屑が折り重なって、道路はなかった。瓦や板切れや壁土の上を歩き、川を泳いで川原に辿り着いた。

川原に突ったったまま、炎に包まれた天を見た。煙は雲につながって頭上を覆っていた。そして、その下にいる母を想像して、はらわたがちぎれる思いがした。

『何とかして助け出すことはできなかったか？　不可能ということはなかったはずだ』

無念と悔悟の涙が目にたまった。

母のことを思い浮かべる、そのたびに今も変わらぬ同じ思いに、一度は沈んでしまう。


戦争が終わり、世の中は一変した。科学と技術の発展は特に目覚ましかった。私たちの生活を科学の成果から切り離して考えることは出来なくなった。母が生きていて、今の暮らしを見たら何というだろう。そう思うと、またしても、母を助け出せなかったことが残念でたまらなくなる。

その後、原子物理学を学び、原子物理学の研究をするようになった私は、科学の発見した真理を、

人類の福祉と平和のためにのみ役立たせるために、科学者に課せられた責任が大きいものであることを知った。原子爆弾よりもはるかに強力な水素爆弾が生まれ、核兵器によって戦争を抑止できるという幻想から、とどまるところを知らぬ核武装競争が今日まで続いてきた。この核兵器を背景にベトナムでは、罪のない母や子がボール爆弾で殺され、ナパームの炎で焼き殺された。人類が、核兵器による全滅の危機から抜け出すには、こうした戦争そのものをなくさなければならない。そのために、戦争の真の原因が何であるか、戦争を求め、核兵器を必要とするものは何であるかをあばき出さなければならない。核兵器の使用を抑えてきた力が、真に平和を求める人々の一致した意志であることを確認し、平和の力が戦争の力に打ち勝つまで強められねばならない。こうして初めて、再び原子雲の下の生き地獄の中で、母と子が悲痛な声で呼び合うことをなくすことになる。

夏を迎え、身動きできぬまま、炎につつまれていった母のことを思い浮かべるたびに、このことを痛感するのである。」

先生の手記を読んでいて、今年七月に、市民会館で観てきた井上ひさし原作の「父と暮らせば」という芝居のことを思い出していた。南風夕子扮する娘が、前田吟扮する父親に、原爆投下の時、自分の身を犠牲にして助けられた、その記憶のために幸せを求めることができないというあらすじの演劇であった。父と子が、母と子が、先生のように呼び合いながら炎に包まれていくことが、あの日には多くあったであろう。

（一九九八・一一・一〇）

# 八月九日　長崎刑務所

今日も、晴れ渡った長崎の平和公園では、鳩が舞い下りる中、多くの修学旅行の生徒が長崎のシンボルとも言える平和祈念像に、千羽鶴を手向けているであろう。北村西望制作の平和祈念像の天を指す右手は原爆の脅威を表し、水平に伸ばした左手は平和をすすめる姿を表している。

長崎を訪れる多くの観光客が、必ず足を運び、平和に対しての思いを新たにする平和公園には、戦前長崎刑務所浦上刑務支所のいかめしい建物が、周囲を睥睨するかのように建っていた。

昭和二十年八月九日、原爆は、浦上刑務所を直撃した。爆心地である浦上刑務所は、一瞬のうちに、見る影もなく爆破されてしまった。副島支所長以下全職員十八名、官舎居住家族三十五名、受刑者四十八名、刑事被告人三十三名の一三四名が即死した。副島支所長は、支所長室に座ったまま白骨になった姿で発見された。

長崎刑務所に服役している囚人の多くは、三菱造船所幸町工場で、泊まり込みで作業をしていた。その数は五百人という。保安統持員は五十名であった。幸町工場で働く受刑者を長崎造船護国隊と呼んでいた。幸町工場も、原爆の投下によって、瞬時に全施設が燃えてしまった。これによって受刑者二十一名が即死した。職員五名、受刑者十九名が重傷をした。行方不明の受刑者は二十九名であった。

三菱造船所で働く受刑者五百名のうち三百余名は、爆心地から遠く離れた立神工場に通役していたので、その難から免れることができた。

幸町工場で働いていた受刑者は稲佐山に避難し、重傷者の手当と救援を待った。午前三時頃になって救援隊が到着し、小さな握り飯が配給され、二夜を山で過ごした。重傷者はただちに深堀造船部隊に移された。

三日目に、避難民があふれている道路を突破して長崎刑務所のトラックが到着し、負傷者を四回に分けて移送を開始した。

当時、長崎造船護国隊本部の部隊長であった神崎八郎氏は、『戦時行刑実録』(財団法人・矯正協会)に、次のように、体験談を載せていらっしゃる。

「私は、その頃、受刑者の皆さんと矯正協会の皆さんとで編成されていた造船護国隊という職場で働いていました。

忘れもしない八月九日、空襲警報が解除されたので、私たちはそれぞれの仕事場に帰りました。そして仕事を始めようとした途端、突然ピカッと何ともいえない光におそわれました。気がついたときはみな無意識のうちにその場にしゃがんでいたのです。しかし、光を感じて二、三秒も経たぬ間に、ドーンというもの凄い音響とともに家や煉瓦塀が倒れかかってその下敷きとなり、身動きすることもできません。

もう駄目だ、助からないと思ったところ、しばらくして男子職員が、『生きとるか』と呼ばれたので、初めて助けを求め、無我夢中で体を動かしましたが、もがけばもがくほど重圧が加わるばかりで息苦しくなってきました。今度こそもう駄目かと思いました。幸いにも、しばらくすると、その声をかけて下さった職員の方は、ようやく這い出してこられ、収容者を連れて、助けにくるからと言って行かれました。

しかし、その職員の方はとうとう姿を現しませんでした。

しばらくしたら防空壕掘りに行っておられた無傷な収容者がノコを持って来て、私たちの上にのしかかっている塀のあちこちをゴシゴシ切り始められましたが、煉瓦や壁が邪魔になって思うようにならず、いたずらに動き回っておられました。しかし、どうにか救出していただいた時の気持は今でも忘れることが出来ません。

我にかえってあたりを見回すと、あたり一面火の海で、家という家はみなペチャンコになり、馬も電車もあわれな姿となって横たわり、生きている者も、死にかけている者も、みな水を求めて走り回っていました。『死に水』という言葉がありますが、死んでゆく人たちはみな水を求めて喘いでいました。

私はそれでもまだ傷の程度が軽かった方なので、大きな怪我をしている人たちを励ましながら身体に突き刺さっているガラスの破片を取り除いてやりながら予定された避難場所に行くと、そこは跡形もありませんので、そのうちどんどん火が回り始めたので、山の中に逃げ込まねば助からないと思い、傷ついた職員の方を励ましながら山に逃げ込みました。その時は、やはり傷ついた一般の避難市民と一緒でした。

そのうちに夜になりましたが、食べ物は勿論、水もなく、元気を出すために生焼けの豆や泥水を飲み、負傷者の手当てにあたりました。そのうちにまたも敵機が来襲して、それこそ歯の根も合わない程おそろしい思いで夜を過ごしました。

その後、やはり体の具合が思わしくなく、いまだに病弱がちで、こうして勤めさせていただいておりますが、二度とあのような恐ろしい目に合うことのないような、平和な世界を作りたいものです。」

神崎八郎氏は、戦後、原爆投下直後の沈着な活躍によって、表彰を受けられたが、その刑務賞与の上申書には、次のように書かれている。

「原子爆弾ニ依リ瞬時ニシテ拘禁施設其ノ他付属建物猛火ニ包マル自己亦煉瓦壁ノ下敷トナリ重傷ヲ負イ辛ウジテ救出セラレルヤ重傷ノ苦痛ニ屈スルコトナク生存職員収容者ヲ指揮督励シ未救出ノ職員収容者ノ救出ニ努メ五十余名ノ焼死者ヲ除キ約十丁ヲ離レル山間ニ全員避難救出シタルモノナリ。」

神崎八郎氏は、当時五十七歳であった。看守長であり、長崎造船護国隊の隊長であった。長崎市衛生課は長崎造船護国隊に対して、爆心地の浦上地方の死体収容作業を要請した。看守二名、受刑者百名が深堀造船所より、浦上をめざして海上を急行した。死体収容作業は五日間にわたって続けられた。

松山町にある平和公園の花壇の中では、四季折々に色鮮やかな花が咲き誇っている。芝生の上には、無数に鳩が舞い下りている。小高い丘の上からは、はるかに長崎の町並みを見渡すことができる。

その平和公園の一角に長崎刑務所原爆殉難者慰霊塔が、ひっそりと立っている。この地に建っていた刑務所で、一瞬のうちに命を奪われた人々の無念の死を鎮魂させる慰霊塔であることは、いうまでもない。しかし、平和公園を訪れる観光客で、この慰霊塔に詣でる人は数少ない。閉ざされた時代の、閉ざされた刑務所の塀の中での被爆死は、あまりにも痛ましい。

（一九九九・一・九）

## 業火の中の広島刑務所

昭和二十年八月六日の朝、広島に運命の朝が訪れた。

広島の被爆人口三十五万人のうち約十四万人が亡くなったと推定されている。建物は七割から八割が倒壊したとされている。

堅牢を誇り、高い厳重な塀に囲まれている刑務所も一瞬にして全壊し、所内のいたる所から発火した。広島刑務所の中の服役者は一一五〇名、職員数は八十四名であった。

矯正協会から昭和四十一年に非売品として発行された『戦時行刑実録』の巻末にある「戦時構外作業一覧表」によると広島刑務所は、海軍の委託により山口県光市にある光作業所に泊まり込みで千名の囚人が土木作業に出かけている。監督の職員は百名であった。広島市の宇品造船所には五十名から百名の囚人が毎日通役していた。海田市にある日本製鋼広島工場には陸軍の委託で二百五十名から三百名の囚人が泊まり込みで作業をしていた。

多くの服役者が郊外の施設で作業をしていたことが被害を軽くした。原爆投下により、刑務所は全壊したが、職員五名、収容者十二名の犠牲だけで終わった。もし、これらの囚人がすべて刑務所の鍵のかけられた格子の中にいたとしたならば、見るも無残な光景になり、収拾のつかない地獄絵図になっていたであろう。

『戦時行刑実録』に、当時刑務所の配置隊長であった藤井牟郷氏の「悲惨なる思い出」という文章が掲載されている。

原爆が投下された当時の様子を次のように書いていらっしゃる。

「当時、私は広島刑務所の警備隊長として、連日連夜ほとんど不眠不休で空襲警報にあたっていた。

昭和二十年八月六日の朝は、実によく晴れ渡り、広島特有の風のないむし暑い朝であった。

私は警備隊本部で安東大隊長と机を並べて鉄兜のまま西向きに座った瞬間、私の右側に座っていた安東大隊長が突然『オイ、隊長、今の光は何だ』と叫んだ。私も同時にパッと何千というマグネシウムのような青白い光を感じた。私は無意識に『直撃弾だ』と叫んだ。一瞬室内は真っ暗になり、ドーンという鈍い大きな轟音がし、同時に息の音を止められるような強烈な風圧を感じた。

無意識のうちに早く室外に出ようともがいても、五、六メートルも飛ばされた机や椅子に足をとられて足をうまく運べない。ついに落下物のために全身が没してしまった。

それからどのくらい経ったか知らない。気がついてみると、かすかに薄明かりが見えた。そこが看守休憩所の出入口であることが判ったので、障害物を乗り越えて、もう一歩の所まで辿り着いた。その時、奥の方で『助けてくれー』と悲痛な叫び声がするので、直ちに引き返してみると、落下物に埋もれている一人の受刑者を見つけた。彼は前々日に郊外作業場から脱走したもので、手錠のまま頭部や顔面から血を出して倒れていた。彼を引きずりながら屋外に連れ出した。

四方は一面黄色い薄明るさである。ゆるんだ鉄兜の紐を結び直しながら所内全般に視線を向けた瞬間――あの瞬間に受けた強烈なショックを私はどう表現したらよいかわからない――それはあまりにも変わり果てた所内の様相であった。

あの強い閃光を感じてから三十分位は経過していたであろうか、その間に所内の全施設は倒壊してなくなってしまったのだ。

千二百名の収容者の大部分は全裸の者、半裸の者、あるいは負傷して頭部や顔面から血が流れ出ている者、火傷のため赤褐色に変色した皮膚が膨れ上がっている者、広い所内を右往左往している者、倒壊した塀の下敷きになって即死している者、助けを求める悲痛な叫び、全身血だるまになって水を求める者等々、まさに生地獄のようであった。

安東大隊長とも辛うじて再会した。見れば頭から顔から血が流れ、白いシャツを赤く染めていた。職員の負傷者も続出し、特別警備隊員からも多数の即死者や重傷者を出していた。一時はまったく収容者を放任するほかなかった。非常門は破壊されている。

広島市内は大火災に包まれ、白昼天を焦がした。幾万の市民が安全な飛行場に避難している。飛行場まで辿り着く気力を失った重傷者が、刑務所の破壊された非常門から所内に侵入して来た。見れば男女の別なく一糸もまとわず全身を負傷している者、両眼が飛び出して自らそれを支えて泣き叫ぶ者、血だるまの幼児をしっかりと抱いたまま所内に入ってから息を引きとった若い母親など、正視にたえないものであった。

警備本部に備えつけてある武器弾薬の危険を感じ、極秘のうちに本部床下に隠し、収容者の奪取から免れた。

比較的軽傷の職員は、血の染みた包帯のまま戒護警備に当たり、収容者の人員点検を行った。その結果、二名の行方不明、即死十三名、重傷七十七名、軽傷三〇六名と判明した。職員の方は、行方不明二名、即死二名、重傷十八名、軽傷五十名を出した。

警備隊長としての私の最も重大なる不安は、既に迫ってくる夜間の警備であった。送電装置は全壊され、物的戒護に頼れるものは何もなくなっていた。千余名の収容者を如何にして無事故で夜を明かすかであった。舎房は吹き飛ばされて収容不能である。幸い拘置所が不完全ながら辛うじて使用できるので、これに被告約百名を収容し、他の受刑者は止むなく露天に野営することになった。

避難場所に一条の縄を張り巡らし、そこから一歩たりとも外に出てならないと厳命し、その周囲に包帯姿の職員に執務させて警備に立たせた。

さすがに長い夏の日もようやく暮れたが、なおも盛んに燃え続ける市内の上空は真っ赤であった。その炎の明るさで収容者の動静を視察できた事は、不幸中の幸いであった。所内に火の粉が飛び込み、遠く近くに婦女の泣き声、男の怒声が聞こえ、家の焼け落ちる音も聞こえてくる。夜は混乱騒乱の中に更けていく。」

長い文章のほんの一節を引用したにすぎないが、緊迫した状況は、この部分からだけでも十分に把握できたであろう。逃げなければならないキノコ雲の下で、逃げるに逃げられない場所が広島刑務所であった。燃え上がる火の粉も、囚人を監視する明かりとして利用されている、異常な場所が刑務所であった。

（一九九九・一・八）

## 生きていてよかった

K先生と食事を終えて覚王山駅から地下鉄に乗った。先生はカードで改札口を通られる。「恥ずかしいけれど被爆者だから、無料パスがもらえるのですよ」と淡々とおっしゃる。先生が広島の出身で、被爆の体験者でいらっしゃることは、かねがね伺っていたが、地下鉄のカードまで受給され、持ってみえるとは気づかなかった。

電車を待つホームで、地下鉄の中で、先生から被爆当時の話をうかがった。

先生は今年五十歳、被爆体験者の最後の年代である。昭和二十年八月六日、運命のあの日は、ちょうど九ヵ月の赤ん坊であった。先生は爆心地から八キロほど離れたところにある家から、その日は伯父さんが満州に出征されるというので、二キロほど離れた伯父さんの家に出かけるために当時十八歳の叔母に手をひかれて国鉄の己斐駅に出かけられた。

叔母さんの腕に抱かれて、電車を待つプラットホーム、爆心地は目と鼻の先だ。朝からむんむんとするような蒸し暑い日であった。駅の上では、不気味にB29の米軍機が旋回している。ピカッと空に一条の黄色の閃光が炸裂した。轟音がとどろく。ものすごい爆風に駅の天井も板塀も吹き飛んでいく。K先生を庇うようにして、叔母は夢中でホームを駆け抜け、用水池に飛び込まれた。倒れかかる屋根の下敷きになり、叔母が上から覆い被さるようにしてくれたので、助かったんだよと先生は言われる。生と死を分ける一瞬の分岐点。叔母の愛が先生の命を救ったのであろう。

燃えさかる、避難民の群がうごめいている街を、赤ん坊のK先生を背中に負って夢中で駆け出されたのであろう。いたるところで焼け爛れ、ぼろぼろになってしまった、さながら幽鬼のような人々が横たわっている。水を飲むために、先を競うようにして川に飛び込む負傷者、そこには黒焦げになった死体が重なるようにして横たわっている。

午前八時十五分、黄色い閃光が走り、B29が落とした原子爆弾一個で広島の街は一瞬に粉々に飛び散り、死の街と化してしまった。放射能は人も建物も焼き尽くし、爆心地では壁に影しか残らなかった。

K先生が助かったのは、まったくの奇跡であった。

生き残った被爆者は、その後、ケロイド・貧血・白血病など原爆の後遺症と死への恐怖との長い戦いが始まる。K先生の同級生でも三人の方が亡くなられているという。そして、K先生を庇って倒れた叔母さんも長いこと原爆の後遺症に苦しむことになる。

名古屋に出てこられて、本校に勤務されるようになってからも、K先生は定期的に学校の近くの東市民病院に診察に出かけられる。先生が名古屋に出てみえた当時は、五千人ほどの被爆者が検診に来てみえたという。その後、多くの方が亡くなられた。K先生が被爆最後の年代であるため、病院に行っても、自分より年配の方ばかりだ。東市民病院には、二十人ほどの人がいつも見えるという。

何年か前、K先生が東市民病院で検診を待っていると、腰をかがめた一人の老婦人が先生の肩をなでるようにして、

「生きていてよかったねえ。生きていてよかったねえ」と何度も繰り返すようにしておっしゃったという。おそらく自分の子供を原爆で亡くされた方であろう。K先生のがっちりとした体格、何よりも明るい笑顔にふれて、思わずわが子を愛しむような想いにかられて、「生きていてよかったねえ」という言葉が口をついて出たのだ。優しい先生のことであるから、先生の方でも老婦人に「生きていて、よかったですねえ」と語りかけたかったであろう。しかし、そのときは胸がいっぱいで一言も言葉が出なかったとおっしゃった。

「生きていてよかった」は原爆を体験した広島市民全体の合言葉である。八月六日、広島で原水爆禁止世界大会が毎年開催される。最初の数十年間は、政党間の抗争で、怒号が飛び交う中、喧騒とした雰囲気で開かれた。広島市民は、外部の政治の争いを沈黙したまま見つめていた。今から何年前であろうか。何十年かの沈黙を破って被爆者が自分の声を、広島の声を初めて発言する機会があった。そのときの第一声が「生きていてよかった」である。発言者は、すざまじい光の一閃のために失明した老人であった。

たとえ眼は見えずとも、たとえ片足は爆風で飛んでしまっても、家族とともに過ごすことができる。子供の声を、孫の声を聞くことができる。被爆者にとっては「生きていてよかったね」は、お互いの励ましの声でもあった。

生きねばならぬ、何としても生きねばならぬ、焼け跡に急造の板囲いの家をつくり病む傷痕をかばいつつ、人々は不死鳥のようにたくましく立ち上がった。

「生きていてよかった」「生きていてよかった」とお互いに声をかけあうことができるようになったのは、広島に何十年目にして桜が咲き始めてからであった。

K先生の話を聞いた翌日、ぼくは一冊の本に載っている一葉の写真を先生に見せた。名古屋市名東区猪高町に住んでみえるYさんが、K先生に「生きていてよかったね」と言われた方ではないかと思ったからだ。その本は、名東区遺族会の出した『とわの祈り』だ。本には、Yさんが東市民病院に九月と二月に出かけられると書いてある。K先生は、しばらくの間写真をじっと見ておられたが、「こんなお年寄りが多くみえるから、当人かどうかはよくわからない」とおっしゃった。Yさんは、原爆で二人の子供さんを亡くしてみえる。

K先生の母親は、原爆のことになると口をつぐんでしまわれるという。ぼくも、明るく、さわやかな先生の母上に二、三度お逢いしている。気さくな母上も、あの日のことになると化石になってしまわれる。

「生きていて、よかった」のだ。しかし肉親や近親には、亡くなった者が大勢いる。今もなお、K先生の叔母は原爆の後遺症に苦しみ、通院生活を送ってみえる。それを考えれば、気楽に他人事のように話すことはできぬ。何よりも乳飲み児のK先生を心配して家にいた、あの日のことは悪夢だ、秘めて語ることはできない。

生命力のたぎるような、草いきれでむんむんと薫る守山区の翠松園の付近を、先生の母上は、今日も広島のあの日のことを思い浮かべながら歩いてみえるかもしれない。来週にはケロイドが残る叔母さんが名古屋にみえるからだ。「生きていてよかった」。K先生を抱えて、さまよった五十年前を思い浮かべながら、名古屋にみえる叔母さんも同じ思いであろう。

職員室で、明るくさわやかな声で話してみえる先生を見ていると、戦争とは、何という非情なものであろうかと思う。

まったく国家間の抗争とは関係のない九ヵ月の赤ん坊までも、原爆の巻き添えにしてしまう。K先生は、広島のあの日のことを思うと二十分も原爆について話すことはできないとおっしゃる。嗚咽が込み上げてくるからだ。母上は五十年間、原爆については沈黙を守ったままだ。

ノーモア・広島。この言葉を死語にしてはならない。

（一九九四・五・二四）

# 五十二通の手紙

二年槙組は文化祭で「千種造兵廠」を取り上げることになった。クラスで決めた時には、工廠の内部がどのようになっていただか、何を作っていたのか、空襲はいつ来たのか、まったく不明の状態であった。暗闇の中を磁石も持たずに航海に出かけるような心細い出発であった。誰か工廠の内部のことをよく知っていらっしゃる方はいないか、詳しく当時のことを伺ってみたいものだと思っていた。手がかりを頼りに、電話をかけてもなかなか当時のことをよく知っている人を捜し当てることはできなかった。

愛知県立図書館に行けば、なにか見つけることができるかもしれないと生徒とともに出かけた。三階の郷土室の一部に「軍事」のコーナーがある。そこの棚の中の書物を片っ端から見ていった。豊川の海軍工廠に関する本は何十冊もある。愛知時計に関する本も、三菱発電機に関する本もある。千種造兵廠について書かれた本は一冊も見つけることができなかった。疲れ果てて、ぐったりしていると一冊の本のタイトルが目についた。

「碑の建立と思い出」という本だ。どこの記念碑のことであろう、期待することもなくページを開いた。カラーの写真が載っている。名古屋陸軍造兵廠記念碑とあるではないか。手がかりが見つかったのだ。この本は名古屋市熱田区六野町の六野公園内にある記念碑建立のいきさつを書いたものであった。

六野町の記念碑の碑文には次のように書かれている。

「名古屋陸軍造兵廠は明治三十七年陸軍省がこの地に東京砲兵工廠分廠として創立以来昭和二十年八月の終戦まで国家の要請に応えて来た。第二次大戦末期には本部の外熱田、高蔵、千種、鳥居松、鷹来、楠、柳津等の製造所を有し、三万五千人が奉職して居た。私たちは多くの殉職者のご冥福と世界の平和を祈ります。碑は名古屋陸軍造兵廠のマークで名古屋城の金の鯱を象ったものである。」

碑文からは造兵廠に対する懐旧の情と殉職者に対する悼みの情をよくうかがい知ることができる。

この本の第三節に、記念碑建立収支会計報告書及び資金醸出者名簿が載っていた。千種造兵廠では一二一名の方が碑の建立資金を出していらっしゃった。住所も載っている。この方々に話を聞くことはできないであろうかと考えた。とりあえずアンケートを出してみようということになった。印象に残っている思い出は何ですか、もっとも辛かったことは何ですか等、十三の質問項目を作った。

九十七名の方の所に投函した。この本が出版されたのは昭和五十五年だ。もう十五年も前のことである。はたして何人の方から返事をいただけるであろうかと心配しながら待っていた。

五十二名の方から返事をいただいた。宛先にいらっしゃらないということで戻ってきた手紙も十一通あった。残りの方からは返事は来なかった。手紙を出した方は七十歳、八十歳の方ばかりである。宛先にいらっしゃらない方は、おそらく老齢のためにお子さんとともに住むために住所を変わられた方であろう。

返事の来ない人は、見も知らぬ人からの手紙に返事を出すことをためらっている方もいらっしゃるであろう。

なによりも戦後五十年もたっている。碑が建ってからでも十五年も経過している。手紙を出したくても出せない、病床にふせっていらっしゃる方も大勢見えるであろう。お亡くなりになった方も何人かみえるに違いない。

お手紙を下さった方の中でも、五人の方が亡くなってみえて、夫人や家族の方から返事をいただいた。京都大学工学部を大正十四年に卒業し、名古屋造兵廠の千種製作所に入られた方がみえる。工場長をし、後には陸軍省の技術課長までもなされた方だ。その未亡人から次のような手紙をいただいた。

「主人青木三樹雄は平成四年七月三十日九十歳にて永眠いたしましたので、アンケートに全部は答えることが出来ませんのが残念です。主人が書き残したものやら慰霊碑建立の際の記念誌等もありますが、ご入用でしたら御来宅くだされば、お貸しいたします。私も高齢にて外出もかないませんので……」と書いてある。

自宅は徳川美術館の駐車場の前です、と生徒が訪問できるような目印も書き添えてあり、電話番号もわざわざ書いてある。高校生の文化祭のために、このような厚意をいただいて、ありがたいことであると感謝している。

北区の水野かねさんという方からは、

「お手紙を拝見いたしました。水野忠一は平成六年四月に死亡しましたので、申し訳ありませんが私では何もわかりませんので、お力にもなれませんが、皆さん頑張って下さいね」というお手紙をいただいた。

短い文面の中に孫のような年齢にあたる生徒に対する、限りない優しさと愛情がこめられている。このような誠意あふれた手紙を読んで、立派な文化祭にしようと誰しも思うであろう。なによりの励ましであった。

守山区の長谷川利行さんは亡くなられていた。亡くなった利行さんに代わって、息子さんからの手紙が届いた。

「父利行は平成三年四月十四日故人となっております。享年七十四歳でした。当時のことは何度か仲間が集まった折に聞かされておりますが、一部についてのコメントは記入を差し控えさせていただきます。その他につきましては母が存命のため聞き取りで書きました。陰ながら皆様のご健闘を祈ります。」

わざわざ長男の方が、母親からの聞き書きでアンケートに答えていただいた。

ご健在の方からは、紙面にびっしりとアンケートに答えていただいた。

安城市の富田さんは、細かい、美しい字で紙面にいっぱいアンケートに答えていただき、さらに写真やご自身の書かれた論文を速達で別途で送っていただいた。

昭和区の浅井さんは七十八歳である。速達で、生徒への次のようなコメントを寄せていただいた。

「日本は陸軍の横暴により、負けたことは当然であり、今では負けておいた方が良かったと思いますが、民族の優秀性を発揮し立ち直りました。平和で戦争のない世界ができることを希求します。紙面が少ないので思い出すことが十分に言うことができませんが、戦争は、核実験は人類の破滅を招くことを知るべきです。昔の戦争時代のことをお話することは辛いことですが、御来宅下さればいつでもお話します。」

春日井市の今井さんは七十一歳である。

「今この世は当時と国の体質が異なって本当に良い世の中だと思います。この良い世の中に生まれました皆様方は生涯を幸せに送っていただきたいと思います。私たちの心配することは、あまり良くなりすぎずぜいたくになりすぎない事、また物事に対して常に常識を持って欲しい事、自己中心に物を考えないように何事も前向きに健康で明るくお過ごし下さい。私の娘も皆様と同じ市邨学園高校を二十年前に卒業させていただいております。皆様方は私の孫のような気持ちです。ありがとう、本当にありがとう。」

寄せられた好意に対して、二学期、立派な文化祭にするよう、今日から頑張ってほしいと思います。

（一九九五・九・二）

## 志に生きる

九月十六日(土)、十一時に江南にお住まいの日比野正司さんが、泉鏡花全集、夏目漱石全集などをダンボール箱六箱に、いっぱいに入れて学校に持ってみえた。図書館に寄贈するというのである。鏡花全集などは絶版になっていて、今、古本価格ではずいぶんな高値がついている。日比野さんの運んでみえた本は、全集はきちんと揃っており、しかも傷んだり、汚れたりしていない、美しい本ばかりだ。愛書家や古本マニアにとっては垂涎のまとであろう。日比野さん自身から、それらの本は校長に手渡ししていただいた。

日比野さんから図書寄贈の話をいただいたのは、名古屋造兵廠の話をうかがいに、夏休みにお宅を訪問したおりのことである。

「棚にいっぱい本が積んであります。いずれどこかに寄贈したいと思っていました。女房は戦前の女子商業の出身です。娘も市邨学園の卒業生です。市邨学園とは非常に深い縁を感じています。ぜひ、持っていってください」とおっしゃる。

鏡花全集と聞いただけで、そんな貴重な全集をいただいてよいか、どうかのとまどいがあった。日比野さんには、学校に帰って相談すると答えた。

日比野さんは、千種造兵廠では、庶務としてあらゆる事務的な仕事を処理してみえた。一万三千人という気の遠くなるような人々が、造兵廠の中で昼夜をわかたず働いていた。それらの人々の給与関係から、下宿の斡旋という細かな事柄にまで精通して、処理していらっしゃった方だ。おそらく現代から見れば、気の遠くなるような仕事量をこなしてみえたのであろう。

「若いからできましたが、家から通う時間がもったいないので、工廠近くに下宿しました。しかし下宿に帰るよりも工廠に泊まって、仕事をすることのほうが多くなりました。今から考えるとよくできたと思います」とおっしゃる。

若いから過重な仕事量をこなすことができたのであろう。しかし、肉体的ながんばりよりも精神的に張り詰めた緊張感が、日比野さんを仕事に駆り立てていたのではないかと、日比野さんを見ていてそんな感じを受けた。

国家のために尽くすという報国の念がなければできない仕事であった。

日比野さんは、昭和十九年に中国の戦線に兵隊として徴兵された。工廠当時に、金沢の前田家の子孫の方がみえたが、その方の部隊に中国でも所属することになった。

「おかげで兵隊生活も嫌なことがありませんでした。人間の縁などは不思議なものですね」とおっしゃる。

日比野さんを見ていると、志に生きている方だと思う。造兵廠でのひたむきな生き方、その縁で多くの方との戦場でのつながり。

そして、今は千種造兵廠に勤務してみえた方の親睦団体「ちくさ会」の事務局長として、まとめ役をなさっていらっしゃる。

日比野さんを、八月の終わりに訪問したとき、造兵廠関係の資料を快くすべて貸していただいた。その中には日比野さん個人のものだけではなく、造兵廠関係の貴重な資料も混じっている。「殉職者名簿」等も原本を出されて、「これが、ちくさ会で調査したものです。使ってください」と出していただいた。

見も知らない他人に対して、心を打ち明け、絶対的な信用を寄せての好意であった。

そして、貴重な膨大な図書の寄贈となった。自分の志が生きるものに対しては、惜しみなく与え、信頼するという態度であろう。


日比野さんは、今年で七十五歳だ。精神的にみじんの揺るぎも見られないように、肉体的にも強靭そのものだ。日比野さんの持つ志の強さが、精神的にも肉体的にも、日比野さんを強いものにしているのであろう。

造兵廠での生活も、戦中の生活も、そして戦後から現在にいたる生活も、日比野さんは一貫とした姿勢で、歩んでこられたと思う。

その姿勢は、自分の幸福を後にして、他人のために尽くすということではないだろうか。

「ちくさ会」の仕事などは、その最たるものだ。何百人という造兵廠勤務者のまとめ役として、さまざまな形で相談にのっていられるのであろう。

そして、文化祭に対する日比野さんの態度も、その姿勢の一つの現れであろう。信用したものに対して、自分の持つものをすべて与えるという姿勢だ。

初めて会った見知らぬものに、図書をあっさり寄贈し、そして自分の大事に保管しているものを与える。その姿勢に対して、清々しく、身の引き締まるような想いがした。

校長室をにこやかに出られた日比野さんは、一人愛車に乗って小雨降る中を帰っていかれた。

（一九九五・九・二〇）



## からたちの花

名古屋陸軍兵器補給廠には、淑徳高女・椙山高女の女学生たちが女子挺身隊として、それぞれの部署に配属されて、働きに来ていた。高等女学校というのは、現代でいえば中学一年生の年齢が入学の年にあたる。修業年数は五年間であった。

戦争が激しくなるに連れて、学校では正規の授業は、しだいにできなくなってきた。戦争に勝つための精神的・肉体的強化と訓練に主眼がおかれるようになってきた。

淑徳高女に通っていた杉山鐙代子さんは、中村公園から池下の学校まで電車通学をしていた。

淑徳高女では、栄から池下の区間の電車通学を禁止し、すべてその区間は歩くように強制していた。杉山さんは、中村公園から栄までは電車に乗り、そこから池下の学校まで歩いて毎日通学をした。

女学校の三年生の時、足が化膿して、入院をしたことがある。その時、医者は杉山さんの足を見て「こんなに足の裏の固い女の子は見たことがない」と言われたという。毎日の徒歩通学により、足の裏が厚くなっていたのであろう。

電車の途中駅の千種橋とか、今池の駅で降りようとしても、それぞれの駅には、先生方が見張りをしていて降りることができない。見つかったら、ひどく叱られるので、皆、栄から歩いて通学をしていた。

学校では、非常に緊張した雰囲気であったという。動作を機敏にし、返事、作法、すべて厳重に躾られた。少しでも緩慢なそぶり、動作をすると遠慮なく鉄拳が飛んできた。体育の教師は、特に気合いが入っていて、よく頬にびんたを張っていたという。校長も率先して、生徒の躾にあたり、よく生徒を叱責していた。現代では考えることのできない軍国教育だ。

学校では授業の代わりに、近くの田畑に耕作に出かけたり、勤労奉仕をしていた。家に帰り、教科書を開こうとしても灯火規制がなされていて、思うように勉強はできない。灯りが外に漏れてはいけないので、黒い布で覆っていたという。

杉山さんが補給廠に女子挺身隊として入廠されたのは女学校の四年生の時だ。四年・五年の生徒は、すべて軍需工場に配属された。一学年に二百人ほどの生徒がいたから淑徳では四百人近くの生徒が、国のために軍需工場に勤め、汗水を垂らして働いた。その内、二十五人の生徒が名古屋補給廠で働くように配属された。学校では地域ごとに、生徒をそれぞれの工場に割り当てていたようで、補給廠には中村公園付近の生徒が通っていた。

学校には通学できず、補給廠で、来る日も、来る日も他の工員や筆生（事務員）と同じように働かされた。

二年間、補給廠だけの生活で、学校には一度も登校しなかった。しかし、授業料だけは、きっちりと払わされたという。補給廠から、たった一度だけ学校に行ったことがある。卒業式の日だ。型通りの式であまり感動はなかったそうだ。

補給廠の生活は厳しく、軍事教練では、竹槍を持たされて、しごかれた。しかし、同じ学校から来た仲間が二十五人もいる。集まれば年ごろの娘らしく、たわいもない冗談に笑い、はしゃいでいたという。食事の時には、仲間が一つの部屋に集まるから楽しくてしかたがない。

集合時間に注意をしたり、仕事の指導をしてくれるのは、当時二十四、五歳の見習い士官と呼ばれていた大学を出たばかりの若い軍人だ。年ごろの女学生から見れば、りりしく、男らしくみえる憧れの存在であった。また、見習い士官にとっても彼女たちは、かわいくて仕方のない妹のようにみえたのであろう。

女学生の中には、見習い士官に対する憧れの気持ちが募り、彼らの机の中に、そっとお菓子を入れておくこともあった。中には鼈甲のシガレット・ケースをそっと机の中に入れた女学生もいたという。人を想う心は、どんな時代であっても変わらないようだ。明日の命もわからない時代だけに、その心は純粋であり、ひたむきなものであったかもしれない。

昭和十八年の秋のことだ。名古屋兵器補給廠では、耕作隊を組織して鳥居松出張所にトラックに分乗して芋掘りに出かけた。食糧難の時代だ。少しでも田畑を耕し食糧を確保しなければならない。鳥居松出張所の広い敷地に植えてあるサツマイモを、各班毎に掘っていく。戦争中の食糧確保という辛い仕事であることも忘れて、若い少女たちは、何かピクニックに来たような気持ちになったのであろう。一人の少女が白秋の「からたちの花」を歌った。美しい声だった。青空に、その澄み切った声が消えていく。皆、芋掘りを忘れて、しばらく、その美声に聞きほれていたという。

からたちの花が咲いたよ　白い白い花だよ
からたちの刺は痛いよ　青い青い針の刺だよ
からたちは畑の垣根よ　いつもいつも通る道だよ

この歌を聴く人たちは、今が戦争中であることも忘れ、空襲の怖さも忘れ、畑の片隅にそっと咲いている可憐な枸橘《からたち》の花を思い浮かべていたのであろう。

淑徳高女の女子挺身隊では、三人の方が殉死されている。伊藤貞子、中山幸子、横井志ず江の三人の方だ。三人とも医務科の建物の近くの防空壕の中に入ってみえた。中山さんは級友の佐藤さんと体を寄せ合い爆撃のやむのを待っていた。激しく鳴り響く爆撃が一瞬静かになった。中山さんは勇敢な方だ。外の様子を窺うために防空壕の蓋を開けられた。佐藤さんが「やめなさいよ」と必死になって止めるが、構わずに顔を外に出す。しばらく、じっとしている。佐藤さんが足を引っ張ると中山さんの体が下にずり落ちてきた。その時、すでに中山さんは事切れていた。外に顔を出した、その一瞬の間に爆風によってやられたのであろう。その時、一人の兵士も医務科の建物の玄関で殉死した。

昭和二十年三月二十五日のことである。杉山さんは、この時、倉庫近くの防空壕の中にいて九死に一生を得られた。杉山さんは、お嬢さんによく、この時の体験を話されるという。「勉強したくても、勉強ができない時代がお母さんたちの時代だったよ。今は自分で意欲さえあれば、どんなことでもできる、良い時代だ」。

杉山さんは、あの時の体験を絶対に忘れることができないであろう。もう五十一年も昔のことであるのに。

（一九九七・一・三）

## 収容所にひびく歌声

Aさんの手帳には、流行歌がいくつも書いてある。年配の人なら、誰でも懐かしい思い出とともに歌うことのできる、「誰か故郷を思はざる」「湖畔の宿」「伊那の勘太郎」「別れのブルース」などが、びっしりとすきまなく書き記してある。その流行歌を見て、なんのために書かれたものであろうかと不審な思いに駆られた。

手帳に書かれている無数の流行歌と、中国から仏印（仏領インドシナ）へと従軍のあいまに書いた日記との違和感がなんとも訝しかった。

この歌は、きっと無事日本に戻ってきて、戦時中肌身離さず持ち歩いた手帳の空白に一つひとつと懐かしい歌を思い出しながら、書かれたものであろう。そして、手帳に書かれている歌は、忙しい仕事の疲れを癒すために酒を飲む宴席で、この手帳を見ながら歌う流行歌であろう。そんなふうにこの歌のことを考えていた。しかし、従軍日記と金銭の出納帳の間に書かれている百数十曲の流行歌との関係がなんとも不思議であった。

日記は軍隊が徐州から青島、そして太平洋戦争の勃発とともにハノイへと進駐していく、その従軍の移動の中で、疲れた体を寝台に横たえながら書かれたものだ。金銭出納帳は昭和十四年十二月三十日からつけられてある。タバコ十銭、ヨーカン二十銭、大福三十銭と細かく使った金額が書いてある。収入は俸給の八円八十銭だけだ。

日記も、出納帳も、戦時中に書かれたものだ。流行歌だけが、なぜ戦争が終わり日本に帰って来てから書き記されたものであろう。長くそのことを疑問に思っていた。

Aさんは終戦とともにシンガポールのクアラルンプールで英国軍の捕虜になられた。終戦の日、幹部だけが一室に集められた。天皇のポツダム宣言受諾の放送を聞き号泣されたという。上官の命令によって、そのまま英軍に投降、その時から捕虜生活が始まる。クアラルンプールの飛行場の中が日本人の捕虜たちの生活の場だ。幾棟ものテントを張り、その中での寝起きが始まった。

その話を聞いたとき「戦場にかける橋」という映画を思い出した。映画の中では、日本軍が英国人捕虜を虐待する場面が何回も出てきた。鮮烈に、今もその場面を思い出すことができる。終戦と同時に、英軍と日本軍の立場は逆転してしまった。

「ずいぶんと英国人捕虜を戦時中、クアラルンプールではひどい目にあわせましたが、捕虜生活での、英国人の扱いはどうでしたか」

「英国人は紳士的でしたね。オーストラリア兵は、ずいぶんひどいことをする兵士もいました」

英国人兵士が退屈まぎれに、ある日サッカーを始めたという。ところが審判をする人がいない。Aさんは早稲田大学のラグビー部の出身だ。スポーツマンの血がうずいて、誰か審判をしてくれる人はいないかといわれて、なんの躊躇もなく手をあげて引き受けられたという。多少英語も話せるということが、英国人の間に入って、サッカーをともに楽しむという気を起こされたのであろう。

「収容所での生活はどうでしたか」と聞いてみた。

「映画の『ビルマの竪琴』と同じでしたよ」とおっしゃる。

一瞬、なんのことを意味されているのかわからなかった。

『ビルマの竪琴』の第一話の「うたう部隊」には、終戦になったことも知らずビルマの森の中に孤立した軍隊が、「はにゅうの宿」をたき火を囲んで歌っていると、日本軍を包囲していた英軍がそれに合わせて英語で歌うという話が載っている。

収容所に入ってからは、部隊から離れて、洞窟に隠れて投降しない日本兵を説得するために出かけた水島上等兵が戻って来れるように、次から次にと日本の歌を捕虜が全員で歌う。

『ビルマの竪琴』と同じということは、手帳に書いてある流行歌は収容所で歌われた歌だということだろうか。

「あの歌は、収容所で歌われたものですか」

「そうです。テントで一人が歌い出すとそれにつられて、テントの中の誰もが歌い出します。それは、日本人の二百人くらいが収容されているいくつものテントに響き、どのテントからも合唱が始まります。夜の七時から九時まで、毎晩歌っていました。

私は歌を知らないものですから、テントの中で、聞こえてくる歌を書きつけたのが私の手帳の歌です」

岐阜県出身の人は、郡上節を、長野県出身の人は木曽節というように、ちょっとしたお国自慢が始まるということもあったそうだ。

昭和十五年、高峰三枝子が歌って大ヒットした「湖畔の宿」が手帳に書いてある。セリフ入りの歌だ。セリフの最後は「私は一人旅を行く　誰も怨まず　皆昨日の夢とあきらめて」で終わっている。手帳には、その次に（　）がして、その中には「せめて時節が来るまでは国で便りを待つがよい」と書いてある。これはAさんの捕虜生活における心境なのか、それとも誰かが、この歌を歌い、とっさに、このセリフを考えて入れたのであろうか。

「何日君再来」は日本語・中国語・安南語（ベトナム語）と三ヵ国語で書いてある。

軍事色の濃厚な「熱砂の誓い」という歌も入っている。

「日本男子と生まれたら　この肉この骨大陸へ　埋めよと言はれた亡き母の　瞳が輝く暁の星……こんな歌を歌って、英国人が怒るということはありませんでしたか」

「何を歌ってもよかったですね。毎晩、毎晩、二時間の大合唱が続きました。歌があったからこそ、収容所生活に耐えることができました」

日本人の捕虜の二百人が収容されているテントから毎晩響く歌声、それがもの悲しく南国の夜空に消えてゆく。

歌は、収容所に入っている日本人の心をつなぐものであった。テントからテントへ、誰かが歌うと次から次にと人々が歌い出し、歌声はしだいに大きくなってゆく。いつか、日本に帰る日が来る。そのことを互いに確認するかのように、大きな声で歌ったのであろう。

（一九九八・二・九）

## 散華　雲流るるはてに

一、生を享け二十二年の長いあいだ、小生を育まれた父母上に御礼申し上げます。
一、親不孝の数々お許しください。
一、小生の体は父母のものであり、父母のものでなく、天皇陛下に捧げたものであります。小生入隊後は亡き者と御覚悟下さい。
一、小生も良き父上、良き母上、良き妹二人を持ち心おきなく大空の決戦場に臨むことができます。
一、父上も好子、寿子を小生と心得、御育み下さい。
一、母上、父上のこと末永く、くれぐれもお願い申し上げます。
一、父、母上の、また妹のご健康をお祈りいたします。

父さん、だいじな父さん
母さん、だいじな母さん
永いあいだ、いろいろとお世話になりました。
好子　寿子をよろしくお願いいたします。靖国の社頭でお目にかかりましょう。ではまいります。お身体をおだいじに。

これは、二年槙組の永尾由紀子さんの伯父、永尾博海軍中尉が書きしたためた遺書である。永尾中尉は海軍入隊が決定したその日に、壁にかける額の裏に遺書を入れ、何も言わずに出征された。九州の西南学院の学生であった永尾中尉は、神風特別攻撃隊第三草薙隊の指揮官になられた。

昭和二十年四月二十八日午後二時、永尾中尉の飛行機を先頭として、十五分間隔で神風特攻隊は鹿児島の国分基地（現在の鹿児島飛行場）を飛び立った。沖縄に停泊中の米軍の艦隊に突撃を加えるためである。二人一組になって、戦争末期のことでもあり性能のよくない小さな飛行機に乗り、上空高くからめざす敵艦に急降下して突入してゆくのである。

飛行訓練時間が百時間にも満たない操縦技術の未熟な学生も大勢混じり、敵艦に突入してゆく前に打ち落とされる特攻機も多くあったという。永尾中尉をリーダーとする第三草薙隊は、沖縄に到着する前に米空軍機に発見されることを恐れ、編隊を組むことなく、それぞれの飛行機がめざす方角も高度も変えて、単独で飛び立つことになった。

その日、南国の空はまぶしいほどに明るかったという。国分基地に多くの見送りの人がつめかけ、日の丸の小旗をしきりに振っていた。プロペラの音は高く、エンジンの轟音がとどろく中、万歳の声に見送られて永尾中尉の一番機は飛び立って行った。同乗の江沢少尉とともに、見送りの人に軽く会釈をし、空高く旋回しながら舞い上がっていく。生還を期すことのない旅立ちであった。奄美大島、喜界ケ島が眼下に見下ろせる。

六時三十分、沖縄本土に到着。飛行機を急降下させて、米軍の戦艦に飛行機もろとも突入していった。「散華」。わずか二十二歳の青春は、自分の使命を果たすために沖縄の海に散った。指揮官として、みごとに戦艦に飛び込んでゆく。それ以外のことは永尾中尉の胸中をかすめることはなかったであろう。あまりにも潔い最期であるだけに、痛ましい思いを強く感ずる。

四月二十七日、出発の前夜、搭乗員全員は兵舎に集まり、別れの宴を催した。明日は必殺必中の体当たり攻撃だ。飛行技術の未熟な、沖縄までの航行もおぼつかないような若い仲間たちの気分を和ませるために、リーダーとして永尾中尉は率先して騒がれたことと思う。座を盛り上げるために酒を飲み、歌に興じた。隊員の中には、最後の早慶戦で神宮球場のマウンドに上がった岐阜県出身の近藤投手も加わっていた。戦友たちが、最後に飲み干す酒宴であることを感じさせないほどに賑やかであったという。

神風特別攻撃隊の草薙隊は名古屋海軍航空隊に所属していた隊員たちによって、編成されたものである。名古屋航空隊は、昭和十六年十月から現在の豊田市浄水町（当時は西加茂郡保具村伊保原）で飛行訓練を重ねていた。丘陵地の松林に囲まれた二千メートルと八百メートルの二本の滑走路を持つ飛行場で、赤トンボと俗称された中間飛行機で高く舞い上がり、そして麦畑すれすれまで急降下するという訓練をなんども繰り返していた。玉砕覚悟で自分の死とひきかえに米軍の戦艦や戦闘機を粉砕しようとする訓練だ。

米軍の沖縄上陸が近づいた三月には、九州の第五航空隊の予備兵力として編入された。

四月一日、米軍が沖縄本土に上陸を開始すると名古屋航空隊からは二十機の飛行機と四十人の隊員が国分基地への移動を命ぜられた。

四月五日、伊保原の飛行場を永尾中尉の一番機は飛び立った。桜の花が満開であった。その花の小枝を飛行服にさしての旅立ちであった。その日の夕方には国分基地に到着した。本土へのB29による攻撃は開始されていたから名古屋・大阪・神戸と焦土と化した街を眼下に見下ろしながらの飛行であったろう。

豊田海友隊の発行した『草薙隊の栞』を拝借して読んだ。

永尾中尉の写真が載っている。四月下旬撮影とあるから突撃直前の別離の記念写真かもしれない。永尾中尉は前列の中央で、二十三人の仲間を従えるように悠然と落ち着いた姿で座ってみえる。見るからにりりしく立派だ。

写真の後には、隊員の遺書や手紙が記載されている。国を想う純粋な真情が吐露されている。

読み進むうちに、なんとしても、若い海軍の兵士たちが大空を駆け回ったその場所をこの眼で確かめたいという気持ちが昂じてきた。
授業後、なんども道を尋ねて、豊田の浄水場近くの海軍航空隊の跡地に着くことができた。浄水場の公民館の南側には、草薙隊の碑が立っていた。北側には開拓の碑が立っている。その碑には、飛行場の跡地を開拓するために、この地に昭和二十一年七月に六十人が入植した。礫石混じりの赤土で、鍬一丁での開墾は困難をきわめ、電灯がひけたのも昭和二十六年になってからだと記してある。草薙隊の碑文には、忠烈を永く後世に伝えるために建立したと書いてある。桜に囲まれた、碑のかたわらには、三十センチほどに伸びたホキンケイギクが植えてあった。この花は、特攻花と呼ばれ、国分の基地の周りに、一面に黄色く咲き乱れて、沖縄に飛び立つ特攻隊員を見送るように咲いていた花だ。

公民館の前に、まるで滑走路のように名鉄豊田市駅に抜ける道がある。真っ赤な夕焼けを背に向けて車を走らせていると、豊田高校の生徒たちが、かつては雲流るるはてに特攻機が旅立った方角に、自転車で帰路を急いでいた。
今は平和な時代であると実感した。

（一九九五・五・一五）

## ああ　六月九日　九時十七分

Ｔ先生は、今年六十八歳になられた。市邨学園を退職なされた後、悠悠自適の生活を西区の浅間町で送ってみえる。浅間神社のすぐ裏の先生の家は、名古屋でも有名なふぐ屋であった。今は、息子夫婦がその家を改造して料理屋を開き、たいそうな繁盛をしている。先生は、なかなかの風流人だ。古いレコードを何百枚も収集してみえる。そして花の手入れを庭でし、鈴虫を飼育していらっしゃる。

今年もそろそろ鈴虫が孵化するころだ。鈴虫をいただくお願いとおいしいご馳走を食べる目的で先生の店を訪れた。

先生はお元気だ。先日も地下鉄で敬老パスを使ったら、すぐ後ろで二、三人の人が、あんな元気な人が敬老パスとはおかしい、と大きな声で言われて恥ずかしかったと大きな声をあげて笑われた。

ぼくが、出される料理を次から次にと平らげてゆくのを横目で眺めながら、ぽつりと一言「今は、いい時代だなあ。俺たちの若い頃は、食べるものがなくて、大変だった」とおっしゃった。「何を食べていたんですか」と尋ねると、「食べることができたものは、何でも食べた。どんな不況の時代がやって来ても俺は生きていける。草でも食べれるものと食べれないものと見分けることができる。戦争中は、飢えをしのぐために雨蛙だって生で飲み込んだんだ」と事もなげに言われる。「俺は食物のために、生命が助かったかもしれない」とつぶやくようにおっしゃった。

昭和二十年六月九日午前一時三分、米軍三一三航空団七十機がテニアンの基地を離陸し、熊野灘から尾鷲の上空を飛び、名古屋の上空で旋回を始めたのは、九時を少し過ぎた時間であった。米軍機の攻撃目標は熱田区千年町の愛知時計工場であった。電車通りを挟むようにして、愛知時計の隣には愛知航空機船方工場、西側には熱田工場があった。船方町一帯は飛行機を主として生産する一大軍需工場地帯であった。これらの工場には、当時学徒動員を含んで二万人の人々が働いていた。

九時十七分、青空に閃光が光って投弾が開始された。八分間、九時二十五分まで爆撃は続き、愛知時計一帯は、死者二〇六八名。負傷者三千名の一大修羅場と化してしまった。

当時T先生は、十八歳。中京商業四年生で学徒動員として、愛知航空機で飛行機の部品を造る仕事に従事してみえた。中京商業の生徒二百名余りは、指導教官のもとでくる日もくる日も旋盤をまわしていた。

「戦争に負けるなんて、少しも考えていなかった。死ぬことも恐くなかった。日本が勝つと思って毎日働いていたよ」とおっしゃる。工場では給食が出される。毎日、玄米と豆粕ばかりの昼食だ。家では、もっとひどい食事だ。六月九日は、たまたま岐阜県穂積町の親類のお祭りがあった。田舎のことで、白米が食べられる。白米は、もう何百日も食べていない。親類から招待され、三日前には指導教官に休暇願いを出して許可を受け、当日を楽しみにしていた。

運命の六月九日、「学徒動員で休暇を取っていたのは、おそらく俺だけだったろう」とおっしゃる。先生は喜んで穂積に出かけられた。親類で楽しい一時を過ごされているうちに、名古屋が大空襲だという知らせが入る。気もそぞろに、あわてて名古屋に駆け戻られる。名古屋に近づくにつれて、ニュースが続々と入ってくる。どうも愛知時計らしい。

実家に戻り、自転車で水主町・尾頭橋と夢中で走る。夜になっていた。月明かりの下を大勢の血みどろになった人がうごめいている。尾頭橋から堀川沿いに走る。熱田神宮があるから愛知時計には爆撃はないと固く信じていた。その神宮の森が手前に不気味に黒くみえる。そのうち自転車で走ることができなくなってしまった。足も手もなくなった死体が横たわっている。死骸に車輪が突き当たる。あちらこちらに片足が、片手が転がっている。「死ぬことを少しも怖いと思っていなかった自分も、あの時は、ぞくぞくと寒気がしてきたよ、地獄とは、あのことだなあ」と先生は言われる。

黒く淀んでいた堀川は、その時、星明かりの下で赤い川に変わっていた。誰の手かわからない手が浮かんでいる。

愛知時計の北側の堀川沿いの小道に、多くの人が爆撃とともに殺到する。白鳥橋を神宮の森をめがけて走る。逃げ惑う人がうごめく橋上に、米軍機は爆弾を炸裂させる。白鳥橋は一瞬にして空に舞い上がる。死体は黒々と堀川を埋めるように重なっていた。


T先生のように偶然休暇願いを取って、休んでみえた人もあれば、病気で休んでいて、当日、たまたま出勤して爆撃で亡くなった人もいる。

当時は十六歳であった住田弘之という方は、病気で欠勤していたが、あまり休むと監督官がうるさいからと出かけていった。父親は五月十七日の夜間空襲で焼夷弾の破片を顔や腹部に受けて入院中、母親はその付き添いで留守だ。たった一人の姉が必死になって弟を探しまわる。

「コンクリートの通路上に遺体が並んでいる。真っ黒に焼けて木の根のようになっているなどあまりにも残酷な光景は、四十余年過ぎた今でも忘れられません。父が動けぬ我が身のじれったさ、悔しさに隠れて泣いている姿。ちょっと小さな傷にも身震いがするような母が現地に向かう途中、爆風で飛ばされ瀕死の重傷を受けた無数の人たちが堀川の土手や材木筏の上に倒れている。『おばさん助けて』の声を聞きながら『ごめんね、私も子供を捜しているの……』と謝りつつ、地獄のような修羅場と我が子を求めて走り回ったことなど、両親の嘆き、愛情の深さなどどのように表現できるのか……。悲しいことに弟は三日目に防空壕の中から発見されました。グリンピースの混ぜご飯をつめた弁当箱が爆撃の破片で無数に穴があいて原型をとどめないほどでした。また壕のそばには旋盤が爆風で飛ばされて転がっていました。」（竹内千代子「紺碧の空が裂けた日」熱田空襲を記録する会刊）

T先生の家に、六月九日の夜、友人が血みどろになったT先生の作業衣を持って訪れた。T先生が休まれたので、先生の作業衣を使い、旋盤をまわしていた仲のよい友達が爆撃で死んだのだという。「俺の身代わりになってくれたのか……と先生は、その作業衣を見て、しばらく言葉が出なかった」とおっしゃる。

中間試験の前日、ぼくは愛知時計に出かけた。五十年前のその日と同じように、空は青く澄み、雲ひとつなかった。愛知時計正門左手に、写経を埋め、そこに慰霊地蔵尊が建立されている。碑文には、地蔵尊建立の縁起が書かれ、「……一大修羅場ト化セリ。嗚呼惨シイカナ」と記されている。ぼくの立っている前の道を現代の企業戦士の車が、ひっきりなしに通る。白鳥橋の西詰にも地蔵尊が建てられ、花と千羽鶴が供えられていた。道をゆく人は、その地蔵がどういうものか何の関心もないように通ってゆく。白鳥橋の上から堀川の流れをしばらくの間じっと見つめていた。どす黒い色だ。白鳥庭園が堀川沿いにある。その向こうに国際会議場が見える。堀川の対岸に爆弾の破片でえぐられた堤防のブロックがあるのを見つけた。手で触ってみる。二十センチほどの深さだ。

五十年前の歴史を、まるで消すような形で白鳥庭園が、センチュリーホールが建てられ、まるで堀川とは別世界の感を呈している。しかしこのブロックは五十年前の歴史を消すこと無く、いたましくも残っていた。

（一九九五・六・九）

## 黒くぬりつぶした日の丸の寄せ書き

高浜棋先生は、一九二一年の大阪生まれだ。今年、七十六歳になられる。先日、先生のお宅を訪問しようと電話をかけたところ、「午前中はテニスをしていますから、昼からでしたら、いつでも来て下さい」と言われた。

高齢であるにもかかわらず、先生はお元気そのもので、かくしゃくとしていられる。

そのとき、「十月十三日から梅田の大丸で個展を開きます。まだ二十数点しか描いていません。あと十数点の作品を完成しなければならないから大変です」と言われた。先生は、ここ五年ほど毎年大阪の大丸で個展を開催していらっしゃる。

輪廻をテーマにした大きな屏風、ドイツや中国を旅行されたおりに描かれた風景画、花鳥画も数点ある。個展に出品する作品を一点一点取り出して説明をして下さった。抽象的な作品、具象的な作品、先生は一つの枠にこだわらず自由闊達な画風で、あらゆる対象を思いのままに描かれる。

「私の親父はプロの将棋指しでした。私の名前は将棋の棋です。親父の職業柄か少年の時から自由な環境でしたから絵ばかりを描いていました」。

先生は一九三九年、大阪市立工芸学校を卒業して、京都市立絵画専門学校（現在の京都市立芸術大学）に入学される。

戦争の拡大とともに、軍靴の響きは自由な気風の芸術大学にまで響いてきた。およそ戦争とは縁の遠い絵画専門学校の学生も、浮世離れした絵を描くだけの生活をすることが許されなくなってきた。学校から一人、二人と戦線に送られていく。

高浜先生にも一九四三年十二月に学徒出陣の令状が届いた。大学で壮行会がひらかれ、ふだん大学に顔を見せることのない日本画の大家の先生方が顔を揃えた。先生は、その時、日本画の大家に色鮮やかな日章旗の寄せ書きを依頼した。今は亡き入江波光、池田遙邨、そして当時、もっとも若い教授であった上村松篁等が先生の武運長久を願ってきごうしてくれた。戦後も松篁とは関係が続く。帝展を脱退して松篁が創画会を結成した第一回の展覧会には頼まれて出品することになった。

先生は日の丸の寄せ書きを肌身離さず身につけて、千葉県習志野市の陸軍騎兵学校に入り、戦車第三師団に配属される。第三師団は中国大陸に渡り、華北を中心として各地を転戦する。

中国の戦線でも、先生はたえずスケッチをされた。日本の陣地から見た光景、兵士の宿舎になった小屋、先生は眼に入るものをすべてスケッチされた。

「今、考えるとずいぶん無鉄砲なことをしたものです。どこから、いつ、鉄砲でうたれるかわからないのに、たった一人で歩き回りスケッチに夢中になっていました」。

先生は中国で描かれたスケッチを実家に送られる。

「郵便担当の下士官が、私の手紙だけは検閲印なしで送ってくれました」。中国大陸のスケッチは、のびのびとした力強い筆遣いで描かれている。とても、戦時の合間をぬって書かれたものとは思われない。スケッチを見ていると絵が描きたくてたまらないという先生の意気込みのようなものがうかがえる。

先生は、無線の指導のために中国の原隊を離れて、朝鮮に出張を命ぜられた。奉天から朝鮮の平壌に向かう列車の中で、先生は終戦の玉音放送を聞かれた。そのときは知る由もないが、先生の原隊は、終戦の報とともに全員自爆をしたという。

もし、先生に出張命令が出なくて、中国の原隊に止まっていたならば、他の隊員とともに自爆をされていたであろう。

人間の生死は、どこで、どのようになるかわからない。恩師や同級生が寄せ書きをしてくれた日章旗が、先生に加護を与えたかもしれない。

平壌でソ連の捕虜となり、行く先も告げられず、いきなり船に乗せられた。てっきり日本に帰れるものと喜んでいると、船は日本の港ではなくナホトカ近くの名も知らない港についた。

シベリア鉄道の貨車に乗せられ、列車はキズネールで止まった。そこからエラブカまで死の行進が続く。腰まである雪道を踏み分けての行進だ。エラブカまで、八十キロの道のりを無言の行進が続いてゆく。体力は、みるみる消耗していく。与えられる食事は一日二椀の粥だけだ。

空腹で、腰まである雪道を歩んでいくが数歩進むだけで転倒してしまう。転倒したまま倒れていると、後から来た人が足で蹴って起こすのであった。起こさなければ、永久の眠りにつくか、凍傷にかかってしまうからだ。

先生は、この死の行軍で体調を崩していた。睡眠不足と体力の消耗で最悪の状態であった。転倒していると、うとうとと眠気がさしてきた。このまま眠ってしまったら、どんなに楽になるだろうかと考えていると後から来た人が抱え起こしてくれた。

見も知らぬ人であった。先生は、今も、その人を命の恩人であると感謝をしていらっしゃる。「あの人がいなかったら私はまちがいなく死んでいました」。

その人は、先生を抱え起こすと背中におぶり行進を続けた。先生は背中におわれて、無事エラブカに到着することができた。

死の行軍を命の恩人のおかげで、先生は奇跡的に生き長らえることができた。行軍で何人もの人が手足を切断した。亡くなった方もいる。先生は、幸運にもエラブカに到着できたのは日章旗の寄せ書きのためだと信じていらっしゃる。

しかし、エラブカの収容所の中で、先生は日章旗をいつも眺めているわけにはいかなかった。収容所ではソ連兵が監督をしている。共産思想を徹底的に鼓舞させられた。日の丸を大事に持っていることがわかったら、どのようになるかわからない。先生は、赤の日の丸を黒く塗られた。生きるための方便として、恩師も同級生も許してくれるだろうと先生はせつない思いをこめて黒くぬられた。

「これは黒い日の丸です。よく収容所から持ち出すことができました」。

先生にとって、黒くぬりつぶした日の丸は宝物である。無事、なんども命の危険にさらされながら日本に帰還できたのは、寄せ書きの加護があったからだ。黒く塗り潰した日章旗を見るたびに、先生はシベリアでの苦難の生活を思い出される。黒い日章旗は、先生にとって、今も創作活動の原点だ。

（一九九八・九・九）

# 少女像

高浜棋先生が一枚の絵を取り出された。赤い頬の健康そうな少女像だ。日本の典型的な少女の姿が色鮮やかに描かれている。

「岸田劉生の麗子像のようですね」というと、先生は「私は、あの絵が大好きです」と笑顔で応じられた。

岸田劉生の絵はリアリズムの極致のような絵であるが、そこには深い精神性がこめられている。幼い麗子の無邪気な姿、そこから劉生の愛娘に対する無限の愛しさが感じとれる。

高浜先生の絵も見るからに健康そうな少女の像だ。

厳しいシベリアの収容所の中で描かれた絵とも思われない、丁寧に描かれた優れた絵だ。「この絵が本当にシベリアで描かれたものですか」。信じられないような思いで尋ねた。

「この絵はシベリアの収容所の壁に掛けられていたものです。私の描いた少女像を見て、日本に残してきた子供のことを思い出した人も多くいたようです」。

先生はエラブカの収容所に抑留されていた。エラブカの収容所は将校たちだけが入る特殊な収容所だ。敗戦と同時に日本の軍隊組織は壊滅した。収容所に送られた軍人の中には、戦時中の上司に対する積年の恨みを晴らすのはここぞとばかりに乱暴を働く人もいたようだ。

そこで将校専属の収容所が作られた。エラブカ収容所は、将校専属の収容所の内のひとつだ。エラブカ収容所での労働は、他の収容所と比べるとずいぶんと楽であったようだ。

しかし、シベリアの寒さと与えられる食糧は他の収容所と何ら変わりはない。いつ、祖国の土をふむことができるか、その不安も他の収容所に抑留されている人々と同じだ。むしろ、エラブカの収容所に抑留されている人々は、将校であるだけに、他の収容所にいる人々よりも年配の人が多い。故郷に子供を残し、満州の地で戦い、そのまま敗戦と同時にシベリアに抑留されていた人々も多くいた。その人たちは、収容所の壁にかかっている高浜先生の少女像を見て、故国のわが子の姿に思いをはせた人もいたであろう。


先生は、収容所で支給されるわずかな給与の中から絵の具を購入して、多くの絵を描き続けられた。

「これが当時使っていた絵の具です」と言って、小さなチューブに入っている絵の具を取り出された。小学生が使うような水彩絵の具だ。

「これが矢立ての代用として使ったものです」と言ってタバコの長さほどの細い筒立てを取り出された。

絵を描くことが好きで、好きでたまらない。どんな厳しい状況の中でも絵を描いていれば辛さも、苦しさも忘れることができる。先生がシベリア時代に使われていた絵の具と矢立てを見ていて、そんな感慨におそわれた。

少女像を見ていて、少女の着ているボタンの下の所に小さな穴が空いているのに気づいた。その理由を尋ねてみると「最初、絵の具がありませんでした。身の回りで使用しているもので絵を描いていました。頬の赤いところは赤チンを使いました。赤色が今も奇麗に残っているでしょう。服のところは糊を使用しました。虫が糊を食べたので剥がれてしまったのです」。虫が食べたので、服のボタンの下は欠けてしまったのだ。

日本画では胡粉を使って何度も下塗りをする。シベリアの収容所では胡粉を手に入れて、絵を描くことは不可能だ。

胡粉で下塗りが丁寧にしてある絵は、深い趣が感じられる。

「胡粉がないので、代用として歯磨き粉を使用しました」。

少女の像が浮き上がるようにして見えるのは、歯磨き粉で何度も、何度も下塗りがしてあるからだ。

先生が苦心をされて描かれた少女像は、エラブカの収容所で大変な評判になった。故国にいる少女像と同じ年ごろのわが子の姿を思いやり、絵の下で、いつまでもじっと立ちつくしている人もいた。郷里に残してきた子供を偲び、感無量の思いで立ちつくしていたのであろう。

厳しい労働と身を裂くような寒さの中で、この絵を見るときだけが心なごむ時であったかもしれない。

素朴な、健康な、いかにも村娘らしい少女像。それは故郷を出た時にはまだ生まれたばかりの子供の大きく成長している姿に見えたのかもしれない。

会うことができない、もしかしたら二度と再会することができない故国のわが娘のことを偲んで、絵の下で立ち尽くしている人々を見て、先生は「少女像」を描いて本当によかったと思われたであろう。

自分の描いた絵が人々に深い感動を与える。高浜先生は、自分の描いた絵をじっと眺めている人々を見て、この時ほど絵を描いていてよかったと思われたことであろう。収容所の極限の生活の中で暮らしている人々も、この絵を見ている時だけが、自分が生きていると実感できる時であったかもしれない。この絵を見て、絶対に生きて故国に帰り、わが娘に再会しようと心に深く誓った人もいたはずだ。

シベリアの収容所の中で、高浜先生は絵を描きたくてたまらない衝動にかられて、赤チンを使い、歯磨き粉を使い、糊を使って絵を描かれた。

それは、人に見せるためのものではない、画家の本能のような衝動が描かせた絵だ。しかし、その絵を見た人々にとっては、望郷の思いを起こす絵となり、はるかな祖国に残した子供を偲ぶ絵となった。高浜先生は、画家の衝動で絵を描かれたが、その絵を見た抑留されている人々にとっては生きる希望を与えるものとなった。

高浜先生は、エラブカの収容所で、自分の心の中に思い浮かんでくる少女の姿を無心の境地で描かれた。おそらく絵を描いている時は、ここが極寒のシベリアであることも、抑留者であることも忘れて、描かれたのであろう。

眉毛の涼しい、唇を引き締めた、目をぱっちりと開いた「少女像」を見ていると、それがとても五十年もの昔にシベリアで描かれた絵とも思われない。抑留者に語りかけたように、今も、この少女は何かを訴えるようにこちらを向いている。

（一九九八・九・五）

## 日本新聞

「これは珍しいものですよ」と言って、高浜棋先生が一枚の新聞を取り出された。一九四六年三月十九日付けの日本新聞である。第三十四号と書かれ、発行所はハバロフスク市レーニン通り六五番地となっている。

シベリアの収容所の中で、日本語の新聞が発行されていたのだ。

帰還にあたって厳重な二重、三重の取り調べがソ連兵の手によって、行われた。高浜先生は、自分の描いた絵のみならず、新聞までも取り調べをくぐり抜け、日本に持ち帰られたのだ。活字類は、いっさい持ち出し禁止になっていて、特に入念な取り調べが行われた。「よく日本に持ち帰られましたね」。先生の剛胆さに感服して思わずつぶやくと、先生はにこやかに笑って、何もいわれない。

日本に存在している日本新聞の実物は数点しかないだろう。

ソ連が六十万人といわれる日本人抑留者を対象に発行した日本新聞は、抑留問題の解明に欠かすことのできない超一級の歴史的資料だ。しかし、日本に持ち帰られたのは、数点しかないので、幻の新聞といわれ、その全貌を知ることはできなかった。朝日新聞が一九九一年一月にハバロフスク市で日本新聞の保存版を発見した。ゴルバチョフの訪日を記念して「復刻・日本新聞」全三巻を出版して、初めて、その内容を知ることができるようになった。

日本新聞は一九四五年九月十五日から四九年の十一月下旬までの発行が判明している。週三回の刊行で六六二号発行されたそうである。

編集長はイワン・イワノビチ・コワレンコ中佐で、ソ連スタッフは十五人、日本人スタッフは五十人いた。発行部数は二十万部である。

一面は国際ニュース、日本国内ニュース、二面は社説、解説記事が掲載されている。三面はソ連国内のニュース、四面は各地の収容所の活動状況報告、投稿などで紙面はできている。

高浜先生が差し出された三十四号の日本新聞の一面トップ記事はソ連最高会議の審議が報道されている。議長などの選出の模様が書かれている。

一面の上段には「地主の保存面積三町歩」とのタイトルで日本の農地改革の様を報じている。記事は「前議会を通過せる農地調整法によれば、全国農民の期待を裏切り全国の小作地二五四万町歩の中、地主所有は依然として五町歩を保持せられ、爾今の九十五万町歩が開放されるに過ぎない。然るに実際は長野県などでは地主所有の一割程度しか開放されぬ実情であり、八、九割は依然地主の土地として残ることになる」と解説をしている。

この記事を目にした収容所の抑留者は、どのように反応したのであろうか。日本に残してきた土地を心配した人もいるであろう。敗戦後、わずか半年あまりの期間にあまりにも大きな日本の社会変化に大きなとまどいをみせた人もいるであろう。

地主の土地が開放されるとは、思ってもいなかったことが故国では起こっているのだ。

収容所の抑留者は、故国の社会変化にとまどいと驚きをもって、この記事をむさぼり読んだに違いない。

二面には社説が載っている。日本の総選挙についての論述だ。総選挙は時期尚早で、国家機関の民主化を進めることの方が先決であると論じている。

「二週間後に総選挙を控え、今や故国に於いては総選挙たけなわである。しかして『進歩』『自由』両党により代表される反動的勢力の狂暴なあがきやこれを支持する現反動的内閣の必死な策謀にもかかわらず一般人気の帰趨は既に決定的である。国民は彼らの真の味方が共産党と社会党左派の民主勢力であることをハッキリと知った。ここに吾人は民主勢力の勝利を確信して疑わないものである。」

この記事を読んだだけで、どのような意図で、日本新聞が発刊されたかがわかるであろう。

抑留者の民主化をはかるための新聞であり、極端にいえば思想的な洗脳のための手段として発行されたものだ。

日本語に飢えている、日本語で書かれたものならば、どんな内容のものであっても貪るように読むという日本人の習性を熟知してのソ連の抑留者の思想統制を図ろうとしたものだ。

社説は続いて総選挙の特色を述べている。

女子が参政権を得たこと、女子有権者が男子有権者より二百七十万人多いこと、選挙資格が二十五歳から二十歳になったことである。女子有権者が男子有権者より二百七十万人多いことは、それだけの人が戦塵で命を落としたということであり、シベリアから帰らぬ人がいるということだ。

女子が参政権を得たことも収容所にいる人にとっては、信じられぬような思いでうけとめられたことであろう。

四面には、各収容所を記者が訪問して、民主的な運営がなされているか、どうかを点検した探訪記事が掲載されている。

将校が戦前と同じような意識でいるのは、けしからぬという内容の記事もある。

高浜先生が収容所から持ち帰られた一枚の日本新聞を読むだけでも、当時の日本の社会状態、シベリア収容所の様子を知ることができる。新聞は社会を写す鏡だということを、この新聞を読むことによって実感できる。

胡桃沢耕次の直木賞を受賞した小説に『黒パン捕虜記』がある。シベリア抑留者の生態を描いた作品である。

心ならずも収容所の洗脳教育に同調する場面がでてくる。隊列を組んで労働歌を歌う場面もでてくる。歌わなければ帰国できないからだ。

アメリカは、日本を占領している。占領政策は、日本中に浸透している。東西の緊張感が高まる中で、ソ連も日本に対してなんらかの有効な手段をうたねばならない。

ソ連は日本新聞によって抑留者の意識変革をはかり、彼らが日本に帰還してから、民主化運動の先兵にしようとしたのではないだろうか。

高浜先生の差し出された日本新聞を見ながら、ふとそんなことを考えていた。

（一九九八・九・一〇）

## 一枚の絵の作者を追って

昨年まで、本校で社会科を教えていらっしゃった谷山先生のお祖父さんがシベリアから、リュックの奥深くしまいこんで、一枚の油絵を日本に持ち帰られた。お祖父さんは、亡くなられてから、すでに久しくたつが、お祖母さんは、今も健在だ。

お祖母さんの話では、シベリアから持ち帰られた絵の作者は、大阪の林という方だそうだ。日展になんども入選された人だとお祖父さんは、話していたという。

脂にくすんだ油絵を見ているうちに、この絵の作者をなんとかして突き止めたいという欲求が出てきた。

日展に入選した林という人を調べれば、簡単に作者はわかるだろう。たかをくくって愛知芸術文化センターの図書室に出かけた。文化センターの図書室は、美術書を専門に扱っている。

まず、日展に入選した人の氏名がすべて網羅してある「日展史」の年表を調べた。シベリア抑留がおわり、舞鶴の港に人々が引き揚げてきたのは、昭和二十二、二十三年のことだ。昭和二十三年以降の日展に入選した林という名前を調べていく。姫路の林鶴夫がなんども入選している。その他の林という姓で入選しているのは、広島と愛知の犬山の画家がいるだけだ。

大阪の画家ではないが、日展に入選をしている高名な画家といえば、林鶴夫しかいない。林鶴夫の経歴を調べて、彼にシベリアの抑留経験があれば、谷山先生のお祖父さんが、持ち帰られた絵の作者は林鶴夫と断定できる。

図書室の司書の方に林鶴夫に関する資料を取り出していただく。美術年鑑、日動画廊での個展のカタログが出てきた。林鶴夫の住居は東京の二子玉川の岡本になっている。数年前に亡くなられている。出身は兵庫県の竜野だ。フランスの滞在も長い。

個展のカタログで見る彼の絵は、非常に明るい、華やかな画風だ。一見して、安井曽太郎の影響が色濃く表れている。

問題は、彼にシベリアの抑留体験があるか、どうかだ。美術年鑑、個展のカタログ、どちらも昭和十九年から昭和二十二年までの間の経歴は空白になっている。

司書の方にシベリア抑留体験の有無を調べる方法はないかと尋ねた。

作品は姫路市立美術館、長崎県立美術博物館、日動笠間美術館が所蔵をしているという。

姫路市立美術館に行けば、林鶴夫のシベリア抑留体験の有無は、はっきりするはずだ。

姫路に出かけた。姫路市立美術館は、姫路城のすぐ東側に建っている。赤レンガの瀟洒な建物だ。白い壁の城と赤いレンガの美術館とは、対照的だが、妙に調和がとれている。

ベルギーのシュール・リアリズムの作家、ポール・デルボーの作品を多く所蔵していることで、姫路市立美術館は知られている。

秀麗な城を仰ぎ見ながら美術館に着いた。受付で、林鶴夫の抑留体験の有無を尋ねた。展覧会を見ていただいているうちに調べておきますという返事だ。美術館では「花」という特別展が開催されていた。兵庫県ゆかりの作家たちが、さまざまな花をテーマにして絵を描いている。

林鶴夫のことが頭の中にちらつき、絵の中に集中していくことができない。

そそくさと絵を見ることを中断して、受付に行った。あっさりと抑留体験はありませんという返事だ。自分の推測ははずれた。林鶴夫でなければ、いったい誰が、あの絵を描いたのだ。日展に入選している関西の画家は林鶴夫以外にいないではないか。調査は、もう一度やり直しになる。あきらめきれなかった。

竜野に出かけよう。彼の故郷に行けば、もっと詳しいことがわかるはずだ。姫路から、竜野に向かう。播州平野をゆっくりと玩具のような小さな電車が走っていく。

一時間ほどで、竜野に着いた。小さな駅で、町は閑散としている。どこに行ったら林鶴夫のことがわかるのか、駅前で観光案内図をみながら思案していた。図書館が案内図に載っていた。図書館に行けば、彼のことを詳しく調査できる、そう考えて図書館に向かった。

渥美清の「男はつらいよ」という映画が大好きだった。シリーズになっている作品のほとんどは見ている。そのシリーズの一本に、竜野を舞台とした太地喜和子がマドンナ役で出ていた作品があった。太地喜和子は、気っ風の良い芸者の役だった。宇野重吉が竜野出身の有名な画家という設定で味のある演技をしていた。「男はつらいよ」の中でも一、二を争うような出来のよい映画であった。

今も脳裏に焼きついている、映画の場面にでてきた竜野の醤油工場が軒を並べている町並みを歩きながら、宇野重吉の扮する画家と林鶴夫とが、いつか重なってみえてきた。

図書館に着いた。林鶴夫のことを調べたいと来意を告げると、館長がわざわざ挨拶に出てみえた。「林鶴夫は、私の町の誇りです。資料は歴史資料館にあります。私が案内しましょう」、そう言って自家用車で資料館に連れて行って下さった。資料館では、林鶴夫のすべての資料を揃えて、待っていて下さった。シベリアの抑留体験を彼は、していないことがはっきりとした。

谷山先生のお祖父さんが持ってみえた油絵は、林鶴夫が作者ではない。では誰が描いたのだ。調査は、もう一度最初からやり直しだ。

竜野城の城跡に上った。眼下に竜野の町が見下ろせる。童謡の「夕焼け小焼け」の作者、三木露風は、この町の出身だ。

赤とんぼが舞い飛び、夕焼けが鮮やかな昔ながらの佇まいの竜野の町が目の前に広がっている。町は眠ったように静かだ。歴史の流れが止まったような町だ。谷山先生のお祖父さんも、林鶴夫もすでに、この世には、存在していらっしゃらない。

町は歴史が止まったような静けさだが、一枚の絵の作者の調査だけでも、時の流れの前に立ち往生をして進捗しない。時は、まがうことなく流れ、シベリアの抑留体験を語る人もいなくなるであろう。わずか半世紀前の出来事であるが、調査は容易ではない。

一枚の絵を追及していて、時の流れをしみじみと感じた。

（一九九八・九・二八）

## 戦地から届くマリ子像

八尾の田口美年子さんの家には、玄関にも、応接間にも所狭しとばかりに油絵が並べられている。今は亡き英雄さんが、忙しい会社経営のかたわら寸暇を惜しんで描かれたものだ。

英雄さんは、新制作協会に所属されていたが、専門の画家ではない。英雄さんは、絵が好きで、好きでたまらず、絵を描いている時がもっとも幸せだと感ずる人であった。中国大陸の戦地にいる時も、シベリアの抑留生活でも英雄さんは、絵を描いていた。

美年子さんより、戦地から送られた絵手紙を何枚も見せていただいた。絵が、手紙の中で踊っているようであった。一つひとつの絵が生き生きとしている。取り澄ました絵ではない。美年子さんだけに、心をこめて、戦地の様子を描いて届けた生きた絵だ。なにより絵と手紙の文とがうまくマッチしている。

英雄さんが、外地から送った手紙には必ずマリ子さんのことが書かれている。

「今日、中島の父より便りがあり大阪へ帰ったとのこと。さぞ一同大喜びをしてくださったことと思う。マリ子の肥立ちも良好の由で何よりだ。今後も充分注意して元気な子に育成して下さい。大阪では、あるいは栄養の件で不自由になるのではないかと考えられるので適当な時に又、田舎に帰ることだ。御祖父さんにもよく連絡をしておく。尚、中島のお父さんにもよく依頼しておいた。寒くなるから、とくにご自愛下さい。」

昭和十九年十一月十七日の手紙だ。マリ子さんが誕生したばかりの頃の手紙だ。

この日の手紙にはマリ子さんの肖像画は描かれていない。英雄さんの軍隊生活が描かれているばかりだ。この時の英雄さんは、マリ子さんがどんな顔だちか、想像をしているだけだ。

十九年十一月二十八日の手紙には、丸々と太った目元がパッチリとしたマリ子さんの肖像画が手紙に描かれている。

「マリ子の似顔絵はよく出来ていた。何よりの報告で嬉しかった。今度は手足の大きさや型取りをしてほしい。この画がマリ子に似ているか、どうかわからないが、こんなものでないかと想像している。今後ともよく面倒をみてやってくれ。玩具とか本とか適当なものが現地では見当たらないので、入手することが出来たら求めておく。

マリ子は御祖父さんに抱かれて可愛がってもらっているようで大いに結構だ。御両親によろしく御伝えして置いて下さい。」

英雄さんの描くマリ子像のかたわらには、祖父に抱かれたマリ子さんが描かれている。マリ子さんを抱いた祖父の顔がなんとも幸せそうだ。好々爺とは、このような顔の人のことを指していうのであろう。

戦地にいる英雄さんには、内地の妻子のことがなにより気がかりであった。厳しい戦局の中で、内地に残した妻子への愛情は細やかに、その指示は的確になっていく。大阪の空襲のことも英雄さんには気がかりであった。

美年子さんの生活を心配し、いざとなったら英雄さんの故郷の津山に戻ったらよいという心遣いまでが記されている。

戦地にいても、英雄さんの脳裏にはマリ子さんの姿が浮かんでくる。絵手紙に描かれたマリ子さんの姿には、なによりも健やかに育ってほしいという英雄さんの願望がこめられている。英雄さんの描くマリ子さんの像は、どの像も太った赤い頬をしている。

戦争がないならば、自分が抱いてやることができる愛娘。しっかりと抱き締めて、その重みを確かめたい愛娘。しかし、それも遠く離れた満州の地にいては、不可能だ。

祖父が抱いているマリ子さんの像は、自分がそのようにしたいという英雄さんの願望の像ではないか。

昭和二十年一月二十一日の手紙には「大東亜戦争も刻刻と深刻化し、これからはまさしく小磯首相のいうごとく天王山である」と戦局が容易ならざる状況であることを美年子さんに伝えている。

この日の手紙には中央にマリ子さんの姿が大きく描かれている。長い手紙の文面は、ほとんどマリ子さんのことで埋め尽くされている。

「マリ子の写真ありがとう。なかなかよい。この写真はなるほど俺によく似ているなと思う。写真は常に軍服のポケットに入れていて、時たま取り出して、これを眺めているのは、又、格別に楽しいものである。

なんといっても、今度の出陣は以前とは違って心強いものがあった。まずマリ子を授かったことは、この最も大なるもので、実はこれを戦線での生死観と結びつけても、これほど安心した境地を体験したことはない。」

英雄さんは、昭和十九年の初め、満州の戦線から内地に戻り、美年子さんと見合い結婚をする。英雄さんの実家は、津山市きっての呉服屋であった。江戸時代より続いた大店であったが、英雄さんの代にはすっかり没落してしまった。英雄さんは関西大学で学んでいたが、学業を続けることをあきらめ軍人になった。美年子さんは、津山市の隣の久米郡の出身だ。甘い新婚生活もつかの間、マリ子さんの顔を見ることもなく英雄さんは満州の戦地に出かける。

子供ができたことは、自分の死生観を変えた。こんな安心した境地になったことはないと英雄さんは手紙に書いている。

殺伐とした軍隊生活、荒涼とした満州の地、明日はどうなるかわからない生命。そんな生活の中でマリ子さんの姿を思い浮かべている時だけが自分が生きていると実感できる時であったろう。

帰りがけ美年子さんより、果物や草花を描いた葉書を何葉かいただいた。毎週、八尾駅前にある西武文化センターで絵手紙を習っていらっしゃるそうだ。「ご主人の影響ですか」と尋ねると「違います。主人が亡くなってから習い始めました」と言われた。

英雄さんの手紙には、マリ子さんのスケッチを美年子さんから受け取ったと書いてある。満州では美年子さんのスケッチを見て、見ることのできないマリ子さんを想像して英雄さんがマリ子像を描いている。そんな絵手紙の往復が満州と日本とで続いていた。

美年子さんからいただいた葉書を見ながら、今も美年子さんの心の中に英雄さんは生きていると思った。

（一九九八・九・一七）

## 心と身体に残る傷

「先生、私の指を見てください。少し変形をしているでしょう。もう少しで指を切り落とすところでした」。

天野春吉さんは、そう言って右手の人差し指を目の前に出された。半世紀前、シベリアでの手術の後が今もくっきりと残っている。

「どうされたのですか」「蝮にかまれました」。意外な答えなので驚いた。

天野さんは、シベリアのマンゾフカの収容所で材木の伐採という強制労働をソ連兵にさせられた。四十メートルほどの大木を森林で切り倒し、それを六メートル位の長さにする。一本の木から五、六本の丸太をつくるという作業だ。丸太を一日に十五本から十六本つくるというのがノルマであった。大木を切り倒し、枝を打ち払い、鋸で切る、かなりの重労働だ。ノルマが達成できないと、いつまでも宿舎に帰ることができなかった。もちろん、その日の夕食を食べることはできない。

わずかな黒パンしか与えられない粗末な食事、ひもじさと寒さにたえての強制労働であった。

しかし、そのうち慣れてくるに従い、材木の切り出しの要領もわかってきた。なるべく切り出しやすい木を森林で目星をつけておいて、戦友と要領よく切り倒す。要領が悪くてはシベリアでは生きていけないと実感した。しかし、ひもじさだけは、どうにもならない。材木を伐採しに出かける森林でも、食べることのできるものは、すべて見つけしだい食べた。

マイナス三十度を超すという寒さの中ではあらゆるものが凍ってしまう。ある日、戦友が黒パンをたくさん抱えて収容所に帰ってきた。ストーブで凍った黒パンを暖めると、それは馬糞であった。ひもじさに耐えている身には、見るものすべてが食料にみえてくるのであった。

天野さんは、材木を切り倒していて、蝮が冬眠しているのを見つけた。蝮は、なかなか手に入れることはできない。その御馳走の蝮が十四も木の下でとぐろを巻いて冬眠している。天野さんは小躍りして喜んだ。

戦友に思いもかけない御馳走を振る舞うことができる。この蝮を他の仲間に見つかったら自分たち四人の分け前が少なくなってしまう。自分一人で、この蝮を捕まえよう。天野さんは、そう判断をした。

天野さんは一匹の蝮を左手の親指と人差し指のあいだにはさんだ。蝮は、静かに眠っている。安心して、二匹目を人差し指と中指のあいだに挟んだ。

六匹目の蝮を右手の人差し指と中指のあいだに挟んだ時だ。指に激痛が走る。冬眠中の蝮が突然、指に咬みついたのだ。咬まれた傷口から血をだし、きれいに傷口は洗ったが、夜中になると傷口が疼き出した。指は腫れ、痛みが走る。どうにも我慢がならないので収容所の軍医の所に出かけた。

軍医は、しばらく考えて「切り落とすしかないなあ」とつぶやいた。

「まだ若いのに不具にするのはかわいそうだ。手術をしてみるか」、そう一人ごとともつかないようなことを言って、指を切り落とさずに人差し指にメスを入れた。その時の手術の痛さは、今も記憶に鮮やかに残っていると言われる。

現代のように痛み止めの注射もない。メスが入れられた後が痛くなると軍医の所にいく。

「仕方がないなあ。じゃあ、これを射つか」と言ってだいじにしまっておいたモルヒネを注射してくれる。

「満州からだいじにきっと持ってきたものでしょう。ソ連から軍医にモルヒネが渡されるとは思えませんから」。

モルヒネを注射すると痛みはすぐに和らぐ。そして、非常に心地好い状態になる。

天野さんはなんども軍医の所に行って、モルヒネを注射してくれるように頼む。

「これは習慣になるから、よほど痛みがひどい時しか射つことはできない」と言って断られたという。

「若い軍医でしたが、よい医者でした。あの医者のおかげで、不具にならずにすみました」。

そう言って、変形している指をまた、じっと見つめられた。

「私は指だけでなく、シベリアでは、足にも大怪我をしました」。そう言って、ズボンを捲って、今度は足を出された。

足にも傷跡がくっきりと残っている。

「枝を払っていて、斧を落としたのです。傷が治るまで長いこと入院していました。退院してからも強制労働の伐採はできませんから、収容所での軽い労働をしていました」。しばらく考えられてから、「少しぐらいびっこを引こうが、痛みがあろうが、厳しい森林伐採の作業よりは、収容所で雑務をする方が、どれほど楽でありがたいかわかりませんでした」と言われた。

それは、今だから言えることであって、斧が落ちて、したたる鮮血が、雪を真紅に染めた時には生きた心地がしなかったであろう。
天野さんは、手と足とに重傷を負い、奇跡的に手も足も切り落とさずに故国に帰ることができた。森林伐採、鉄道敷設、石炭掘り、厳しい強制労働で何人もの人が怪我をし、命を落とした。シベリアでの死者は、推定で五万とも、六万ともいわれている。抑留者の一割が、収容所で亡くなったという事実は何を物語るであろう。シベリアの自然も、その中での労働も想像をはるかに超える厳しいものであったという証拠であろう。

今も天野さんは、ソ連兵の抑留者に対する扱いについて、激しい憤りを感じていらっしゃる。それは、理屈で片づけられない感情のしこりだ。

天野さんの話を聞いていると、戦争とは不条理なものだと感ずる。天野さんの抑留中の話は、戦争の不条理を告発する声だ。「あんな馬鹿なことは、二度とあってはいけませんよ」と天野さんは、いつもそう言われる。

（一九九八・九・二五）

**伝えたい**　――ときめきを共有する教育

2001年11月6日　第1刷発行

著者＝沢井 鈴一©

発行＝株式会社 あるむ

〒460-0012 名古屋市中区千代田3-1-12　第三記念橋ビル
Tel. 052-332-0861　Fax. 052-332-0862
http://www.arm-p.co.jp　E-mail: arm@a.email.ne.jp

印刷＝松西印刷　　製本＝㈱渋谷文泉閣

ISBN4-901095-07-2　C0095